全国高等学校应用型法学人才培养系列规划精品教材

公司法学

Corporation Law

广东省高等学校教学质量与教学改革工程本科类项目

「法学专业综合改革试点」（粤教高函〔2012〕204号）成果

广东省本科高校教学质量与教学改革工程建设项目

「法学专业系列特色教材」（粤教高函〔2014〕97号）成果

广东教育教学成果奖（高等教育）培育项目

「应用型法学人才培养系列精品教材」（粤教高函〔2015〕72号）成果

主　编　赵海怡

副主编　李　娜

总主编　谈萧

武汉大学出版社

全国高等学校应用型法学人才培养系列规划精品教材

编委会

总主编：谈　萧

编　委：

蔡国芹	蔡镇江	曹　智	陈文华	陈　默
陈　群	丁永清	杜启顺	傅懋兰	方　元
管　伟	高留志	高　涛	郭双焦	韩自强
洪亦卿	姜福东	李华武	李　亮	李　鑫
宁教铭	钱锦宇	强晓如	秦　勇	丘志乔
申慧文	谈　萧	王国柱	王金堂	王丽娜
肖扬宇	谢登科	谢惠加	谢雄伟	杨春然
杨　柳	余丽萍	余耀军	赵海怡	张　斌
张玫瑰	张素伦	周汉德		

支持机构：

指南针司法考试培训学校

众合司法考试培训学校

总　序

　　近年来，随着法治事业的不断推进，我国各个层次的法学教育蓬勃发展。法学教材建设是法学教育的一个重要环节，当前我国法律实践日益丰富多彩，法学教育的内容更新、方法变化以及交叉学科的涌现，都对法学教材的建设提出了新要求。

　　我国法制建设历经 30 余年，各个法律领域的大规模立法活动已基本完成，法制建设已开始向司法角度转型。在此背景下，法学教育也应实现面向司法实践的转型。自 2002 年开始实施国家统一司法考试，我国已建立起严格的司法职业准入制度。面向法律职业培养应用型法学专业人才，是我国绝大部分高校法学院系的核心任务。进入司法实践领域工作，也是绝大部分法学专业毕业生的首要选择。

　　针对法制建设和法学教育的转型，法学教材必须在理论与实践相结合方面做出更大的努力，以适应司法职业准入和司法实践的需要。为此，我利用我本人所承担的省级法学专业综合改革项目、省级系列法学精品教材建设项目以及省级教学成果奖培育项目的支持，组织了全国近 50 所高校的 100 余名法学教师以及部分律师、法官、检察官，编写了这套"全国高等学校应用型法学人才培养系列规划精品教材"。本套教材共约 40 册，包括法学专业主干课程和部分模块课程，统一编写体例，分批推进出版。

　　本套教材定位于法律职业教育，以法律思维训练和法律事务处理能力培养为导向，通过案例导引、法庭模拟、司考真题、技能训练、纠纷解决等模块和环节设计，配合系统法理和法律知识讲授，致力于打造最有影响力的法律职业教育教材品牌。总结来看，本套教材具有如下六个特点：

　　1. 注重应用性和时代性

　　本套教材从编写体系上要求有较强的解决实务问题的针对性，以法律技能培养为主旨。在编写过程中，各教材作者力争将当今社会生活中方方面面的法律现象在教材中有所反映，并引导学生用成熟、具有通说性的法学理论加以理解和解释，使教材更贴近现实法律生活，体现时代性，也便于学生理解与掌握。

　　2. 教学形式的多样化

　　当前，法学教学方式方法已呈现多样化的趋势，有案例教学法、模拟现场教学法、情景教学法、讲座式教学法等。本套教材在编写过程中充分融入这些教学方法，摒弃了传统教材较死板的叙述讲授式的教学方法。为了配合教师教学和学生自主学习的需要，本套教材还制作了电子课件（PPT）供教学者利用。

　　3. 教材体例的新颖性

　　本套教材内容以基本法律概念、法律程序和法律方法等体现实操性的知识、技能为

1

主。教材中穿插反映新颖体例的多个栏目，如法律知识库、法律资料库、典型案例、情景模拟、法律文化长廊、背景材料、实际操作、练习与思考等。

4. 教学内容的科学性

本套教材在知识内容编写方面特别注意科学性，概念表述严谨，选取无争议的法律概念和定义及表述相关知识点。每章节教学内容以目标任务为导向，目标任务以项目组或角色扮演的方式加以设计，引导学生完成。

5. 学理上的适当拓展

本套教材除了内容的严谨性要求外，在学理上注意能有所拓展。按法学理论和法律制度的逻辑顺序展开教材知识内容，同时也利用到其他学科知识、理论与方法作为分析工具，如社会学的田野调查方法、经济学的成本收益分析方法，以及心理学的需求、动机与行为分析方法等，但它们从属于整体上教材的法律科学逻辑的需要，避免大量分析性、研究性内容。

6. 适应法律职业资格考试和法律实务技能培养的需要

本套教材充分考虑国家统一司法考试及其他重要法律职业资格考试（如企业法律顾问资格考试）要求，强调法律实务处理过程，强化技能培养与训练，侧重实操知识介绍，并强调技能与方法介绍的系统性、完整性与模块化。

高校教材及学术著作由于其专业性和学术性，一般很难通过销售来实现收支平衡。除了少量的政府资助项目，高校教材及学术著作在现行体制下缺乏充分的出版服务平台支持，而其作者、读者和使用群体又具备较高的个人素质和良好的发展潜力。为此，我们一直希望搭建一个高校教材及学术著作写作与民间出版资助的合作平台。希望在此平台上，将民间力量与高校及科研机构的智力资源有效地嫁接在一起，建立一个高校教材及学术著作的自助出版维持机制，改变目前学者及科研人员尤其是人文社会科学学者出版著作完全依赖政府资助的局面，同时，利用优秀人文社会科学成果在"全民阅读计划"中的传媒价值，充分回馈民间支持者。

在以上出版平台构想的鼓舞下，全国近 50 所高校 100 余名法学教授、博士、讲师以及部分律师、法官、检察官，以自己宝贵的智力资源和对法学教育事业的热爱，加入了本套教材的编写团队；武汉大学出版社和华中科技大学出版社，不计一时的市场得失，为本套教材的出版提供了优质的出版服务；指南针、众合、万国等司法考试培训机构及部分教育服务机构，热心教育事业，为本套教材的出版提供了支援。

组织编写和搭建平台工作，其中辛苦与顿挫，自不待言。然而，正是有了前面同仁及机构的鼎力支持，让我感到这个事业是值得坚持下去的。在这里，我要深深感谢他们的付出，并向他们的热忱表达敬意！

谭崇

2015 年 5 月 4 日于广州工作室

序

中国改革开放近 40 年取得的成绩，世界有目共睹，改革开放的核心内容即推行社会主义市场经济，积极参与国际市场竞争。公司是第一市场主体，也是参与国际市场竞争的主力军，因而公司对中国市场经济发展的贡献举足轻重。

按照新制度经济学重要分支的法经济学的逻辑，公司是一系列关系契约的连接，是连接投资者、管理者、劳动者等若干主体关系的契约网。在公司这张契约网上的任何一种契约均需要法律规范的调整，以降低公司契约订立和履行中的交易成本。因此，作为调整公司契约关系的专门法律规则，较之于民商法的其他法域（如合同法），公司法有其显著商法特点，由此也决定了公司法教学的以下规律与特点：

第一，公司法发展变化快、变动性较大，教学内容更新要求高。自 15 世纪公司正式成型与发展以来，公司的组织形式、设立方式、资本制度、治理结构、公司证券等公司制度的方方面面都在经历着快速的发展变化，而这一点也在世界各国公司法的频繁修订实践中得到体现。因而，较之于其他部门法的教学，公司法教学需要时时关注相关法律规范的修改与修订，既包括公司法、公司登记管理条例等与公司法律实践直接相关的法律法规，也包括证券法、金融法等与公司法律实践间接相关的法律法规。紧跟法律变动步伐、及时关注法律实践新问题和新需要，对于公司法教学来说具有更为重要的意义。

第二，公司法具有较强的技术性和专业性，对教学方法要求高。作为商法重要组成部分的公司法，在公平价值之外，对效率价值也有高度的重视，这就决定了公司法对主体行为方式、行为环节、行为规则的规范和调整视角有别于一般民事规则，公司设立、公司资本制度、公司治理、公司证券发行与交易等制度，都是公司法律制度进行技术性设计的结果。而这些制度应用的实践及其所体现的商法价值目标，又都相对远离普通在校本科生的认知范围，对学生而言相对陌生和不易理解，这就要求公司法教学在讲述相关法律规定之外，大量介绍相关法律实践和经典案例，引导学生通过案例和实践实例理解法律制度规范的意义和作用，从而真正做到知其然亦知其所以然。

第三，公司法具有较强的国际性，要求教学时注意培养学生的国际化视野。公司法虽属国内法律制度，然而在全球经济一体化的今天，各国的公司法律规定会对各国资产交易与组合的交易成本产生重要影响，哪个国家的公司法律制度规定能够在维护交易安全的同时最大限度地降低资产交易与组合的交易成本，哪个国家的公司法律制度就能够更好地与国际商事规则和习惯对接融合，哪个国家就有可能吸引到更多的国际人才和资金方面资源，从而取得经济的快速发展。因而，从全球视野来看，作为国内法的公司法律制度，彼此之间存在激烈的国际竞争，也具有彼此相互协调融合亦即趋同化的趋势。这就要求公司法教学，既要以本国法律和本国实践为出发点，又不可忽视对域外法律实践的介绍和比较分析；既要立足本国，又要注重培养学生的国际化视野。

　　令我高兴的是，这本《公司法学》教材契合了公司法学教学的上述规律与特点。该教材紧跟我国《公司法》修改的步伐，详细介绍和分析了我国《公司法》2013年最新修正的内容及其意义与原因，该教材既能立足本国法律实践与理论，又能关注国外公司法律理论与实践，并对国内外公司法进行了对比分析，特别是这本教材引入了众多公司法案例和司法考试真题与模拟题，以期帮助学生通过现实案例学习与理解相关公司法律制度和培养公司法律实务能力，是一本应用型特色明显的公司法学本科教材。

中国法学会商法学研究会副会长

中山大学法学院教授、博士生导师

周林彬

2016年6月，于中山大学

✍ 前　言

在全球经济社会发展的各个环节中，企业作为连接投资者、管理者、劳动者、消费者和社会不特定多数人的纽带，无疑都扮演着重要的角色。而在当今世界的各个市场经济国家，公司都是现代企业最典型、最具代表性的存在方式。我国改革开放近40年来，从计划经济到市场经济的转变、从全球经济排名落后到全球前三位的经济实体、从国内工业产品的普遍短缺到取得世界工厂地位，中国公司和中国公司制度都发挥着不可替代的重要作用。

作为一个法人，公司从设立、运营、监管到解散清算的各个环节，都需要精细的制度规则来调整相关当事人的权利义务关系，都需要强有力的制度规则来调整私人利益与社会交易安全之间的关系，都需要清晰稳定的制度规则为经济活动当事人提供稳定的行为预期。公司法律制度无疑是当代公司健康发展的基本保障。

人类的经济社会活动是多变的，这就决定了公司法律制度是一个具有高度变动性的部门法；现代商业活动越来越专业化、复杂化，这就决定了公司法律制度较之于一般民法规则具有更强的专业性和技术性；随着全球经济一体化的加深，公司活动已进一步跨越国境和区域，这就决定了公司法律制度较之于一般民法规则具有更强的国际化趋势。

因此，公司法学教学需要紧跟《公司法》修改变动的步伐，培养学生的国际化视野，提高学生的实践理解能力和实践操作能力，只有这样，才能满足社会对具有较高法律素养的实用型公司法学人才的需要。

为此，来自全国多所专业法律院校和重点大学法学院（系）长期从事公司法学教学研究工作的教师，编写了这部注重技能训练与实践能力培养的《公司法学》教材。这部教材，根据公司法学涉及的主要法律问题来安排教学内容，并结合国内外典型案例的导入和案例分析来阐述相关理论知识点，通过技能训练和实践活动来提高学生处理公司法学实务问题的能力。编者们期待本书的出版能够在公司法学理论教学与实务训练相结合方面做出一定的特色。

本教材各章的编者和编写分工如下（按照章节编写顺序）：

赵海怡（西北大学法学院副教授、法学硕士、法经济学博士、硕士研究生导师）：第一章、第二章、第四章；

李华（中国海洋大学法政学院讲师、法学博士、硕士研究生导师）：第三章；

李娜（西北工业大学人文与经法学院副教授、法学博士、硕士研究生导师）：第五章、第十章；

王凡（北京观韬（西安）律师事务所律师合伙人、公司证券业务部负责人、英国 LL. M）：第六章；

张琳（西北政法大学经济法学院讲师、法学博士在读）：第七章；

戴洪锐（云南民族大学法学院讲师、法学博士在读）：第八章；

马芳（青海民族大学法学院副教授、法学硕士、硕士研究生导师）：第九章；

张西安（西北政法大学民商法学院副教授、法学博士在读、硕士研究生导师）：第十一章。

全书由赵海怡负责确定编写体例和编写大纲，赵海怡和李娜负责审定与统稿。在本书编写校对过程中，西北大学的硕士研究生赵阳、王小平、张邦康、缪靖强、解彩霞、王军义、汪琴同学和西北工业大学的硕士研究生沈佩翔、苏金元、沈玫、张照萱同学付出了辛勤工作，在此一并表示感谢。

限于学识有限，书中定有不少纰漏，恳请读者不吝赐教。

编　者

2016 年 10 月

目 录

第一章

公司与公司法

学习目标

知识要求：

了解公司的历史变迁和公司法的发展历史。理解公司法的调整对象、基本原则和渊源。掌握公司的概念、特征、分类以及公司与相关概念的区分。掌握公司法的概念、特征和历次修改情况。

技能要求：

本章的重点和常考点是公司的概念、特征、分类；公司与相关组织的区别；公司的分类；母公司与子公司、本公司与分公司。

案例引导

公司的对内对外法律关系

盛业集团有限责任公司是一家大型棉毛制品公司，其有两个下属公司：一是轻语制衣有限责任公司，该公司为盛业集团的全资子公司；二是逸品制衣公司，为盛业集团的分公司。

2003年7月，在某市经贸洽谈会上，盛业集团公司董事长刘某遇到依云棉纺厂厂长赵某，刘某称其厂有一批质地良好的棉布待销，刘某想到下属两个公司正需棉布，遂给赵某牵线介绍。2003年8月，依云棉纺厂与轻语公司、逸品公司签订了一份购销合同，依云棉纺厂供各种棉布共计400包，价款200万元，轻语公司、逸品公司为共同需方，各提货100包，价款各为110万元，货到1个月后付款。发货后3个月过去了，两公司以种种借口搪塞，不付依云棉纺厂的货款，依云棉纺厂遂以盛业集团为被告向法院起诉，要求其承担下属公司的经济责任。

盛业集团辩称：轻语公司为独立法人，应独立承担民事责任，依云棉纺厂应以轻语公司为被告。而逸品公司已被李某承包，在承包协议中明确规定，承包期间，债权债务由李某负责。因此盛业集团不承担责任，请求法院驳回依云棉纺厂的诉请。本案应如何处理？

【案例分析】本案的关键在于子公司属于独立法人，以其全部财产限独立承担法律责

1

任，控股公司仅以股东的身份以出资额为限承担有限责任，而分公司被视为总公司的一部分，不具有独立法律人格，分公司的对外法律行为由总公司承担法律责任。因此，本案中轻语公司为独立法人，应独立承担民事责任，依云棉纺厂应以轻语公司为被告，但逸品公司为盛业公司的分公司，不具有独立法人资格，且其内部承包协议不得约束外部债权人，盛业集团应对逸品公司的债务承担责任。

第一节　公司的内涵与变迁

一、公司的内涵

（一）公司的概念

在现代经济生活中，公司已成为应用非常普遍的概念。但是，由于法制传统和法律体系上的差异，各国和地区对公司概念的界定，存在较大差异。即使在同一国家，随着社会经济和公司法的发展，公司的概念也是在不断发展变化的。

1. 大陆法系的公司概念

大陆法系国家或地区的公司概念通常采用概括规定的方法，通常将公司界定为：以营利为目的的社团法人。例如，日本《商法》规定：“本法所谓公司，指以经营商行为为业者，亦视为公司。”我国台湾“公司法”规定：“本法所称公司，谓以营利为目的的依照公司法组织登记成立之社团法人。”德国则分别在《股份法》和《有限责任公司法》中，对股份有限公司和有限责任公司的内涵进行了规定，其中股份有限公司是指具有独立法人资格，具有一份划分成股份的基本资本，对于公司债务仅以公司的财产向债权人负责的主体；而有限责任公司则是指本身独立具有权利和义务，可以取得所有权和不动产的其他物权，可以在法院起诉和被起诉，对于公司的债务，仅以公司财产向公司的债权承担责任的主体。

2. 英美法系的公司概念

在英美法系，“公司”一词可以用 corporation 和 company 两个词语来表述。前者的最初含义是指法人，现在常被用来表示根据相关法律的授权能够以相对独立的人格实施法律行为的法律关系主体，通常指商业实体即公司；后者现在泛指各种企业，包括独资企业、合伙企业和公司等。英美法系的传统一般不注重法律概念界定，加之美国不同州各有其独立的公司法制定法和判例法，因而一般也没有对公司法律概念的统一定义。

3. 我国的公司概念

我国《公司法》（以下均是 2013 年修正版）第二条规定：“本法所称公司是指依照本法在中国境内设立的有限责任公司和股份有限公司。”第三条第一款规定：“公司是企业法人，有独立的法人财产，享有法人财产权。公司以其全部财产对公司的债务承担责任。”其中，第二条是对公司法的调整对象做了立法层面的划分，第三条第一款则明确了公司应当具有的基本特征。结合该两条规定，我国《公司法》所指的公司，是指依法设立的，全部资本由股东出资，以营利为目的的企业法人。股东以其出资额或者认购的股份为限对公司承担有限责任，公司则以其全部独立法人资产对公司债务承担责任。本书使用的公司概念遵循我国《公司法》的界定。

（二）公司的特征

1. 公司的营利性

营利性是公司的重要特征之一，也是公司作为商业团体的价值体现。公司是商法人，发起人和股东设立和运营公司的最终目的和动力就是营利。如果不具有营利性，那便属于非营利性法人或者公益法人，如行业协会、工会、协会、学术团体等，他们一般以追求团体会员的普遍利益为目的。

公司的营利性也称为企业性，就是通过经营以较少的投入获取高于成本的利润，并将其分配给公司内部当事人。公司营利并不简单地指赚钱，包括营业和营利两个层面的内容。营业是指长期持续的从事某一方面的经营活动，营利则是指以获取经济上的利益为目的，因此，"以营利为目的"是指公司以追求利润或经济上的节约为目的持续地从事经营活动。① 另外，股东的盈利以公司的营利为基础，股东有权根据其认购的公司投资额从公司营利中分得自己应得的部分，这也是股东投资的回报。

2. 公司的法人性

公司是依法成立的，以营利为目的的法人组织，这说明公司的性质首先是法人。根据我国《民法通则》第三十七条的规定，法人应当具备下列条件：依法成立；有必要的财产或者经费；有自己的名称、组织机构和场所；能够独立承担民事责任。公司一旦依法成立，就具备了法人的特征，就具有自己独立的人格。公司的法人性体现在以下三个方面：

（1）公司以自己的名义独立享有民事权利。

法人可以以自己的名义独立享有民事权利。除法律规定的专属于自然人的政治权利（如选举权和被选举权）和与自然人身体相关联的人格和身体权（如生命权和人身自由权）外，法人享有和自然人同等的民事权利，承担同等的民事义务。公司要以自己的名义参与诉讼，以自己的名义签约履约，以及参与其他的民事活动。在这一点上，法人和自然人都是一样的。比如：一个完全民事行为人李某，在生活中被王某打成轻微伤，花去医药费800元，这时候李某就可以向法院起诉要求王某承担800元的赔偿责任，这就是以自己的独立名义享有民事权利。法人也和自然人一样，因发生法律纠纷起诉时，也只能是由公司作为原告，股东不能作为原告，这正是因为公司具有独立的人格。当然，公司的法定代表人可以代表公司进行诉讼。

（2）公司具有独立的财产。

我国《公司法》第三条第一款规定："公司是企业法人，有独立的法人财产，享有法人财产权。公司以其全部财产对公司的债务承担责任。"独立的财产既是公司赖以生产经营的物质基础，也是公司独立履行民事义务和承担民事责任的经济保障。股东的出资构成公司财产的主要来源，另外还包括营业盈余和其他收入等。公司对其财产具有实际占用、使用、收益和处分的权利。

---

① 叶林. 公司法原理和案例教程［M］. 北京：中国人民大学出版社，2010.

在理解公司的独立财产权的时候，应该明确这里的独立是指独立于公司的股东和高管等其他人员。当股东将其财产投入公司后，其就将财产的所有权让渡给公司。由于公司与股东是两个不同的独立主体，因此公司的财物属于公司而不是股东，此时股东即不再对这些财产享有任何直接的支配权，而是享有基于其出资额的股权。公司应当有独立的财产，股东出资必须转移财产的所有权，公司不接受留有任何限制的出资，当然，国有土地使用权出资性质上不可能是所有权出资，但是也要求在合法的转移限度上，将全部的权能都转移给公司。如果某股东给公司出资一套房屋，但是没有变更登记，那么是否构成合法出资呢？当然不构成，所有权不转移等于没有出资，该股东应当依法补缴出资并承担相应出资不实的责任。

（3）公司独立承担法律责任。

公司作为法人主体，独立承担相关的法律责任，包括民事责任、行政责任和刑事责任。公司本身对公司的债务是承担无限清偿责任，股东不因公司的行为承担直接的责任，原则上也不对公司的债务承担清偿责任。有限公司的"有限"二字指的就是股东以自己的出资额为限承担有限责任。这一点与个人独资企业、合伙企业不同，个人独资企业与合伙企业不具有法人资格，不能独立承担民事责任，因此需要投资人承担无限责任。公司的独立责任是公司的独立性的核心，只有公司独立人格因法定事由经法定程序被否认了，才有可能要求其他法律主体为公司行为承担责任。关于公司的人格否定制度，本书后面有专门的叙述。

案例引导

公司独立承担民事责任

2014年3月24日，山东省烟台市某装潢装饰公司以资金周转困难为由，向刘某借款30万元作为生产流动资金，二者约定年利率为6%，借款期限为1年。到了还款期限之后，该装饰装潢公司因经营不善，未向刘某归还欠款。后刘某得知该公司系由山东某大型材料公司和香港某公司共同出资组建的合资公司，便将该装饰装潢公司、建材公司以及香港某公司一并起诉至烟台市莱山区人民法院，请求判令三被告共同承担还款责任。

【案例分析】本案涉及的理论问题是公司的独立责任问题。按照我国《公司法》的规定，公司以其全部财产对公司债务承担责任，而公司的股东则按照各自不同的出资额承担有限责任。股东的有限责任和公司的独立责任原则是并行不悖的，股东按照公司章程的规定完成出资即可，公司经法定程序成立后具有独立的人格，此时出资变成了公司的财产，在责任承担方面也就形成了公司的独立责任原则。股东对公司的债务并没有直接的还款责任，只是通过公司，以自己的出资额为限承担间接的还款责任。本案中，建材公司和香港某公司都是装饰装潢公司的股东，并不对其债务承担直接还款责任，故而刘某的请求得不到法院的支持。

3. 公司的社团性

所谓社团，是指为一定目的由二人以上所组成的团体，社团成员称社员。传统的法人理论将法人区分为社团法人与财团法人。我国传统意义上的公司是社团法人，公司必须由多数人成立，一个人不能组建公司，只能组建独资企业。也就是说，公司的社团性要求公司必须由 2 个以上的股东设立，无论是公司成立之初，还是在公司存续过程中，都不允许一人公司存在。一般来说，有限责任公司的股东由 2～50 人组成，股份有限公司有 2～200 名发起人，股东人数则事实上无上限。

我国 2005 年之前的《公司法》不允许设立一人公司，但是事实上的一人公司大量存在。比如国有独资公司，还有公司成立时是 2 个股东以上，但此后因为各种原因（比如自然人股东死亡又没有继承人，或者股权转让）而使股东人数发生变化，形成事实上的一人公司。一人公司成为公司社团性的例外。为适应公司发展的社会实际，也是顺应公司发展的世界趋势，2005 年修订后《公司法》也承认一人公司。但一人公司毕竟是例外，我国《公司法》在总体上坚持了公司的社团性特征，一人公司和国有独资公司并不影响公司的社团性特征。

4. 公司的法定性

公司的法定性，主要是指设立、运营和注销公司的活动必须严格按照法律规定的条件、程序和方式进行。可以简单概括为以下三个方面：

（1）公司设立的法定性，主要指公司的设立必须符合法律规定的条件和程序。不符合法律程序和条件设立的所谓"公司"，不属于公司法意义上的公司，不受公司法的调整和保护。我国《公司法》对公司的类型、设立的条件、程序、以及设立过程中相关主体的权利义务及责任都有明确规定，特殊行业的公司设立还需要经过特别的审批备案程序。公司依法设立，这里的"法"不仅仅指《公司法》，一些特殊公司的设立还必须满足其他特别法的法定条件，如保险公司、证券公司和商业银行的设立还必须满足《保险法》《证券法》和《商业银行法》的设立条件。

（2）公司运营的法定性，主要指公司设立之后、注销之前的运营过程中，大量公司行为必须符合法定条件和程序。例如公司增加和减少注册资本、公司发行新股、公司盈利分配、公司治理结构、公司内部股东代表大会、董事会、监事会、经理各自行使职权的范围、行使职权的方式、行使职权的程序，甚至股东代表大会、董事会、监事会开会的法定事由、表决方式等，公司法都有明确规定，且不允许当事人在法律规定的范围之外意思自治。

（3）公司注销的法定性，主要指公司因歇业、被撤销、宣告破产或者其他原因而停止营业，注销法人资格的行为必须符合法定事由、遵循法定程序、履行法定手续。例如，《公司登记管理条例》对因不同原因而进行注销登记所应提交的材料、履行的手续就有明确规定，当事人必须按照相关规定依法注销公司并登记公告，否则不能产生公司法人人格丧失的法律效力。

（三）公司与相关概念的区分

1. 公司与企业

企业是指把人的要素和物的要素结合起来、自主地从事经济活动、具有营利性的经济组织。这一定义的基本含义是：企业是经济组织、是人的要素和物的要素的结合，企业有经营自主权、企业具有营利性。根据实践的需要，可以按照不同的标准对企业进行不同的划分。例如，按照企业组织形式的不同，可将其分为个人独资企业、合伙企业和公司制企业；按照企业法律属性的不同，可将其分为法人企业和非法人企业；按照企业投资主体的性质不同，可将其分为国有企业与民营企业；按照企业的国籍不同，可以将其分为国内企业与外国企业，等等。公司具有企业的所有属性，因此公司就是企业的一种。而且我国《公司法》也明确规定公司是企业法人。但是，企业与公司又不是同一概念，公司与企业是从属关系，凡公司均为企业，但企业未必都是公司。公司只是企业的一种组织形态，两者是上位概念和下位概念的关系。

2. 公司与法人

法人在法律上是相对于自然人的概念，自然人是指我们这样有生命的每一个个人，法人则是根据法律规定具有法定人格的法律虚拟主体，它没有生命，但如果按照法律要求依法登记、具有自己的名称、组织机构和场所、有独立的财产，并且能够独立承担法律责任，就会被法律认可为与自然人平等的法律主体。按照我国《民法通则》的规定，通常法人可以分为企业法人与非企业法人，其中非企业法人又包括机关法人、事业单位法人和社会团体法人。而公司是企业法人的一种形式，公司都具有法人资格，因此公司属于企业法人。具有法人资格的企业称为企业法人，这一概念的另一含义就是存在不具备法人资格的企业，换句话讲，并不是所有的企业都是法人。需要强调的是，企业法人和企业法定代表人是不同的。企业法人强调的是法人，是一个社会组织，而法定代表人是法律规定代表某法人进行意思表示的自然人。比如说"某企业的法人是张三"，这种说法是不严格的，张三是代表某企业法人的法定代表人。

3. 公司与合伙企业

公司一般依据《公司法》设立，而合伙企业的设立依据则是《合伙企业法》。两者最大的区别在于，公司股东以其认缴的出资额为限对公司债务承担有限责任，而普通合伙人要对合伙企业的债务承担无限清偿责任。在存在对外债务时，公司以其全部财产对外承担责任，如果仍然不够清偿的，不能当然要求股东以个人财产清偿；如果是合伙企业，以其全部财产对外承担责任，还不够清偿的，合伙人就必须以其个人财产清偿，直至该债务清偿完毕为止。具体来说，这两者区别主要在于：（1）成立基础不同。合伙企业成立的基础是合伙合同，而公司成立的基础是公司章程。（2）法律地位不同。合伙企业不具有法人资格，公司是企业法人。（3）法律性质不同。合伙企业强调人的联合，有限责任公司和股份有限公司都是偏重资本的联合。（4）合伙人对合伙企业承担无限连带责任，而公司股东对公司债务承担有限责任。

此外，公司在设立以及管理运作上与合伙企业有重大差别。公司设立时，股东不可以劳务出资，而合伙企业可以；公司设立时，要签署公司章程，章程内容和形式法律及相关规定都有明确要求，合伙企业只要合伙人之间有明确约定的合伙协议即可；公司得依法设立股东会、董事会和监事会，而合伙企业只要有执行事务合伙人就可以负责企业的运营。在盈亏承担上，公司股东以其出资比例分享利润，承担亏损；而合伙企业是以合伙人间约定的比例来分享利润，分担亏损。总之，公司的运作管理比合伙企业要求更规范，且股东的风险相对较小；而合伙企业运作模式则相对比较灵活，但合伙人承担的风险相对较大。

4. 公司与个人独资企业

在我国《公司法》承认了一人公司的法律地位之后，一人公司和个人独资企业的区别就成了需要理解清楚的问题。根据我国《个人独资企业法》第二条规定："本法所称个人独资企业，是指依照本法在中国境内设立，由一个自然人投资，财产为投资人个人所有，投资人以其个人财产对企业债务承担无限责任的经营实体。"一人有限责任公司和个人独资企业的主要区别有以下几个方面：

（1）法律性质不同。这是两者最主要的区别，也是其他方面的区别存在的原因和基础。一人有限责任公司和个人独资企业虽然都是出资者只有一个人，但是一人有限责任公司属于企业法人，拥有独立的人格；后者不属于法人，而是自然人企业，个人独资企业与其投资人在法律人格和法律责任方面并不完全独立。

（2）财产归属不同。一人有限责任公司属于企业法人，有独立的人格和公司自己的财产，和股东的财产不能混同。个人独资企业的财产属于投资者个人所有，投资人对其有完全直接的支配权力。

（3）承担的责任不同。一人有限责任公司的股东对公司的债务不承担直接的清偿责任，仅是以自己的出资额为限，承担有限的清偿责任，仅在有证据证明投资者意志和投资者财产与公司财产发生混同的情况下，否认一人公司法人格要求投资者承担责任。个人独资企业的投资者对企业的债务承担无限责任。

（4）组织机构不同。我国法律虽然规定一人有限责任公司可以不设立股东会，但是仍需有监事会（或监事）和董事会（或董事）以及高管人员和公司的法定代表人。个人独资企业可以不设立以上组织机构，也可以不设立自己的意思机关，投资人自行管理企业事务或者委托别人代管企业事务。

二、公司的历史变迁

（一）公司的起源及发展

现代公司有着深刻的历史烙印，其产生和发展与社会生产力和商品经济的发展密切相关。研究公司的起源，不是要在历史上寻找现代意义上的公司，而是探寻公司最早的历史渊源。关于具体的公司起源时间问题学界有不同的观点，一般认为，现在企业源于中世纪①的地中海沿岸。当时地中海沿岸的城市经济繁荣，贸易发达，佛罗伦萨、威尼斯等城市都是世界级的贸易集散中心。当时的交通贸易主要是依靠海上运输，海上贸易面临着资

---

① 中世纪（Middle Ages）（公元476年—公元1453年），是欧洲历史上的一个时代（主要是西欧），指西罗马帝国灭亡（公元476年）到东罗马帝国灭亡（公元1453年）的这段时期（另有说法认为中世纪结束于文艺复兴和大航海时代）。"中世纪"一词是15世纪后期的意大利人文主义者比昂多开始使用的。这个时期的欧洲没有一个强有力的政权来统治。封建割据带来频繁的战争，造成科技和生产力发展停滞，人民生活在毫无希望的痛苦中，所以中世纪或者中世纪早期在欧美普遍被称作"黑暗时代"，传统上认为这是欧洲文明史上发展比较缓慢的时期。

金集中和风险分担的困难，这时候出现了"船舶共有"和"康孟达契约"① 等现代企业的雏形，并由此形成了原始的两合公司或有限合伙。另外一个方面，社会经济发展到一定的程度之后出现了大量以家族经营为基础的家族经营经济体，这些经济体后来逐步发展开始吸收家族以外的人员来投资或者参与经营，这是早期的无限公司的雏形。

从 15 世纪末到 19 世纪中叶，近代公司逐步走向成熟。这一时期也是欧洲大陆封建社会解体、资本主义大发展的时期。相继爆发的英法等国家的资产阶级革命，为资本主义的发展扫平了道路，资本主义原始积累迅猛发展。欧洲的一些沿海国家在世界范围内建立了大量殖民地。海上贸易的发展促使了一大批跨国经营贸易组织（如著名的英国东印度公司）的出现，也就是早期的股份公司组织。公司组织以其筹资和联合的优势，在资本集中和加速垄断形成过程中，发挥着巨大的作用。与此同时，公司自身也获得了迅猛发展。市场竞争空前激烈。企业为在竞争中取胜，也纷纷采取股份公司形式，以扩大其规模和实力。

19 世纪末 20 世纪初，主要资本主义国家爆发了 5 次经济危机，大量的工厂作坊倒闭，人员失业，资本主义竞争愈发激烈，生产和资本的集中得到了巨大发展。随着资本主义由自由竞争进入垄断阶段，以股份公司、特别是大公司之间的各种联合为特征的垄断组织大量出现，迅速遍及主要资本主义国家的各主要工业部门，控制了国民经济命脉，同时跨国公司大量出现。这些垄断组织在当时的世界贸易中扮演了重要角色，比如卡特尔模型、辛迪加、托拉斯、康采恩等。

关于公司这一组织形式最早在法律上的确认，是在 1807 年的《法国商法典》之中。该法典首次规定了股份有限公司和股份两合公司等企业形态，规定了股份有限公司股东的有限责任制度。1855 年的《英国有限责任法》、1892 年德国《德国有限责任公司法》也都规定了公司股东的有限责任原则。随着主要的资本主义国家通过法律对公司独立人格和有限责任制度加以确定，现代公司制度基本确立。

（二）我国公司的产生与发展

我国历史上长期处于封建社会，自给自足的小农经济背景下无法孕育出现代意义上的公司。1840 年鸦片战争，清政府被迫和英国签订了丧权辱国的《南京条约》，中国的自然经济开始解体。随后，中国先后和几个主要资本主义国家签订了一系列的不平等条约，列强在中国窃得了大量的通商特权，外商纷纷开始进入中国投资办厂，形成了中国近现代史上的第一批现代意义上的公司。19 世纪 60—90 年代清政府洋务派进行了以维护封建统治为目的的自强求富运动，创办了江南制造总局、轮船招商局、中国通商银行等一批公司企业。但是这些企业大都带有浓厚的政府色彩，属于官办、官督商办或者官商合办等性质，

---

① 也做"康孟达"，即 Commenda 的音译，最初是航海者与资本家进行劳资合作的一种商业合伙形式，后来发展成两合公司与隐名合伙两种并存的企业形式。船舶航海贸易经营风险大、资金集中，资本家把资金（也包括货物）以类似于高利贷的形式委托给船舶所有人进行贸易。通常获利时船舶所有人只拿小部分，但对损失承担无限责任，投资人以投资额为限承担有限责任。法国 1673 年的《商业条例》已对其有明确规定，1807 年又将它与隐名合伙一并规定于《法国商法典》中。

并不具备严格意义上的现代企业管理制度。甲午中日战争以后，大量的民营公司开始涌现，至此，公司在我国开始艰难的成长发展。

新中国成立以后，我国确定了向社会主义过渡的总路线，从 1953 年起开始了对农业、手工业和资本主义工商业的社会主义改造。至 1956 年，我国社会主义改造基本完成，我国原本就不发达的公司制企业开始逐步萎缩至最终消失，全民所有制企业和集体所有制企业成为企业的全部。改革开放以后，我国开始建立社会主义市场经济，最早回归的就是 1979 年制定的《中外合资经营企业法》。1993 年《公司法》的颁布，使得公司在我国的发展迈入了全新的阶段，股份有限公司和有限责任公司成为我国法定的两种公司形式。随着后续合伙企业和个人独资企业相关法制的完善，公司在我国以前所未有的速度快速发展起来。

第二节　公司法概述

一、公司法的概念和特征

（一）公司法的概念和调整对象

1. 公司法的概念

公司法是指调整公司在设立、运行和终止过程发生的各种社会关系的法律规范的总称。对于公司法概念有狭义和广义的两种理解，狭义的公司法仅指形式意义上的公司法，在我国仅指以公司法命名的法律；广义的公司法除了狭义的公司法之外，还包含其他有关公司的法律规范、行政规章以及散存于其他法律法规中的有关公司的规定，比如《证券法》《民法通则》中都有关于公司的规定。本书中所提到的公司法指广义的公司法，狭义的用《公司法》表示。

2. 公司法的调整对象

公司法调整从公司设立、存续到终止过程中发生的全部组织关系和部分财产关系。具体地说，包括公司发起人或股东之间的关系、股东与公司之间的关系、公司内部组织机构之间的关系、公司与政府管理部门之间的关系。公司经营活动多种多样，公司法只调整与公司组织关系有密切联系的财产关系，与公司组织关系无关的财产关系，则不由公司法调整，如公司与其他市场主体之间的债权债务关系等。

（二）公司法的特征

1. 公司法是公法化了的私法

公司法是商事法律的重要内容之一，而商法与民法一样同属于私法的范畴，故公司法属于私法，是关于私的权利和利益的法律。公司法的主旨在于维护股东的意思自治和权利自由，如股东设立何种类型公司、选择何种行业投资、聘请何人管理公司、股份如何转让等，都是建立在股东意思自治的基础上的。私法自治和权利保障的理念是公司法的最高理念。同时，在现代经济条件下，为确保社会交易安全和公众利益，带有公法色彩的强制性规定越来越多地渗透到公司法领域。如公司法中关于法定事项的公示主义、公司登记的要式主义等，如此，使得公司法具有一定的公法色彩。

2. 公司法是兼具程序法内容的实体法

我国公司法着重规定了有限责任公司和股份有限公司的权利、义务的实质内容和范围，这属于实体法规定。如关于公司内部组织机构的设置；股东、董事、高级管理人员以及监事的的权利、义务与责任等方面的规定。同时，公司法为确保这些实体权利的实现和义务的履行，还规定了取得、行使实体权利，履行实体义务必须遵守的法定程序，如股东会或股东大会的召开程序，董事会的议事规则等。

3. 公司法是调整部分商事行为关系的商事组织法

一般而言，公司法首先是一种商事组织法，它通过对公司的法律地位、公司设立的条件和程序、公司意思机关和代表机关的确立、公司股东的权利和义务、公司合并、分立、解散的条件和程序等的规定，规范公司这一法人组织，使其具有了独立于公司股东的人格，以便自主地进行经营活动。同时，公司法也调整与公司组织具有直接关系的公司行为，如公司设立行为、募集资本行为、股份转让行为、对外交易行为等。所以，公司法是兼具行为法内容的组织法。

4. 公司法是具有一定国际性的国内法

首先，公司法是国内法，仅仅调整依照我国法律在我国主权范围内设立的公司，对于在我国没有营业机构的纯粹的外国公司没有管辖权。其次，商法是最具有国际性的法律规范，而公司法作为商法的一部分，也必然具有国际性的特点。随着现在世界各国的经济贸易往来的不断加强，跨国公司和国际性投资越来越多，国家间的经济交融越来越普遍，我国公司法也顺应了世界的发展趋势，在制定的过程之中参考了国外优秀的立法实践，增加了一些涉外的规定。例如，我国公司法对于外资企业、外国的自然人或法人作为公司发起人以及外国公司在我国的分公司等都做了具体的规定。

二、公司法的基本原则

公司法的基本原则是贯穿在公司法始终、调整公司法律关系的基本理念和思想原则，也有的学者称为公司法的理念。这些基本原则都是在长期的立法和私法实践中逐渐总结出来的，或者直接被法律条文规定下来，或者体现在不同的条文之间。基本原则不是一成不变的，它会随着社会经济状况的改变而改变。对于我国公司法的基本原则，学者的认识和归纳不一，我们认为主要有以下五点：

（一）鼓励投资原则

公司是以营利为目的的法人企业，是投资者获取经济利益的工具和手段。《公司法》第一条就表明了公司法的立法目的就是为了规范公司的组织和行为，保护公司、股东和债权人的合法权益，维护社会经济秩序，促进社会主义市场经济的发展。因此，公司法的重要原则之一就是鼓励民间资本投资设立公司，繁荣资本投资市场从而发展社会主义市场经济。2005 年之前的《公司法》在政府的监督和管控方面规定的比较严格，鼓励投资的原则表现得不甚明显。2005 年修订的《公司法》大幅度地降低了公司的最低资本，放宽了股份有限公司的设立条件，允许股东出资形式更为多样化，并可以分期缴纳出资。这些规定都表明了我国公司法鼓励投资的原则越来越重要。2013 年新修正的《公司法》更是在鼓励投资的指导思想下对公司的资本制度做了大量的调整，更大步伐地放松管制鼓励投资，对此，本书第四章将有详细的论述。

（二）财产分离原则

财产分离原则又称公司和股东的产权分离原则，是公司独立人格原则和股东权利保护原则的重要体现。财产分离原则的内涵在于：公司的人格与其投资者的人格相互独立，公司财产与公司股东的财产相分离，公司独立拥有和支配公司的财产。出资以后，股东就丧失了对其出资财产的所有权，没有直接支配的权利，取而代之的是对公司的股权。财产分离原则的直接法律后果就是公司和股东的民事责任各自独立：公司对外发生债权债务纠纷时仅以其自有财产对外承担责任，与股东的个人财产无关，股东对公司仅享有股权及股权的衍生权。

（三）公司自治原则

公司法原本就是强制性规范和任意性规范并存的法律。2005 年以后的《公司法》更加重视公司的意志自治，强调尊重投资人的选择，允许公司在法律的框架内最大限度地发挥主观能动性管理公司事务。公司自治原则就是指允许公司在法律范围内自主管理公司的一切事项，法律只对涉及他人或社会公共利益的事项加以强制干涉，其他的任意性规定允许公司通过章程或协定加以排除。

公司自治原则表现在法条里就是增加了任意性条款的范围，加大了公司的自主性。《公司法》的一些规定体现了自治原则，如公司股东享有重大决策权和选择管理者等一系列权利，非出资人不能干涉公司事务。同时公司也必须按照市场经济需要自主组织生产经营，自主负担相应的风险和责任。自治原则是公司法的一项基本原则，在公司运行中尊重了股东和公司的自主权，防止了国家权力的过度干涉。但是，强调公司的自治原则并不是就否定了国家强制干预的必要性，比如国家对股东多数决原则进行限制就是保护中小股东权益的必要规定。

（四）分权制衡原则

分权制衡原则是政治上"三权分立"原则在公司法中的体现，主要是为了规范公司内部的权利和治理机构，防止公司权利过于集中，保护投资者利益，维持公司的稳定和发展。分权制衡原则在不同的法系和国家，具体制度设计也有所不同。我国公司法首先从宏观上把公司权利划分为三个方面并分别赋予不同的机构：首先，股东（大）会拥有重大事项决策权，董事会拥有执行权和部分事项决策权，监事会拥有监督权，三个机构之间权责各有侧重，互相监督又相互配合；其次，公司法在微观制度层面明确规定了股东（大）

会、董事会（执行董事）、监事（会）之间的具体关系，为制衡措施提供了切实可行的制度设计，避免集体操作中的迷惑和滥用；另外，《公司法》还明确规定了公司财务和会计、审计等制度，在一定程度上也体现了公司外部因素对公司的制约作用。公司法的权制衡原则的贯彻有利于形成公司组织内部权责分明和科学合理的管理体制，是公司有效运作和稳定发展的保障。

（五）公司维持原则

现代社会公司的存亡不仅关系到投资者的个人利益，更关系到整个社会经济的健康有序发展，所以要尽量避免公司因设立或经营问题而消亡或解散。法律在公司维持原则方面的规定主要可以概括为三个方面：（1）公司人格维持。公司具有独立的法人资格，虽然我国法律也规定了公司的人格否认制度，但是公司在设立和运营过程中的细微瑕疵并不适用人格否认制度，而是赋予公司和股东一定的改错机会，这是公司维持的一个重要表现。（2）公司经营维持。公司法规定了公司设立的资本条件和公司活动的各种具体规章制度，也是为了维持公司的整体有效运营。（3）公司拯救机制。公司法中对公司解散的限制性规定和公司破产时的重整、和解制度等都是力求最大限度的拯救公司，使其渡过难关，继续维持。我国《公司法》对于公司维持的规定总体上还不是特别健全，有待进一步的细化和完善。

三、我国公司法的渊源

（一）公司法

我国《公司法》具有行为法和组织法的双重特性，是各级人民法院裁判有关公司类案件最重要的法律依据，属于渊源中的单行法，也是我国公司法最重要的渊源。《公司法》从 1993 年立法，经历了三次修正、一次修订，立法技术更加成熟、可操作性进一步提升，已经成为社会主义法律体系中不可缺少的一部分。

（二）公司法的特别法

公司法的特别法是指以特别法的形式存在，对某一特定公司种类或者特定公司行为事项进行调整的法律规范。在我国，如《保险法》《中外合资经营企业法》《银行法》等都属于调整某一类特定公司的特别法，《证券法》《破产法》等属于调整特定公司行为事项的特别法。根据特别法优于普通法的一般原则，如果公司法的有关规定和公司法特别法的规定不一致时，优先适用特别法的相关规定。

（三）其他法律中有关公司的规定

其他法律法规中有关法律规定在公司事务裁判中可以引用的，也可以作为公司法的渊源。比如，《民法通则》中的法人制度、法律行为制度、代理制度、民事责任制度，《物权法》中的所有权制度，《合同法》中有关合同订立、履行、变更和违约的规定等，这些也可以作为公司法的渊源。

（四）行政法规与行政规章

随着社会经济的发展，各种各样的问题层出不穷，市场调节本身具有的滞后性和盲目性使得国家的行政调控成为确保经济和谐健康发展必不可少的条件。通过行政手段制定法规来干预经济发展已经成为世界立法的潮流，这也是公司法作为私法却带有公法色彩的最重要原因。国务院及其组成部门分别从各自的职能出发制定了一系列的行政法规（如《公司登记管理条例》）和部门规章（如《上市公司收购管理办法》），构成了我国公司法体系重要的组成部分，也属于公司法的渊源部分。

（五）司法解释

在我国法律实践当中，最高人民法院做出的司法解释对司法活动一般也具有普遍的约束力。在司法解释中，涉及公司法的部分自然就可以在公司类案件的审理当中适用，如2014年2月17日修正的《最高人民法院关于适用〈中华人民共和国公司法〉若干问题的规定（三）》就是典型的公司法司法解释。

（六）国际条约

我国《民法通则》第一百四十二条规定："涉外民事关系的法律适用，依照本章的规定确定。中华人民共和国缔结或者参加的国际条约同中华人民共和国的民事法律有不同规定的，适用国际条约的规定，但中华人民共和国声明保留的条款除外。中华人民共和国法律和中华人民共和国缔结或者参加的国际条约没有规定的，可以适用国际惯例。"由此我们认为，我国参与缔结的国际条约中有关于公司或者投资者相关的规范也可以视作我国公司法的法律渊源。

以上几种都是公司法的主要法律渊源。在实践操作中，这些规定都是相关立法、司法和行政机关事前以法律法规、司法解释的形式固定下来的规范，当事人必须遵守，否则就将会承担相应的法律后果。有的学者也将这些规则称之为内生性法律规则。与之相对应的就是外生性法律规则，即更体现交易双方意思自治原则和市场本质要求的当事人的具体约定，一般只对具体的事务或行为具有约束力，比如某一公司的公司章程、股东协议等，此类也可成为公司法的渊源，用来裁判具体案件。

四、公司法的发展历史

（一）新中国成立前我国的公司法

1840年以后，国外的各种企业形式开始传入中国。洋务运动和甲午中日战争以后，当时的中国已经有了外资企业、官办企业和民营公司企业等企业形式。为了适应经济发展，顺应世界形势，清政府于1904年颁布了我国历史上的第一部公司法——《公司律》。

该《公司律》由清末杰出的外交家、法学家伍廷芳①主持编撰，其条文大量移植了英国1856 年《股份公司法》、1862 年《公司法》和日本的 1899 年《商法典》。当时这部《公司律》实际上是《大清商律》的第二章，其中共规定了合资公司、合资有限公司、股份公司和股份有限公司等四种公司形式，确定了股东的有限责任原则。《公司律》客观上促进了公司制度在我国的发展。

北洋军阀政府（1912—1928）于 1914 年颁布了《公司条例》，该条例采用了大陆法系的民商分立的特点，规定了无限公司、股份有限公司、两合公司和股份两合公司等四种公司形态，并规定了公司的法人地位。南京国民政府在北洋军政府《公司条例》的基础之上于 1929 年颁布了《公司法》，该法以民商合一的指导思想制订，增加了外国公司的规定，加强了对中小股东权益的保护。后来在 1946 年对该法的修改后增加了有限公司的相关规定。

（二）新中国成立后的公司法发展

新中国成立以后，我国摒弃了国民政府的法律体系，但是实际上公司法还在一定范围内存在。政务院为保护投资者利益，保护民间资本，于 1950 年公布了《私营企业暂行条例》，确立了保护投资者权益的基本指导思想。1953 年我国开始通过"和平赎买"的方针对资本主义工商业进行社会主义改造。到 1956 年社会主义"一化三改造"基本完成，我国企业形式全部转变为公有制企业和集体所有制企业，公司这一组织形式在我国法律层面不复存在。1978 年十一届三中全会我国确定了改革和开放的指导思想，这既是国家政治的改革开放也是经济社会的改革开放。公司制度也在改革开放的浪潮中重新回归到我国法律视野中。我国的公司立法率先出现在外商企业领域。我国先后颁布了三部重要的法律：《中外合资经营企业法》（1979 年）、《外资企业法》（1986 年）和《中外合作经营企业法》（1988 年）。这三部法律及其配套的行政规章制度的出台对于当时我国吸引国外资金和先进技术、繁荣社会经济起到了很大的积极作用，也为 1993 年我国《公司法》的颁布奠定了制度基础。

随着改革开放以后大量外资进入我国，外商企业和内资公司像雨后春笋不断涌现，此时迫切需要出台一部专门的法律维护市场秩序，保护交易双方的合法权益。1992 年作为公司法过渡性规范的《股份有限公司规范意见》和《有限责任公司规范意见》出台。1993 年 12 月 29 日把两者合并起来的《公司法》正式在第八届全国人民代表大会常务委员会第五次会议上审议通过。考虑到我国的基本国情，该法规定了股份有限公司和有限责任公司这两种公司形式，其中有关公司设立、股东出资、股票发行等规定都十分严格。我

---

① 伍廷芳（1842—1922 年），清末民初杰出的外交家、法学家。1874 年自费留学英国伦敦学院并获博士学位及大律师资格，成为中国近代第一个法学博士和第一位取得律师资格证的人，后回香港任律师，成为香港立法局第一位华人议员。伍廷芳先后担任过清政府驻美国、西班牙、秘鲁公使、中华民国军政府外交总长、南京临时政府司法总长、护法军政府外交总长、财政总长、广东省长等职务。1922 年，陈炯明叛变时，因惊愤成疾，逝世于广州。其起草编纂的《公司律》大量移植了西方国家的先进法律经验。

国《公司法》的出台具有十分重要的意义，规范了公司运行程序，促进了公司法律体系制度的建立，为进一步的股份制改革指明了方向。

1993 年的《公司法》至现在经历了四次修改，包括三次修正和一次修订。前两次修正都只涉及某一方面的内容，修改的范围和幅度不大。1999 年第一次修正，增加了有关国有独资公司监事会、公司发行新股和申请股票上市、高新技术产业融资等部分内容，顺应了市场经济发展的需要。2004 年第二次修正，删去原来关于股票发行价格需要国务院证券管理部门审批的规定，把股票发行价格的制定权回归市场。2005 年的修订是一次全面的大修改，改动的条文占原法的 90% 以上，并且在内容上也实现了大突破，增加了很多新的制度和规则，主要包括：（1）修改了关于公司设立制度中关于注册资本和出资形式的规定，加大吸引社会资金的力度。取消了按照公司经营范围分别规定最低注册资本额的规定，允许公司按照规定的比例在 2 年内分期缴纳出资，有限责任公司的最低注册资本额降低至人民币 3 万元。股东不仅可以用货币、实物、工业产权、非专利技术、土地使用权出资，还可以用股权等法律、行政法规允许的其他形式出资。规定货币出资金额不得低于公司注册资本的 30%。（2）加强公司内部组织治理结构和监督制约机制，提高公司运作效率，有限责任公司设立监事会。（3）完善股东合法权益和社会公共利益的保护机制。（4）规范上市公司治理机构，规定上市公司董事会成员中应当有 1/3 以上的独立董事以及公司股权管理和信息披露制度。（5）规定公司聘用、解聘会计师事务所必须由股东会作出决议。

2013 年 12 月 28 日，十二届全国人大常委会第六次会议审议并通过了《公司法修正案（草案）》，这也是《公司法》的第三次修正，新法自 2014 年 3 月 1 日开始施行。本次修正共涉及 12 个条文的修改（见表 1.1），并改变了一些条文的顺序，概括起来主要涉及以下三个方面的内容：

表 1.1　　　　　　　《公司法》修改前后公司资本制度相关法条对比

修改前	修改后
第七条　依法设立的公司，由公司登记机关发给公司营业执照。公司营业执照签发日期为公司成立日期。 公司营业执照应当载明公司的名称、住所、注册资本、实收资本、经营范围、法定代表人姓名等事项。 公司营业执照记载的事项发生变更的，公司应当依法办理变更登记，由公司登记机关换发营业执照。	删去第二款中的"实收资本"。
第二十三条　设立有限责任公司，应当具备下列条件： （一）股东符合法定人数； （二）股东出资达到法定资本最低限额； （三）股东共同制定公司章程； （四）有公司名称，建立符合有限责任公司要求的组织机构； （五）有公司住所。	将第二项修改为："（二）有符合公司章程规定的全体股东认缴的出资额；"

修改前	修改后
第二十六条 有限责任公司的注册资本为在公司登记机关登记的全体股东认缴的出资额。公司全体股东的首次出资额不得低于注册资本的百分之二十，也不得低于法定的注册资本最低限额，其余部分由股东自公司成立之日起两年内缴足；其中，投资公司可以在五年内缴足。 有限责任公司注册资本的最低限额为人民币三万元。法律、行政法规对有限责任公司注册资本的最低限额有较高规定的，从其规定。	该条修改为："有限责任公司的注册资本为在公司登记机关登记的全体股东认缴的出资额。法律、行政法规以及国务院决定对有限责任公司注册资本实缴、注册资本最低限额另有规定的，从其规定。"
第二十七条 股东可以用货币出资，也可以用实物、知识产权、土地使用权等可以用货币估价并可以依法转让的非货币财产作价出资；但是，法律、行政法规规定不得作为出资的财产除外。 对作为出资的非货币财产应当评估作价，核实财产，不得高估或者低估作价。法律、行政法规对评估作价有规定的，从其规定。 全体股东的货币出资金额不得低于有限责任公司注册资本的百分之三十。	删去第三款。
第二十九条 股东缴纳出资后，必须经依法设立的验资机构验资并出具证明。	删去此条。
第三十条 股东的首次出资经依法设立的验资机构验资后，由全体股东指定的代表或者共同委托的代理人向公司登记机关报送公司登记申请书、公司章程、验资证明等文件，申请设立登记。	将第三十条改为第二十九条。修改为："股东认足公司章程规定的出资后，由全体股东指定的代表或者共同委托的代理人向公司登记机关报送公司登记申请书、公司章程等文件，申请设立登记。"
第三十三条 有限责任公司应当置备股东名册，记载下列事项： （一）股东的姓名或者名称及住所； （二）股东的出资额； （三）出资证明书编号。 记载于股东名册的股东，可以依股东名册主张行使股东权利。 公司应当将股东的姓名或者名称及其出资额向公司登记机关登记；登记事项发生变更的，应当办理变更登记。未经登记或者变更登记的，不得对抗第三人。	删去第三款中的"及其出资额"。
第五十九条 一人有限责任公司的注册资本最低限额为人民币十万元。股东应当一次足额缴纳公司章程规定的出资额。 一个自然人只能投资设立一个一人有限责任公司。该一人有限责任公司不能投资设立新的一人有限责任公司。	删去第一款。

续表

修改前	修改后
第七十七条　设立股份有限公司，应当具备下列条件： （一）发起人符合法定人数； （二）发起人认购和募集的股本达到法定资本最低限额； （三）股份发行、筹办事项符合法律规定； （四）发起人制订公司章程，采用募集方式设立的经创立大会通过； （五）有公司名称，建立符合股份有限公司要求的组织机构； （六）有公司住所。	将第七十七条改为第七十六条。 将第二项修改为："（二）有符合公司章程规定的全体发起人认购的股本总额或者募集的实收股本总额；"
第八十一条　股份有限公司采取发起设立方式设立的，注册资本为在公司登记机关登记的全体发起人认购的股本总额。公司全体发起人的首次出资额不得低于注册资本的百分之二十，其余部分由发起人自公司成立之日起两年内缴足；其中，投资公司可以在五年内缴足。在缴足前，不得向他人募集股份。 股份有限公司采取募集方式设立的，注册资本为在公司登记机关登记的实收股本总额。 股份有限公司注册资本的最低限额为人民币五百万元。法律、行政法规对股份有限公司注册资本的最低限额有较高规定的，从其规定。	将第八十一条改为第八十条。 将第一款修改为："股份有限公司采取发起设立方式设立的，注册资本为在公司登记机关登记的全体发起人认购的股本总额。在发起人认购的股份缴足前，不得向他人募集股份。" 第三款修改为："法律、行政法规以及国务院决定对股份有限公司注册资本实缴、注册资本最低限额另有规定的，从其规定。"
第八十四条　以发起设立方式设立股份有限公司的，发起人应当书面认足公司章程规定其认购的股份；一次缴纳的，应即缴纳全部出资；分期缴纳的，应即缴纳首期出资。以非货币财产出资的，应当依法办理其财产权的转移手续。 发起人不依照前款规定缴纳出资的，应当按照发起人协议承担违约责任。 发起人首次缴纳出资后，应当选举董事会和监事会，由董事会向公司登记机关报送公司章程、由依法设定的验资机构出具的验资证明以及法律、行政法规规定的其他文件，申请设立登记。	将第八十四条改为第八十三条。 将第一款修改为："以发起设立方式设立股份有限公司的，发起人应当书面认足公司章程规定其认购的股份，并按照公司章程规定缴纳出资。以非货币财产出资的，应当依法办理其财产权的转移手续。" 第三款修改为："发起人认足公司章程规定的出资后，应当选举董事会和监事会，由董事会向公司登记机关报送公司章程以及法律、行政法规规定的其他文件，申请设立登记。"
第一百七十八条　公司需要减少注册资本时，必须编制资产负债表及财产清单。 公司应当自作出减少注册资本决议之日起十日内通知债权人，并于三十日内在报纸上公告。债权人自接到通知书之日起三十日内，未接到通知书的自公告之日起四十五日内，有权要求公司清偿债务或者提供相应的担保。 公司减资后的注册资本不得低于法定的最低限额。	将第三款"公司减资后的注册资本不得低于法定的最低限额"删去

首先，将注册资本实缴资本制改为认缴资本制。除法律、行政法规以及国务院决定对公司注册资本实缴有另行规定的以外，公司发起人可以自主约定认缴出资额、出资方式、出资期限等事项，并记载于公司章程。取消了关于公司发起人应自公司成立之日起两年内缴足出资，投资公司在五年内缴足出资的规定。取消了一人有限责任公司股东应一次足额缴纳出资的规定。

其次，降低了公司注册资本的登记条件。除注册资本最低限额有另行规定的以外，取消了有限责任公司、一人公司、股份有限公司最低注册资本应分别达到3万元、10万元、500万元的限制。不再限制公司发起人的首次出资比例和货币出资比例。

最后，简化了公司登记事项和登记文件。有限责任公司股东认缴出资额、公司实收资本不再作为登记事项。公司登记时也不需要提交验资报告。

此次修正为加快推动注册资本登记制度改革提供了法律和制度保障。接着，2016年2月6日，《国务院关于修改部分行政法规的决定》（第666号国务院令）对原《公司登记管理条例》进行了修改。条例修改的主要方向为积极构建市场主体信用信息公示体系，完善登记管理信息化系统，在保障新法顺利实施的同时加强对交易安全和投资者权益的保护。

第三节　公司的分类

公司是法人型企业的一种，对于公司的分类问题，我国《公司法》并没有明确的规定，法律层面也只规定了有限责任公司和股份有限公司两种类型。但是实际社会的经济生活复杂多变，仅此一种分类远远不能概括各种公司之间的区别与联系，故而又出现了许多学者依照不同标准对公司所做的分类。

一、无限公司、有限公司与两合公司

这是以股东承担的责任为标准所做的分类。无限公司，顾名思义，是指由两个以上股东组成、股东对公司债务负连带无限责任的公司。无限连带责任是其区别于其他公司形式最重要的特征，股东必须以出资财产和出资财产以外的其他财产作为清偿公司债务的保证，而且股东间的责任也是连带的。我国公司法并没有规定无限公司，世界上有部分国家承认并规定无限公司，如法国、意大利和日本。

有限公司，是与无限公司对应的概念，指股东以其所认缴的出资额为限对公司债务承担有限责任的公司形式，在我国，所有的公司都是有限公司。

两合公司，是指部分股东以其出资财产数额对公司的债务负有限责任（有限责任股东），而其他股东则以其全部财产对公司债务负无限责任的公司企业形式。我国公司法也没有规定两合公司。实际上，两合公司与有限合伙企业相似，两者在责任承担上有相似之处。

二、有限责任公司与股份有限公司

《公司法》规定了有限责任公司和股份有限公司这两种有限公司。有限责任公司是指由股东以其出资额为限对公司承担有限责任，公司以其全部资产对公司的债务承担责任的公司形式。有限责任公司的设立必须具备符合法定条件的股东人数、发起人协议、资本、章程等。股份有限公司是指全部资本分为等额股份，股东以其所持股份为限对公司承担有限责任，公司以其全部资产对公司的债务承担责任的公司。股份有限公司的股东大会是其权力机构，董事会是公司业务经营和执行决策机构，另外还设有经理、监事会等机构。和有限责任公司相比，股份有限公司设立条件和组织机构相对复杂。

（一）两者的共同点

（1）股东都对公司承担有限责任。无论是有限责任公司还是股份有限公司，都是以股东对公司的投资为限对公司债务承担有限责任。

（2）股东的财产与公司的财产相分离，股东出资必须把财产所有权转移给公司，该财产即构成公司的财产，股东不再直接控制和支配这部分财产。公司的财产与股东没有投资到公司的其他财产并没有直接关系。

（3）有限责任公司和股份有限公司对公司的债务都是以公司的全部资产承担责任。

（二）两者的区别

（1）人合还是资合的性质不同。有限责任公司一方面股东以出资为限承担有限责任，具有资合的性质，与无限公司不同。另一方面又不公开招股，股东之间关系较为密切，具有一定的人合性质，因而是将人合性和资合性统一起来的一种企业形式。而股份有限公司是完全的资合公司，其本身的组成和信用基础是公司的资本，与无限公司和有限责任公司的人合性质均不同。

（2）股份是否划分为等额股份。有限责任公司的股东按照协议确定的出资比例出资并承担义务，公司的资产不必分为等额股份。而股份有限公司一般必须将股份划分为等额股份。

（3）股东人数不同。有限责任公司以股东之间的信任为基础建立，其股东数额不宜过多，我国《公司法》规定的人数为2~50人。股份有限公司的股东之间以资合为基础，不强调信任关系，因而人数没有上限规定，公司法只规定了发起人数为2~200人。

（4）成立的条件和募集资金方面有所不同。有限责任公司的成立条件比较宽松且只能由发起人集资，不能向社会公开募集资金；股份有限公司成立条件相对比较严格，可以向社会公开募集资金。

（5）公司股份转让难易程度不同。有限责任公司股东转让出资，要受到其他股东同等条件下优先购买权的限制；股份有限公司股东转让自己的股份则相对自由，不受上述限制。

（6）股权证明形式不同。有限责任公司股东的股权证明是出资证明书，证明书不能转让、流通；股份有限公司中股权证明是股票，股票可以自由流通。

（7）股东会、董事会权限和分权程度不同。有限责任公司召开股东会比较方便，股东常兼任董事，所有权与经营权分权程度较低；股份有限公司召开股东会比较困难，股东会议事程序也较繁杂，董事会的权限较大，所有权和经营权分离程度也相对较高。

（8）财务状况公开程度不同。有限责任公司财务报表可以不经过审计和公告，只要按照规定期限送交各股东就行了；股份有限公司有严格的财务审计和公告制度，会计报表必须经过注册会计师的审计并出具报告。

三、人合公司、资合公司与中间公司

这是学理上以公司信用基础为标准所做的分类。人合公司是以股东个人信用作为公司的成立基础而组成的公司。这种公司一般股东的数量不多，常常是家族或者亲朋好友联合经营，各股东之间关系相对比较亲密和信任。人合公司股东对公司的债务承担无限连带责任，故而股东彼此之间的信任关系和股东个人能力在此类公司里面显得尤为重要。人合公司的优点是股东团结协作能力强，运作效率高，缺点是融资困难。无限公司就是典型的人合公司，我国不存在无限公司，但是普通合伙与之类似。

资合公司与人合公司相对，是以公司资本为信用基础成立的公司。资合公司的股东一般以自己的投资额为限对公司的债务承担有限责任。这种公司股东人数多，机构设置和活动程序复杂，必须设立专门的组织机构进行管理。资合公司对外进行经济活动依靠的是公司资本或资产是否雄厚而非某个股东个人的信用状况。此类公司的优点是融资渠道广，内部操作规范透明，缺点是法律限制性规定较多，投资者意志自由受到较多限制。股份有限公司是典型的资合公司。

中间公司，又称折中公司或人合兼资合公司，是指同时具备以上两种特点的公司，公司兼以公司资本和股东的个人信用作为信用基础，典型的中间公司是两合公司。在这种公司中，既有承担无限责任的股东，也有承担有限责任的股东。我国的有限合伙企业与之类似。

四、封闭式公司与开放式公司

一般来说，公司募集资本既可以向社会公开进行，也可以在限定的范围内进行；公司的股份既可以向社会公众转让，也可以限制在特定范围内转让。以股东的构成为标准，可以把公司分为封闭式公司和开放式公司，这是欧美法比较通行的公司分类方式。

封闭式有限公司是指股票不上市只在少数人手中掌握，股东担负有限责任的公司，又称"不上市公司"、"股票不上市公司"，一般为中小型企业。其特点是：公司的股份不能在证券交易所公开向社会发行，只能向特定范围的股东发行；股份或股票的转让条件比较严格，不能在证券交易所公开流通。开放式公司也称为公开公司，其股份可以在证券市场上公开流通，也可以向社会公开募股。开放式公司与我国公司法中的股份有限公司比较相似，但是由于法系不同，具体规定方面更是千差万别，不可等同。欧美法中的公司可以是开放式的也可以是封闭式的，一般在公司章程和名称中加以规定。

五、一人公司与股权多元化公司

根据股东人数的多少，可以把公司分为一人公司和股权多元化即多人公司。一人公司指只有一个股东的公司，这里的股东既可以是自然人也可以是法人。以其产生的时间为标准，还可以把一人公司分为成立时的一人公司和存续时的一人公司；以股东的股份分散情

况为准还可以把一人公司分为形式意义上的一人公司和实质意义上的一人公司①。

我国公司法上的一人公司是狭义上的概念②，即公司的全部股份为一个股东享有。当该股东为法人时，其设立的一人公司也就是通常所说的全资子公司。需要注意的是，我国公司法上的国有独资公司，其性质也是一人公司，但由于设立和出资人的特殊性（设立人既非自然人也非法人，而是由国家单独出资，由国务院或者地方人民政府委托本级人民政府国有资产监督管理机构履行出资人职责）将其单独作为一种特殊类型的有限责任公司。

六、国有公司与非国有公司

根据公司的资金来源即出资主体的不同，可以把公司划分为国有公司和非国有公司。这里的国有公司并不等同于我们经常所说的"国企"，而是专指公司资金全部或者大部分来源于国家的公司，又可分为国有独资公司和国家控股公司。国有公司的出资人是国家，但是实际一般由国家授权国务院国有资产管理委员会代行出资职责。国际上一般的国有公司仅指一个国家中央政府投资或参与控制的公司，而在我国，国有公司还包括地方政府投资参与控制的公司。国有公司作为一个公司法人，首先是以营利为目的的，追求的是国有资产的保值和增值；其次，国有公司一般还肩负着国家宏观调控国民经济、扶持重要基础产业和贯彻国家大政方针等各个方面的作用。国有公司是我国国民经济的重要组成部分，其成立和运行不仅适用《公司法》的有关规定，也适用我国《国有资产管理法》。

非国有公司就是国有公司之外的其他公司，主要包括自然人或者私营企业出资设立的私营公司、外国自然人和法人设立的外商投资公司。

七、关联公司与公司集团

通常根据公司之间的内在联系，可以将公司划分为关联公司和公司集团。

关联公司是指存在股权关系但尚没有达到控股程度的公司，一般是多个独立存在的公司相互之间具有稳定的经济往来或者投资关系。我国《公司法》对关联公司并未给出明确的定义，但是二百一十六条第四款却对关联关系有着明确的描述："关联关系是指公司控股股东、实际控制人、董事、执事、高级管理人员与其直接或者间接控制的企业之间的关系，以及能够导致公司利益转移的其他关系。但是，国家控股的企业之间不仅因为同受国家控股而具有关联关系。"

所谓公司集团，是指由法律意义上若干独立的公司组成的受统一管理的共同经济团体。公司集团本身并不是我国公司法上独立的主体，仅是学术界对那些具有关联关系的独立公司所组成的经济联合团体的称呼。一般情况下，在公司团体的内部会有一家公司处于

---

① 实质上的一人公司的真实股东只有一人，其余股东仅是为了真实股东一人的利益而持有公司股份的所谓"名义股东"，这种名义股东并不享有真正意义上的股权，当然也不承担真正意义上的股东义务。这种实质意义上的一人公司在西方国家特别是美国较为普遍。

② 我国《公司法》对于一人公司规定的比较详细，具体规定请参看我国《公司法》第四十七条至第六十三条。

领导地位，此类具有支配地位的公司称为集团公司，其他围绕着集团公司而运营的公司称为从属公司。从法律上来说，每一个集团的成员都是独立的主体，有自己独立的人格和组织机构。我国《公司法》着眼于设计合理的制度规范，防止集团公司损害从属的中小企业权益，保护公司独立人格，维持正常的市场竞争秩序。

八、母公司与子公司

法律上独立的各个公司之间可能存在着控制与被控制的联系，根据公司在控制与被控制关系中所处地位的不同，可以把公司划分为母公司和子公司。处于实际控制地位的公司就是母公司，受其他公司实际控制的公司是子公司。它们都具有独立的法人资格。一个公司通常可以通过投资关系（即控股）和协议实现对另一公司的实际控制。

母公司对子公司的控制主要表现在能够支配子公司的人事、财务、业务等各方面事项。母公司最基本的特征不在于是否持有子公司的股份，而在于是否直接控制子公司业务经营。我国《公司法》第十四条第二款规定："公司可以设立子公司，子公司具有法人资格，依法独立承担民事责任。"可见子公司具有独立的法人资格，不仅拥有自己独立的财产、公司名称、章程和董事会，还可以以自己的名义开展经营活动，独立承担民事责任，但涉及公司利益的重大决策或重大人事安排，一般仍要由母公司决定。

案例引导

母公司和子公司的责任承担

某房地产公司因经营有方积累了大量资金，准备向外投资扩展业务范围。该公司董事长张某找到了经营钢铁生意的王某，由房地产公司和王某各自出资 1000 万元投资成立了东方房地产开发有限公司，由王某担任东方房地产开发公司的法定代表人。后来，王某在公司经营过程中存在违法行为，被依法逮捕。东方房地产开发有限公司生产经营陷入困境，拖欠工人工资和合作商家货款无力偿还。工人和合作商家于是找到了张某，要求张某所在的房地产公司承担还款责任。

【案例分析】本案中，东方房地产开发有限公司是张某所在的房地产公司的子公司，具有自己独立的法人资格，应当独立承担相应的法律责任。张某所在的房地产公司和王某都是东方房地产开发公司的股东，仅以自己的出资额为限承担责任，无须承担东方房地产开发有限公司对外债务还款责任。

九、本公司与分公司

在公司发展到一定的规模以后，往往需要在不同的地域开展业务，公司就可以通过在异地设立分支机构来完成生产经营。以公司内部系统的组织管辖关系为准，可以把公司分为本公司和分公司。本公司是指依照公司法的规定，首先设立的具有独立法人资格的公司，对其系统管辖范围内的分支机构具有完全的管辖权。分公司是指由本公司设立的，不具有独立的法人资格，受本公司管辖的公司分支机构。本公司与分公司是一个相对的概念，没有本公司就没有分公司。因分公司没有独立的法人资格，故分公司一般以本公司的名义对外进行经济活动。分公司虽然冠以"公司"的名字，但其仅仅是公司的分支机构，不是真正意义上的公司。

我国《公司法》第十四条规定："公司可以设立分公司。设立分公司，应当向公司登记机关申请登记，领取营业执照。分公司不具备法人资格，其民事责任由公司承担。公司可以设立子公司，子公司具有法人资格，依法独立承担民事责任。"由此可见，子公司与分公司的最主要区别在于是否具有独立的法人资格。

分公司和子公司的区别如下：(1) 是否具有法律人格。子公司虽然经营活动会受到母公司的影响，但是它具有独立的法人资格，能够以自己的名义进行经济活动，可独立承担民事责任；分公司不具有独立法人资格，只能以本公司的名义进行活动，也不能够独立承担法律责任。(2) 行为能力不同。子公司具有独立的行为能力；分公司原则上必须在本公司授权的范围内活动，超出授权的行为是否生效也取决于本公司的意志。(3) 诉讼地位不同。分公司和子公司都可以作为民事诉讼的参与人，担当原告、被告或者第三人，但是分公司不能够独立承担法律责任，人民法院对分公司做出的判决、裁定对本公司具有约束力。(4) 控制程度不同。母公司对子公司的控制相对弱一些，子公司仍然具有一定程度上独立经营的权利；分公司受本公司的完全控制。(5) 是否为纳税主体。子公司是独立的纳税主体，一般有自己的财务会计报表，即便和母公司合并财务报表，也不能借母公司亏损而不纳税；分公司不是独立的纳税主体，不必单独纳税。

❖ 案例引导

本公司和分公司的责任承担

2011年6月，震舟贸易公司与兴国服装公司下属非独立核算分支机构长城纺织厂签订了一份销售合同，约定由震舟贸易公司提供原料10吨，每吨价格10万元，共计货款100万元，长城纺织厂自收到原料的10天内向震舟公司支付全部货款100万元。合同签订后，震舟公司按约定履行了交货义务，而长城纺织厂于收到货物的第九天向震舟公司支付了货款20万元，其余80万元货款一直未予支付。后来，由于未按照规定申报年检，长城纺织厂和兴国服装公司均被工商管理部门吊销了营业执照。经查，兴国服装公司注册资本120万元，其中股东谢某个人出资90万元。震舟贸易公司遂以兴国服装公司和谢某为共同被告，向法院提起诉讼。

【案例分析】法院经审理认为，原告震舟公司与长城纺织厂签订的合同为双方真实意思表示，依法应予确认。长城纺织厂在收到原告交付的货物之后，未按照合同的约定支付全部货款，应当承担相应的违约责任。由于长城纺织厂是兴国服装公司下属非独立核算的分支机构，属于兴国服装公司的分公司，依法不具有独立的法人资格，不能独立承担法律责任，虽然长城纺织厂和兴国服装公司都被工商管理部门吊销了营业执照，但是二者的法人资格仍然存在，故长城纺织厂的民事违约责任应由兴国服装公司承担。谢某系兴国服装厂的股东，仅以自己的出资额为限向公司承担有限责任，且谢某已经全面履行了自己的出资责任，故谢某不承担相应的还款责任。

十、本国公司、外国公司与跨国公司

以公司国籍为准，可以将公司分为本国公司与外国公司。各国之间划分国籍的标准不一，有的以公司注册成立地为标准，有的以公司在本国是否存在住所为标准，也有的以公司实际控制人的国籍为标准，还有的综合采用其中两项或多项为标准。我国《公司法》第一百九十一条规定："本法所称外国公司是依照外国法律在中国境外设立的公司。"可见，我国是以公司注册登记地和设立依据法律地为标准。由此规定，依照我国法律在我国境内设立的公司属于我国本国公司。比如，外商投资企业是依照我国法律设立的，就属于本国公司。

跨国公司是指以原始设立国为基础，通过对外直接投资设立国外分支机构和子公司，在数个国家或世界范围内从事生产、销售或其他经营活动的国际性企业组织。跨国公司并不是法律上的概念，而是国际经济领域的概念。需要注意的是，跨国公司本身并不是法律层面的独立主体，我们要把跨国公司内部组织机构用母公司、子公司、总公司、分公司的概念去分别界定，不能概而论之。

十一、上市公司与非上市公司

依公司股票是否上市为标准，可将股份有限公司分为上市公司与非上市公司。上市公司是指所发行的股票经国务院证券监督管理机构或其授权部门核准在证券交易所上市的股份有限公司。非上市公司是指其股票未获准在证券交易所上市交易的公司，有时泛指上市公司以外的所有公司。上市公司的股票流通性高，透明度和社会化程度较高，故上市公司往往比非上市公司更受投资者的青睐。

公司上市的主要目的是进入资本市场，通过发行股票来增加资本从而扩大公司的规模和业务，提升股票价值，增加公司实力，并最终使股票的拥有者即公司股东获得更多的收益。上市公司通过其股票在证券交易所上市交易以达到获取资本利得和转移投资风险的目的，还会在一定程度上促使公司接受公众监督、改善经营管理。非上市公司因其股票不得在证券交易所挂牌交易，股票缺少稳定畅通的流通渠道而使其企业融资能力受到限制。

十二、一般法意义上的公司与特别法意义上的公司

按照公司成立的法律依据，可以将公司分为一般法意义上的公司和特别法意义上的公司。根据《公司法》成立的公司是一般法意义上的公司，而根据特别公司法（《保险法》、《商业银行法》和《证券法》等）成立的公司则称为特别法意义上的公司。例如，保险公司是根据《保险法》成立的公司，商业银行是根据《商业银行法》成立的公司，证券公司是由《证券法》成立的公司，这些都是特别法意义上的公司。做此类区分主要是因为特别法优于普通法，根据特别法成立的公司优先使用特别法的相关规定。

📎 本章小结

本章主要介绍了公司和公司法的一些基本的知识，深刻理解本章内容对于后面各个部

分的学习具有十分重要的指导作用。公司基本特征的理解和公司分类是司法考试的常考点，同学们应结合网络学习法，多看相关资料，联系实际经济生活和案例，注重理解和案例学习是学好本章的关键。

本章练习

一、判断题

1. 我国《公司法》所称公司是指按照《公司法》在中国境内与国外设立的有限责任公司和股份有限公司。（ ）

2. 公司是企业法人，有独立的法人财产，享有财产权。公司以其全部财产对公司的债务承担责任。（ ）

3. 依照我国《公司法》设立的有限责任公司不得在公司名称中标明"有限责任公司"或"有限公司"字样。（ ）

4. 公司营业执照应当载明公司的名称、住所、注册资本、实收资本、经营范围、法定代表人姓名等事项。（ ）

5. 有限责任公司由 200 个以下股东设立。（ ）

6. 我国公司法上的有限责任公司是人合公司。（ ）

7. 有限责任公司的股东以其认缴的股份为限对公司承担责任，股份责任有限公司的股东以其认购的出资额为限对公司承担责任。（ ）

8. 个人独资企业的投资人对企业债务承担无限责任。（ ）

9. 按照出资人的责任，可以把公司分为人合公司、资合公司与人资两合公司。（ ）

10. 子公司具有独立的法人地位，分公司不具有独立的法人地位。（ ）

二、单项选择题

1. 下列关于公司分类的哪一表述是错误的？（ ）

    A. 一人公司是典型的人合公司

    B. 上市公司是典型的资合公司

    C. 非上市股份公司是资合为主兼具人合性质的公司

    D. 有限责任公司是以人合为主兼具资合性质的公司

2. 下列所作的各种关于公司的分类，哪一种是以公司信用基础为标准的分类？（ ）

    A. 总公司与分公司

    B. 母公司与子公司

    C. 人合公司与资合公司

    D. 封闭式公司与开放式公司

3. 某公司下属的一分公司以自己的名义签订的合同，其效力如何？（ ）

    A. 无效，分公司本身没有行为能力

    B. 有效，其责任由分公司独立承担

    C. 有效，其责任由总公司承担

D. 有效，其责任由分公司独立承担，总公司承担连带责任

4.（司法考试真题 2003）住所地在长春的四海公司在北京设立了一家分公司。该分公司以自己的名义与北京实达公司签订了一份房屋租赁合同，租赁实达公司的楼房一层，年租金为 30 万元。现分公司因拖欠租金而与实达公司发生纠纷。下列判断哪一个正确？（　　）

　　A. 房屋租赁合同有效，法律责任由合同的当事人独立承担

　　B. 该分公司不具有民事主体资格，又无四海公司的授权，租赁合同无效

　　C. 合同有效，依该合同产生的法律责任由四海公司承担

　　D. 合同有效，依该合同产生的法律责任由四海公司及其分公司承担连带责任

5.（司法考试真题 2002/3/90）法国人约翰和美国人汤姆按照我国法律规定，各自出资 50 万美元在上海成立一公司，公司章程规定各方以该出资对公司债务负责。后该公司又在上海注册成立了两家分公司。根据公司分类的原则，该公司应属于下列哪一选项的公司？（　　）

　　A. 该公司属于中国公司、母公司和股份有限公司

　　B. 该公司属于外国公司、本公司和有限责任公司

　　C. 该公司属于中国公司、本公司和有限责任公司

　　D. 该公司属于跨国公司、母公司和股份两合公司

三、多项选择题

1.（司法考试真题 2010）关于股份有限公司的设立，下列哪些表述符合我国《公司法》规定？（　　）

　　A. 股份有限公司的发起人最多为 200 人

　　B. 发起人之间的关系性质属于合伙关系

　　C. 采取募集方式设立时，发起人不能分期缴纳出资

　　D. 发起人之间如发生纠纷，该纠纷的解决应当同时适用《合同法》和《公司法》

2. 下列关于公司分类的哪一表述是正确的？（　　）

　　A. 一人公司是典型的人合公司

　　B. 上市公司是典型的资合公司

　　C. 非上市股份公司是资合为主兼具人合性质的公司

　　D. 有限责任公司是以人合为主兼具资合性质的公司

3.（司法考试真题 2010）甲公司欲单独出资设立一家子公司。甲公司的法律顾问就此向公司管理层提供了一份法律意见书，涉及子公司的设立、组织机构、经营管理、法律责任等方面的问题。请根据上文回答下列问题。

（1）关于子公司设立问题，下列说法正确的是（　　）。

　　A. 子公司的名称中应当体现甲公司的名称字样

　　B. 子公司的营业地可不同于甲公司的营业地

　　C. 子公司没有独立法人地位，不能独立承担法律责任

　　D. 子公司的组织形式只能是有限责任公司

（2）关于子公司的组织机构与经营管理，下列说法正确的是(　　)。

　　A. 子公司不设董事会，可任命一名执行董事

　　B. 子公司可自己单独出资再设立一家全资子公司

　　C. 子公司的法定代表人应当由甲公司的法定代表人担任

　　D. 子公司的经营范围不能超过甲公司的经营范围

（3）关于子公司的财产性质、法律地位、法律责任等问题，下列说法正确的是(　　)。

　　A. 子公司的财产所有权属于甲公司，但由子公司独立使用

　　B. 当子公司财产不足清偿债务时，甲公司仅对子公司的债务承担补充清偿责任

　　C. 子公司具有独立法人资格

　　D. 子公司进行诉讼活动时以自己的名义进行

四、问答题

1. 什么是公司？公司有哪些法律特征？

2. 简述公司法的基本原则。

3. 简述公司与和合伙企业、个人独资企业的主要区别。

4. 简述以股东责任范围为基础对公司所做的分类。

5. 子公司和分公司有什么不同之处？

五、案例分析题

四海公司为国有独资公司，时运公司为四海公司独资举办的子公司。2010 年，四海公司出资 70%、时运公司出资 30%，投资创办丰山有限责任公司，四海公司总经理李某兼任该公司的董事长。请根据这些情况和下列各问中设定的条件回答问题：

1. 关于丰山公司的说法，正确的是(　　)。

　　A. 丰山公司属于四海公司的分公司

　　B. 丰山公司属于四海公司和时运公司的分公司

　　C. 丰山公司属于四海公司的子公司

　　D. 丰山公司有自己独立的法人地位

2. 下列关于四海公司和时运公司的关系的说法中，正确的是(　　)。

　　A. 四海公司是本公司

　　B. 四海公司对时运公司的生产经营有绝对的控制权

　　C. 四海公司不得干涉时运公司的任何经营活动

　　D. 时运公司能够独立承担法律责任

3. 设时运公司对外负债 100 余万元无力偿还，而该债务是在四海公司决策、指示下以时运公司的名义进行贸易造成的，四海公司对此债务的责任应如何判定？(　　)

　　A. 四海公司不承担责任

　　B. 四海公司应承担全部责任

　　C. 四海公司应承担主要责任

　　D. 四海公司应承担次要责任

4. 设王某代表丰山公司做出一项投资决策，结果导致丰山公司损失 50 余万元，该损失应由谁承担？（　　）

    A. 由四海公司承担 70%，时运公司承担 30%

    B. 由四海公司全部承担

    C. 由王某个人承担

    D. 由丰山公司承担

☑ 第二章

公司人格

❧ 学习目标

知识要求：

理解公司人格及其基本要素的内涵和意义，了解公司人格的取得、公司的能力、公司法人格否认制度以及一人公司制度等相关内容。本章学习的难点是理解公司获得法律人格的原因及公司人格基本要素的内涵和意义。

技能要求：

熟悉公司人格要素的相关知识和内容，并能结合具体案例对公司是否具有独立人格以及是否应该适用公司人格否认制度进行具体分析。

❧ 案例引导

公司独立人格及财产独立的意义

2007 年 1 月 18 日，御景公司经工商局核准登记成立。据工商局登记材料记载，御景公司是天御公司出资 410 万元设立的有限责任公司，天御公司是御景公司唯一股东。同年 4 月、7 月，御景公司与三原公司先后签订了两份淀粉买卖合同，由三原公司向御景公司供应淀粉 180 吨，货款总额 643000 元。合同签订后，三原公司依约履行了供货义务，御景公司收到淀粉后也先后向三原公司支付了货款 200000 元。2008 年 6 月 19 日，三原公司以御景公司未按约定付清货款为由向法院起诉，要求御景公司支付淀粉货款 443000 元及逾期付款违约金；以天御公司的财产与御景公司的财产混同为由，要求天御公司对上述债务承担连带清偿责任。天御公司应诉后认为，御景公司是依法成立的有限责任公司，天御公司只是御景公司的股东，根据公司法及相关法律的规定，股东以出资额为限对公司承担责任，天御公司已经履行了出资义务，不应对御景公司的债务承担责任。请问本案法院应如何判决？

【案例分析】本案的争议焦点在于天御公司对御景公司所欠淀粉货款及逾期付款违约金是否应当承担连带责任。

南宁市江南区法院审理后认为，依照《公司法》的有关规定，一人有限责任公司的股东不能提供证据证明其投资设立的公司财产独立于股东自己的财产的，应当对设立的一人有限责任公司的债务承担连带责任。御景公司是天御公司单独投资设立的一人有限责任公司，而天御公司提供的验资报告、御景公司章程只能证明天御公司在御景公司成立时履行了出资，但并不能证明该出资全部用于御景公司的经营，亦即无法证明天御公司的财产与御景公司的财产互相独立。故天御公司应对御景公司的债务承担连带责任。据此，该院判决天御公司对御景公司欠付三原公司的淀粉货款443000元及逾期付款违约金承担连带清偿责任。天御公司对判决不服提出上诉，南宁市中级人民法院作出驳回上诉，维持原判的终审判决。

第一节　公司的名称和住所

一、公司的名称

公司名称是人格特定化的文字标志，是公司独立人格的具体表现。公司名称用于在生产经营活动中区别其他民事主体，因此，它不是独立于公司人格而单独存在的；公司的名称具有财产性，它代表一定的公司形象，反映公司的商誉，是一种无形财产，因此可以有偿转让，但是它兼有依附于公司的特性，不能单独转让，应伴随公司全部或一部分资产转让；我国公司法规定一定时期内一个公司只能用一个名字，但经一定的批准，可以有从属名称，因此公司名称具有唯一性；公司只有对其公司名称核准登记后才能获得名称权，得到法律保护。

（一）公司名称的构成

从各国立法来看，公司名称主要有三种方式，一是以投资人的姓氏命名，二是采取名称与行业相一致方式，三是同时使用姓名与行业。我国《企业名称登记管理实施办法》第九条规定："企业名称应当由行政区划、字号、行业、组织形式依次组成，法律、行政法规和本办法另有规定的除外。"可见，我国的公司名称应包含行政区划、字号、行业、组织形四个要素。

1. 行政区划

我国《企业名称登记管理规定》第七条的规定，企业名称应当冠以所在地省（包括自治区、直辖市）或者市（包括州）或者县（包括市辖区）行政区域名称，可见公司名称中的行政区划应当是其所在地的县级以上的名称。公司的行政区划根据其登记机关的不同而不同，如果公司中含有"中国"、"中华"、"全国"字样，那么它是在中国工商行政管理局登记注册的。除了国务院或者其授权的机关批准的大型进出口企业和大型企业集团、全国性公司，其他一般性公司不能在其公司名称中冠以"中国"、"中华"、"全国"字样。如果公司名称中含有"某某省"字样，那么它应该是在省级工商管理局登记注册的公司。如果是"某某省某某县"或者"某某市某某区"，那么它应该是在区、县级工商管理部门注册的公司。一般的公司都需要含有行政区划，但也有例外，经国务院批准，在国家工商行政管理总局登记的公司，或者注册资本不少于 5000 万元的公司，这些公司名称可以不含有行政区划，但也需要国家工商行政管理总局核准。

2. 公司字号

字号也可称为商号，是公司在生产经营活动中用以作为自己营业名称的标识，是公司名称中最核心的要素，也是最具有主体区别性的一部分。它也是唯一能由当事人自由创设的一部分，它必须由两个以上的文字组成，可以使用自然人投资人的姓名，公司有正当理由的，也可使用本地或其他地名作为字号，但是县级以上的行政区划名称不能作为字号，如 "北京" 可以作为字号，"北京市" 就不可以作为字号，但已经注册的或者具有其他含义的可以继续使用，如青岛啤酒中的字号。同时公司名称不能明示或者暗示其有超越经营范围的业务。根据《企业名称登记管理规定》公司名称中不能含有下列内容和文字：（1）有损于国家或社会公共利益的；（2）可能对公众造成欺骗或误解的；（3）外国国家（地区）名称、国际组织名称；（4）政党名称、党政军机关名称、群众组织名称、社会团体及部队编号；（5）汉语拼音字母（外文名称中使用的除外）、数字；（6）其他法律、行政法规规定禁止的。

3. 公司的行业或营业

我国《公司登记管理条例》规定公司应当根据其主营业务，依照国家行业分类标准划分的类别，在企业名称中标明所属行业或者经营特点。可见，公司名称应当标明公司的主要业务行业性质，其表述的内容也应与企业的经营范围相一致，反映公司的生产、经营、服务范围、经营方式和特点。当公司经营范围比较广时，只要反映主要的经营内容即可。企业的经营范围分为一般性经营和许可经营，一般经营是公司可以自主申请，不需要批准的；许可经营是在申请登记之前，应当根据法律等相关规定报有关部门批准的经营。

4. 公司的组织形式

依照我国法律规定，依法设立的股份有限公司必须在公司名称中标明股份有限公司或股份公司的字样，依法设立的有限责任公司必须在公司名称中标明有限公司或者有限责任公司字样。公司名称中的 "有限责任公司" 或 "股份有限公司"，即这里所说的公司的组织形式。

公司名称使用外文的，应当报工商管理登记注册，并与中文名称相一致。除了民族自治地方的公司名称可以同时使用本民族文字外，公司名称应当使用汉字。公司设立分公司的，分公司的名称应当和其所属总公司的名称一致，在后面缀以 "分公司" 等字样，同时标明其行业和所在地的地名或名称。只有在公司下设 3 个以上的分公司才能在公司名称上使用 "总" 字。

（二）公司名称的核准登记

1. 公司名称的核准

我国和大多数国家一样，采取的是预先核准制度。预先核准制就是指在公司成立之前，由公司的发起人或其代理人将拟设立公司的相关事项提请主管机关核准的制度。在我国，设立其他企业可以申请名称预先核准，然而，设立公司则应当申请名称预先核准。《公司登记管理条例》第十七条规定，法律、行政法规或者国务院决定规定设立公司必须报经批准，或者公司经营范围中属于法律、行政法规或者国务院决定规定在登记前须经批准的项目的，应当在报送批准前办理公司名称预先核准，并以公司登记机关核准的公司名称报送批准。第十八条规定，设立有限责任公司，应当由全体股东指定的代表或者共同委托的代理人向公司登记机关申请名称预先核准；设立股份有限公司，应当由全体发起人指定的代表或者共同委托的代理人向公司登记机关申请名称预先核准。

申请名称预先核准，应当提交下列文件：（1）有限责任公司的全体股东或者股份有限公司的全体发起人签署的公司名称预先核准申请书；（2）全体股东或者发起人指定代表或者共同委托代理人的证明；（3）国家工商行政管理总局规定要求提交的其他文件。预先核准的公司名称保留期为 6 个月，在保留期内，该公司名称不得用于从事经营活动，不得转让。

2. 公司名称的登记

公司所有人需要在登记机关辖区内进行登记，进而取得公司名称的专用权。公司名称的登记有五种登记类型：（1）创设登记。公司名称取得，就意味着对其进行了创设登记，创设登记之后可以对外产生效力，对抗善意第三人。（2）变更登记。公司在注册之后，无特殊原因在一年之内不能申请变更，可以变更的，必须对公司名称的部分或全部进行变更登记，变更登记后，公司才对其有专用权。（3）转让登记。公司的名称可以随公司整体或者公司一部分资产转让，不能独立转让。在公司名称转让双方签订书面合同或者协议，履行转让登记后，转让才能对外产生效力，对抗善意第三人。公司名称一旦转让给一方，原公司不能再继续使用已转让的公司名称，也即该转让是独占转让。（4）撤销登记。公司因违反某项规定时，工商行政管理依据法律规定可以撤销公司的营业执照，公司不再有经营资格，公司名称不能独立存在，因此将一并予以撤销。（5）废止登记。公司终止营业后会进行注销登记，公司名称随之撤销。

公司取得公司名称专用权后，会在法律上产生两种效力，一是排他效力，指的是公司名称一旦登记，在一定地域和行业范围内，其他公司就不能使用与该公司名称相同或相近似的公司名称。二是救济效力，是指如果其他公司使用相同或相似的名称，就构成侵权，被侵权的公司可以请求停止侵权和侵权损害赔偿。

（三）公司名称权

公司名称权依附于公司存在，是公司人格权的主要内容，公司名称是公司的无形财产，反映公司商誉的变化，因此它又具有财产权的特征。它在公司申请登记后才能使用，公司在规定的范围内享有专有权，公司可以使用、转让、变更自己的名称，并排除其他公司侵害其专用权。公司名称权具有以下特征：

1. 专有性

公司在登记注册之后，公司就对本公司名称享有专有权，对其他公司具有排他性，任何公司不得盗用、冒用。在登记机关辖区范围内，其他同行业公司不得登记与其他已登记注册的公司相同或者相似的公司名称，不得使用与已登记公司相同或相类似的公司名称。如果有公司侵犯了已登记注册公司的名称权，被侵权的公司有权利要求停止侵害，赔偿损失。被侵权公司对于擅自使用本公司注册登记名称的行为，可向侵权公司所在地的登记主管提出申请。登记机关查明事实后，可对侵权公司做出处罚，责令停止侵权行为，并赔偿被侵权公司所受到的损失。被侵权公司还可以直接提起民事诉讼。

2. 地域性

公司取得名称权后，对名称权具有专有使用权，但这个效力只能局限于一定的范围之内，一般是局限于登记机关辖区范围内。在这个范围内，其他公司不得侵犯该公司的名称权。

3. 公开性

我国对公司名称采用预先核准制度，公司在核准登记后才能取得名称权，登记是一种公示，登记之后才能对外产生效力，对抗善意的第三人。只有公开，才能避免其他公司注册与自己公司相同的名称，公司名称的设立、变更、转让、注销都需要登记。

4. 可转让性

公司名称权不仅具有人身权特性，还具有财产属性，因此公司名称可以作为财产转让。依据我国法律规定，公司名称随着公司或者公司一部分资产一并转让，但只能转让给一家公司。转让公司名称，首先转让双方要签订书面协议，然后报经原登记管理机关核准。转让方在受让公司取得名称权后不得再使用该名称，转让登记之后，才对外发生效力，能够对抗善意的第三人。

二、公司的住所

住所是公司注册登记的条件之一，是公司对外活动的必备场所。公司住所与公司经营场所不一样，经营场所是公司未来开展经营活动的场所，而住所是公司决定和处理公司重大事务的意思机构所在地。经营场所可以有多个，而住所只能是注册登记的一个。经营场所不是公司注册登记的必备事项之一，它可以在公司设立后再选择设立，而住所只能在设立之前就具备。

（一）公司住所的确定

各国法律对于公司住所规定不同，大致有三种规定：（1）营业中心主义，这种做法是把营业地作为住所地，虽然它便于控制公司的主要财产，但是不利于辨认住所地，特别是当公司有若干营业地时，难以判断住所地在哪儿。（2）管理中心主义，这种做法就是把管理机关所在地作为住所，虽然它便于确定公司的住所，但是不利于监管公司，公司容易通过转移管理中心来规避法律。（3）根据公司章程决定。这个选择较多，可以是公司管理部门所在地，也可以是公司的业务领导部门所在地。

我国《公司法》规定以主要办事机构所在地为住所，也就是决策和处理公司事物的中心机构所在地，比如总部。一般通过公司登记来确定主要办事机构所在地，因而从实质上来看，我国采用的是管理中心主义。

（二）公司住所的法律意义

公司住所是公司经营决策的主要地点，它关系到公司的设立和存续，具有重要的意义。具体表现在以下四个方面：

（1）公司住所是确立登记、税收等登记机关和管理机关的前提。除了一些不需要登记注册的公司外，公司应该到其住所所在地的工商管理部门申请登记，因此住所的确定有利于确定公司的登记管理机关。此外，有关的纳税业务，如税务登记、纳税申报以及税务缴纳等，都需要纳税人到住所所在地的税务机关进行业务处理，因此纳税业务也是需要公司住所来确定纳税机关的。

（2）公司住所可以确定诉讼管辖地和法律文书以及其他函件送达地。我国《民事诉讼法》规定，公司与其他经济组织发生纠纷时，对法人或其他组织提起民事诉讼，由被告住所地法院管辖，如合同纠纷、票据纠纷或者侵权行为等都是由被告住所地法院管辖。因此住所在确定法院管辖中起着重要作用。关于法律文书的送达，我国《民事诉讼法》规定，送达诉讼文书，应当直接送交受送达人；直接送达诉讼文书有困难的，可以委托其他人民法院代为送达，或者邮寄送达。受送达人拒绝接受诉讼文书的，可以留置送达方式送达。无论选择用哪种送达方式，最后都是以住所地为送达地。因此明确公司住所地，方便法院及时、准确地送达文书，保障了公司的权利。

（3）公司住所可以确定合同履行地。合同履行地首先看当事人双方在合同中是否有明确约定，有约定的按照合同约定确定合同履行地，没有约定的，按照《合同法》规定，给付货币的合同，将接受货币的一方所在地作为合同履行地；给付其他标的的，将履行义务一方的所在地作为合同履行地。如果接受货币的一方或者给付其他标的的义务方是公司，则公司住所地就是合同的履行地。因此，公司住所地在特定情况下对判定合同履行地具有重大意义。

（4）公司住所有助于解决涉外民事法律关系中的冲突。确定准据法是涉外民事关系发生冲突时关键一步，而选择准据法时，当事人住所地是重要的依据之一。涉外民事关系的一方是公司，根据属人法原则，会选择公司住所地法为属人法，从而判断准据法的适用，因此公司住所对于涉外关系处理起着举足轻重的作用。

第二节　公司法律人格要素

一、独立财产

公司独立财产是公司人格的核心构成要素，没有独立财产就没有人格，公司法在这一点上与自然人不一样，自然人没有财产，依然能取得人格，而公司没有财产，就丧失了承担责任的能力，因而法律是不会赋予其人格的。独立财产不仅给公司提供了赖以生存的物质基础和经营条件，而且是履行债务和承担责任时的保障，这些都表明公司人格独立是以公司财产独立为前提的。公司的财产主要来自于股东的出资和公司的盈利积累，股东对公司出资后，就不再对这些财产拥有所有权，该财产的所有权归公司所有，股东会得到相应的股份，拥有一定的股权。

我国《公司法》第三条第一款规定："公司是企业法人，有独立的法人财产，享有法人财产权。公司以其全部财产对公司的债务承担责任。"该规定并未明确规定公司对其财产享有所有权，但公司财产权一定是有独立性的，公司对其财产具有占有、使用、收益和处分的权利。公司的财产权与股权有本质的区别，无论公司财产权定性如何，都应是物权，也即是对物具有直接支配权，这种权利是归公司所有。公司股东一旦出资，就不再对这些财产享有物权，也就没有直接支配权，而是转化为股权，股东不能再对这些财产占有、使用、收益和处分，否则就会构成侵权。在实践活动中，有很多股东在公司成立后，就把其出资的财产抽回来，作为自己的资金来使用，甚至一些司法机关，混淆公司财产和股东股权，强制执行公司资产用于清偿股东债务，还有一些大股东，凭借自己掌握公司管理权，对公司财产占有、使用、收益和处分，严重违反了公司财产独立的原则。

二、独立的责任能力

公司独立责任，即公司独立财产责任，是公司能以自己的名义，用公司的全部财产对其他经济主体承担责任。公司在存续期间，为了获得高额利润，参与经营活动，获得了各种权利，权利义务是相统一的，那么公司也承担了相应的义务。公司作为一个法人，具有独立的人格，它应具有独立的责任。公司的独立人格由两根支柱支撑，一个是独立责任，另一个是公司独立的财产。这两个是资合公司的人格要素，不是所有公司的人格要素。独立财产是独立责任承担的前提和基础，独立责任是独立财产的最终体现，当需要承担债务时，公司应以其全部的独立财产来偿还其债务。股东的有限责任和公司的全部责任相对应，公司以公司的财产对公司债务承担全部责任，股东只用他们对公司的出资对公司债务承担有限的责任，因此公司的全部责任与股东的有限责任，是一个问题的两个方面，公司责任独立往往被称为公司股东的有限责任。

公司独立承担责任，主要体现在三个方面：①公司责任独立于公司股东责任，当对外负债时，公司只能用公司的全部财产对公司债务进行偿还，股东只能以其出资为限对外承担责任，公司财产不足以支付债务时，公司股东也不用再负任何责任。②公司责任独立于其工作人员责任，董事长、总经理等管理人员在公司的民事活动中处于活跃状态，这些管理人员在代表公司进行民事活动的过程中出现过错，将导致公司承担相应的民事责任，而这些管理人员对代表公司所为的民事行为不承担对外责任，即使在公司资不抵债的时候，董事长、经理这些管理人员也不用代替公司承担任何责任。③公司责任独立于其他公司或法人组织责任。公司为了发展业务，往往成立子公司。这些子公司是独立的法人，虽然它们与公司有密切的联系，但是它们在民事法律地位上是独立的，在承担财产责任上也是独立的。

公司的独立责任还表现在其诉讼主体资格的独立，即当公司权利受到侵害或者违反了某个法律规定时，公司可以以自己的名义参加诉讼，而不附属于任何其他民事主体。公司的诉讼主体资格独立这一特征，也表现出与合伙组织的不同。这一特征在各国立法上都得到了认可，这是在诉讼程序上体现的公司人格独立，在程序上保障公司的人格独立。

三、团体意思

公司要具有独立的人格，就必须有自己独立的意思，没有独立意思的主体显然不能成为完全民事行为能力者。而所谓独立的意思，即指不由其他民事主体操控，独立于任何其他民事主体的意思。作为一个没有大脑的机构，公司的意志从何而来呢？来源于参与公司决策的股东和管理者，在这样的前提下如何保障公司的意志不受这些股东和管理者操控，而保持相对独立呢？答案是依靠团体决策机制所形成的团体意志。团体决策所实现的团体意思就保证了公司意志不受任何个体的操控，不和任何个体的意志混同，从而保证了公司的意思独立。

团体意思的前提是有一个完善健全的组织机构，公司正常的经营活动离不开组织机构。依据我国《公司法》，公司组织机构主要包括两个，一个是公司管理机构，管理机构主要负责公司的内部业务，形成公司决策，对外代表公司进行业务活动，主要有董事会、监事会、股东会等。另一个是公司的业务活动机构，主要包括会计部门、审计部门、供应部门和销售部门。

公司成立之后，在其存续期间，健全的组织机构作为意思机关，通过团体决策的方式形成公司的团体意志，以公司的名义享受权利并承担义务。公司法对公司机关的法律地位以及职权做了规定，对什么样的公司事务应由什么样的机关按照什么样的方式进行决策都进行了明确的规定，例如哪些事项由股东大会决定，哪些事项由董事会决定等。

第三节 公司人格的取得

公司人格是指作为独立于公司团体各成员的独立法律主体，公司所具有的法律主体地位资格。公司具有主体资格意味着公司像自然人一样，拥有民事权利能力和民事行为能力，能以自己的名义进行社会活动，享有权利的同时承担相应的义务。公司人格的取得需要按照法律规定，履行一定的行为，例如通过设立登记获得公司人格。在我国，只有在主管部门登记注册，领取经营执照，才能获得法律主体资格。

一、公司登记

（一）公司登记的含义

公司登记，分别具有广义和狭义两种含义，狭义上仅指设立登记，是指登记机关对条件符合法律规定，并对完成了法律规定的程序的公司予以法律上的确认行为。从广义上来讲，是指公司发生设立、变更和终止其主体资格各类法定情况，都需要按照法定的程序向登记机关提出申请，登记机关在审查无误后予以核准并记载登记事项的行为。

核准登记制度一般和公示主义同时进行，其主要目的有两个：一是为了让社会公众获悉公司设立、变更、终止等一系列重要事项，维护市场交易安全。二是为了方便国家对公司进行必要的监管。

我国对公司登记采取强制主义，《企业法人登记管理条例》第二条规定："具备法人条件的下列企业，应当依照本条例的规定办理企业法人登记：（一）全民所有制企业；（二）集体所有制企业；（三）联营企业；（四）在中华人民共和国境内设立的中外合资经营企业、中外合作经营企业和外资企业；（五）私营企业；（六）依法需要办理企业法人登记的其他企业。"《公司登记管理条例》第二条规定："有限责任公司和股份有限公司（以下统称公司）设立、变更、终止，应当依照本条例办理公司登记。"公司的登记必须按照法定的条件和程序进行。

从本质上来说，公司登记是公法性质，公司登记调整对象是不平等主体间的权利义务，一方为属于国家机关的登记机关，另一方为公司，公司与登记机关之间是行政法律关系，我国的登记是行政登记主义，登记机关违反法律需要承担的是行政责任。

（二）公司登记的类型及其效力

1. 设立登记

设立登记是申请人向登记机关申请登记，请求登记机关进行审查并核准登记的行为。我国《公司法》第六条规定，设立公司，应当依法向公司登记机关申请设立登记。设立登记主要有四个阶段：名称的预先登记；设立申请与受理；审查核准；登记并发放营业执照。

我国公司设立登记与公司的营业登记合并进行，公司依法进行设立登记以后，由公司登记机关颁发《企业法人营业执照》。公司经依法登记以后产生以下效力：（1）取得公司法人资格。设立公司的目的，就在于取得法人资格，公司经依法设立登记以后，就取得了法人资格。（2）取得经营资格。公司依法进行设立登记以后，由公司登记机关颁发《企业法人营业执照》，此后便可刻制印章、开设银行账户、进行纳税登记、开展相关的经营活动。（3）取得名称专用权。公司经过核准登记后，便可以使用并享有名称专用权。

2. 变更登记

变更登记是指公司的法定登记事项发生变更以后，公司必须到登记机关进行变更登记；未进行变更登记的，不得擅自改变登记事项。通常情况下，公司章程、公司名称、住所、经营范围、注册资本、法定代表人、公司类型等事项属于法定登记事项，进行变更后必须进行变更登记。

对于公司法定登记事项的变更登记，我国《公司法》采取对抗主义，即公司法定登记事项发生变更的，要依法进行变更登记，非经变更登记不得对抗第三人，但是，有没有进行变更登记并不影响该行为的效力。例如《公司法》第三十二条第三款规定："公司应当将股东的姓名或者名称向公司登记机关登记；登记事项发生变更的，应当办理变更登记。未经登记或者变更登记的，不得对抗第三人。"该法条包含以下几层含义：其一，股权变更属于法定登记事项，所以应当进行变更登记；其二，股权变动未经登记的不得对抗第三人；其三，股权变动有没有进行变更登记，并不影响股权转移的效力。

3. 注销登记

注销登记是指经由当事人申请或者公司登记机关发现法定事由时，由公司登记机关收缴公司的营业执照、公章，取消其法人主体资格的法律行为。公司解散、宣告破产或者被撤销或者因其他原因终止营业时，都应当办理注销登记，经公司登记机关核准注销登记以后，公司终止。

注销登记的后果是公司的法人主体资格消灭，丧失了权利能力和行为能力。但是需要说明的几个问题是：（1）一般公司解散、破产或被撤销的，完成清算程序后进行注销登记，但是，因合并、分立导致公司解散的，不需要经过清算程序，就直接进行注销登记。（2）企业进入清算程序或者公司被吊销营业执照时，只是公司的权利能力受到了限制，或者说是营业资格受限或丧失，而公司的法人主体资格并未丧失。只有进行了注销登记时，公司的主体资格才丧失和消灭，注销登记是公司终止的生效要件。

4. 分公司的登记

在我国，分公司的设立有两种情形：一种是自公司设立时一并设立分公司；另一种是在公司成立之后设立分公司。第一种由公司的发起人在申请设立公司时，一并提出设立分公司的申请，经由公司登记机关核准登记后颁发营业执照。第二种是公司成立后，在经营过程中，根据需要，由公司代表人提出设立分公司的申请，经核准登记以后颁发营业执照。设立登记是分公司成立的必要条件。

分公司登记事项发生变更的应当进行变更登记，由公司登记机关核准变更登记，换发营业执照。变更登记是分公司变更登记事项的对抗要件。分公司解散、或者被撤销时，应当依法进行注销登记。注销登记是分公司终止的生效要件。

需要说明的是，分公司的经营活动应当依照法律的规定进行，分公司的经营范围不得超过本公司的经营范围；分公司进行注销登记以后，分公司终止，本公司的法人人格不会受到影响，影响的仅是公司的营业空间。

二、公司取得人格的含义

公司在设立过程中，按照法定的设立程序，实施法定的设立行为并获得登记机关的核准登记，才取得独立的法人资格，即公司人格。从取得公司人格之日起，公司独立于股东之外以自己的名义进行经营活动，用自己的独立财产承担法律责任，并独立享有法律所规定的权利能力和行为能力。

第四节　公司的能力

公司的能力是指公司作为法律主体可以享有权利、履行义务以及承担法律责任的资格。公司的能力是一个非常抽象的概念，但是它却涉及许多有关公司的实践问题，例如公司投资行为的效力、超越经营范围所签合同的效力、公司员工侵害他人的责任承担问题等等，在理论上都可归结为公司的能力问题。公司的能力包括权利能力、行为能力。

一、公司的权利能力

（一）公司权利能力的概念和特征

公司的权利能力就是公司依法可以享受权利承担义务的资格，即公司立法所赋予的公司参加法律关系，并在其中享有权利和承担义务的资格或能力。

公司的权利能力具有以下四方面的特征：

（1）公司的权利能力是一种资格。如果不具备这种资格，公司就不能参加法律关系，并在其中享有权利和承担义务。

（2）公司的权利能力是由立法赋予的。公司的权利能力不是天赋的，而是由国家法律赋予的。如，我国的公司立法赋予了公司权利能力，使其成为法律关系的主体之一的法人。

（3）公司权利能力始于营业执照签发之日终于公司注销登记并公告之日。根据我国《民法通则》第三十六条的规定，法人的民事权利能力和民事行为能力从法人成立时产生，到法人终止时消灭。《公司法》第七条第一款规定："依法设立的公司，由公司登记机关发给营业执照。公司营业执照签发日期为公司成立日期。"《公司法》第一百八十八条规定："公司清算结束后，清算组应当制作清算报告，报股东会、股东大会或者人民法院确认，并报送公司登记机关，申请注销公司登记，公告公司终止。"

（4）公司的权利能力在不同公司之间是不均等的。公司的人格平等，并不意味着公司的权利能力范围相同。公司的权利能力受到公司性质、公司目的以及法律上的诸多限制，因而有的公司权利范围较大，而有的则较小。

（二）公司权利能力的限制

1. 性质上的限制

公司作为一种企业法人，与自然人不同，因此凡以自然性质为基础的权利和义务，如以性别、年龄、生命、身体、亲属关系等为前提的婚姻权、继承权、监护权、生命权、健康权、亲属权等，公司都不能享有。但是公司仍享有一些特定的人身权，如名誉权和荣誉权。

2. 法律上的限制

根据我国的公司立法，法律上对公司权利能力的限制主要体现在以下五个方面：

（1）转投资的限制。公司投资是公司的一项正常经营活动，指公司以其自有现金、实物等公司资产进行投资。公司法中，将公司投资称为转投资。转投资在扩大公司利润来源的同时，也使得股东面临着更大的难以预见与控制的风险，对公司债权人也会产生不利影响。因而，立法对转投资做出了一定的限制，主要表现为对投资对象和投资数额的限制。但是立法的趋势是逐渐减少转投资的限制。

第一，转投资对象的限制。各国立法往往禁止或限制公司成为其他公司的无限股东或者合伙企业的合伙人。原因在于无限股东或者普通合伙人在公司或合伙企业资产不足清偿债务时，须承担连带清偿责任，这样对于公司投资行为的风险无法控制，对公司股东及债权人的利益产生不利影响。我国《公司法》第十五条规定："公司可以向其他企业投资；但是，除法律另有规定外，不得成为对所投资企业的债务承担连带责任的出资人。"

第二，转投资数额的限制。对于转投资的数额，我国现行《公司法》中没有通过立法进行强制限制，而将这项权力赋予了公司，由公司根据自身情况掌握对外投资规模，公司可以通过公司章程的形式对投资的总额以及单项投资的数额做出限制性规定。根据《公司法》的规定，公司向其他企业投资或者为他人提供担保，依照公司章程的规定，由董事会或者股东会、股东大会决议；公司章程对投资或者担保的总额及单项投资或者担保的数额有限额规定的，不得超过规定的限额。

（2）资金借贷的限制。公司资本对债权人的利益起到担保的作用，因而维持公司资本的充实具有重要意义。但是随着我国市场经济体制的逐步建立并不断繁荣，大多数公司尤其是中小公司都面临资金短缺和融资渠道缺乏的困境，在实践中存在大量公司间的资金借贷行为，这些借贷行为对公司经营活动的正常开展起着非常大的作用。基于此，我国现行《公司法》整体上将公司资金借贷行为纳入了公司意思自治范畴，没有做出过多的强制性限制。《公司法》的规定，董事、高级管理人员不得违反公司章程的规定，未经股东会、股东大会或者董事会同意，将公司资金借贷给他人。但是对于股份有限公司做出了一定的限制，根据《公司法》的规定，股份有限公司不得直接或者通过子公司向董事、监事、高级管理人员提供借款。据此我们可以看出，《公司法》只是禁止股份有限公司向自己的董事、监事、高级管理人员提供借款，并不禁止股份有限公司向他人提供借款。

（3）对外担保的限制。我国《公司法》并不禁止公司为他人提供担保，《公司法》第十六条规定："公司向其他企业投资或者为他人提供担保，依照公司章程的规定，由董事会或者股东会、股东大会决议；公司章程对投资或者担保的总额及单项投资或者担保的数额有限额规定的，不得超过规定的限额。公司为公司股东或者实际控制人提供担保的，必须经股东会或者股东大会决议。前款规定的股东或者受前款规定的实际控制人支配的股东，不得参加前款规定事项的表决。该项表决由出席会议的其他股东所持表决权的过半数通过。"据此规定，我们可以看出：第一，公司为他人提供担保既可以由董事会决定，也可由股东会或股东大会决定，具体应以公司章程规定为准；第二，公司为本公司股东或者实际控制人提供担保的，必须由股东会或者股东大会决议；第三，《公司法》对公司对外的担保数额没有强制性规定，公司章程对投资或者担保的总额及单项投资或者担保的数额有限额规定的，应遵守公司章程的规定；第四，利害关系股东表决权的排除，即公司向其股东或者实际控制人提供担保时，该股东或该实际控制人控制的股东不得参加表决，该项表决由出席会议的其他股东所持表决权的过半数通过。

（4）股份回购的限制。股份回购会直接导致公司注册资本减少，降低公司信用，危及债权人的利益。因而，我国《公司法》规定，公司不得收购本公司的股份，只有在"减少公司注册资本；与持有本公司股份的其他公司合并；将股份奖励给本公司职工；股东因对股东大会作出的公司合并、分立决议持异议，要求公司收购其股份"这四种情形时公司才可以回购股份，并且必须依照法定程序，并在法定期限内予以转让或注销，不得长期持有。

（5）接受本公司股票作为质押标的的限制。我国《公司法》明确规定，公司不得接受本公司的股票作为质押权的标的。

3. 目的范围上的限制

目的范围在我国《公司法》中称为经营范围。根据《公司法》的规定，公司的经营范围由公司章程规定，并依法登记；公司可以修改公司章程，改变经营范围，但是应当办理变更登记。公司的经营范围中属于法律、行政法规规定须经批准的项目，应当依法经过批准。据此，公司应当在其登记的经营范围之内从事活动，公司的权利能力受到公司经营范围的限制。对于公司越权经营行为，从公法角度来看，应当由工商行政管理部门给予相应的行政处罚；从私法角度来看，如果违反了国家法律强制性规定的应属无效，如果是一般的超越经营范围，根据《合同法》司法解释的规定，该合同不因超越经营范围而无效。

二、公司的行为能力

（一）公司行为能力的概念和特征

公司行为能力是指公司基于自己的意思表示，通过自己的行为取得权利和承担义务的资格。由于对公司法人本质的认识不同，从而对于公司是否具有行为能力也存在法律拟制说和法人实在说两种不同观点。我国《民法通则》采用的是法人实在说，认为公司是独立的企业法人，具有行为能力。

但是，公司是一个组织，与自然人不同，公司的行为能力不可能由公司来行使，而是通过公司代表机关，即代表公司的自然人或自然人集合体来行使。此外，公司的行为能力与权利能力同时产生，同时消灭，并且行为能力的范围与权利能力的范围完全一致，这一点也不同于自然人。

（二）公司法定代表人

在我国，公司法定代表人是公司对外代表机关。根据《公司法》第十三条的规定，公司法定代表人依照公司章程的规定，由董事长、执行董事或者经理担任，并依法登记。公司法定代表人变更，应当办理变更登记。

公司的法定代表人最终由自然人来担任，其所实施的行为既有可能是个人行为也有可能是代表公司进行活动的行为。法定代表人的代表行为一般要满足以下要件：一是要具有代表人的身份；二是要以公司的名义；三是要在权限范围之内。

法定代表人的权限范围主要受到三个方面的限制。一是法律法规直接规定的限制；二是公司章程的限制；三是股东会和董事会决议的限制。一般情况下，除非构成表见代表，公司法定代表人超越权限范围的代表行为无效。

第五节　一人公司制度

🖎 **案例引导**

萨洛姆诉萨洛姆公司案

萨洛姆长期从事皮靴生意，1892 年成立了萨洛姆公司。该公司仅有 7 位股东，分别为萨洛姆及其妻子和 5 个儿子。公司董事由萨洛姆及其两个儿子担任。公司成立后，萨洛姆便将其制靴营业所作价 38782 英镑转移于该公司，公司付给萨洛姆现金 8782 英镑，另10000 英镑为公司欠萨洛姆的债款，由公司发行给萨洛姆 10000 股有担保的公司债，其余则作为萨洛姆认购公司的股份的价款。公司实际上发行了 20007 股，萨洛姆自己持有20001 股，另 6 股由其家属各持一股以符合英国公司法必须 7 位发起人的规定。

由于制靴业持续的罢工风潮的影响，公司成立 1 年后被迫解散，经清算，公司债务超过公司资产 7773 英镑。这样，若萨洛姆的 10000 英镑债权获得清偿，则其他没有担保的公司债权人将无法获得任何清偿。公司清算人主张公司的事业实际上是萨洛姆本身的事业，公司组织不过是萨洛姆预计事业不顺利，为逃避债务而设。因此请求萨洛姆本身清偿公司债务，否认萨洛姆对公司之有担保债权的求偿。这一请求得到了第一审法院的认可。一审法院认为，萨洛姆公司只是萨洛姆的代理人，萨洛姆应承担萨洛姆公司的损失。该案经巡回法院审理后，亦判决萨洛姆败诉。但是，该案上诉至英国上议院后，则被驳回请求。上议院全体法官一致认为，萨洛姆公司一经注册，就成为一个独立于萨洛姆的法律人格，萨洛姆对于公司及公司债务并不负任何责任，并且其所持有的有担保的公司债应优先于公司的无担保债权受清偿。虽然萨洛姆是为享有有限责任的优惠而设立公司，公司股东除萨洛姆外均名不副实，但是股东负有限责任，只要符合公司设立条件，公司便与它的股东成为分别独立的法律主体，股东与公司间的权利、义务关系同一般人与公司间的关系并无二致。

【案例分析】该案的本质在于萨洛姆为了只对经营风险承担有限责任，成立了形式上满足法律要求的有限责任公司，但实质一人操控该公司。当公司资不抵债时，是承认公司独立主体地位让操控股东享有有限责任，但有违个案公平正义，还是否认公司独立主体地位，让操控股东承担无限责任，但有违公司形式上所满足的法律规定，面对上述两难选择，立法及司法难以抉择。各国公司法后来逐渐发展出了一人公司制度和公司法人人格否认制度以解决上述问题。

一、一人公司的概念与特征

一人公司也称独资公司或独股公司，是指由一名股东持有公司全部出资或股权的公司。一人公司是特殊类型的公司，具有法人资格，享有公司权利能力和行为能力，拥有自己独立的法人财产，能够独立承担民事责任，但仅由一人控制，不具有社团性。

一人公司最突出的特征是股东的唯一性。即公司的全部出资和股权均由一名股东持有，这里的"一人"可以是自然人、法人、甚至可以是国家。此外，一人公司同其他公司一样，也具有独立的法律人格，有独立的法人财产，能够独立的承担民事责任，股东以其出资或所持股份为限对公司债务承担有限责任。

二、一人公司的历史与现状

(一) 一人公司所引发的理论与实践的矛盾

依照传统公司法人格理论，公司属于社团法人，由两个以上的成员组成，并且正是其社团性所保障的团体意志，才是公司拥有独立于成员的独立意志的基础和前提。早期各国的公司立法将团体意志作为保证公司具有独立意志的前提，将公司的社团性作为公司区别于个人商业组织的基本特征，因而均强调公司的社团性。传统公司法理论认为一旦公司丧失社团性,就很难保证公司意思与投资者个人意志不发生混同,一旦混同发生,公司就丧失了独立的意志,因而不具有被赋予独立法律人格的基础。

在一人公司中,通常是自己兼任董事、经理并实际控制公司,缺乏相应的制衡和权利监督机制,公司的财产和股东个人的财产容易发生混同,故一人公司向来备受争议。大多国家(特别是大陆法系国家)的公司法开始大多没有规定一人公司这种公司形式,但是随着经济的发展,一人公司的存在价值也越来越凸显出来。首先,一人公司符合市场经济的自由原则,投资者可以自由选择投资方式。一人公司可使唯一的投资者最大限度地利用有限责任公司的相关制度(主要是有限责任原则)规避市场经营风险,实现经济效益的最大化。其次,一人公司组织机构简单、人员精简,可以避免较多股东时容易出现的相互不信任和效率低下问题,提高公司的决策效率。最后,一些特定的行业并不要求雄厚的资金和庞大的人员,反而是小而精的小规模经营优势更加明显,一人公司正好满足此种需要。一人公司入公司法体现了社会经济发展的需要,而且在将一人公司纳入公司法调整范围的同时,公司法也针对一人公司的弊端设置了相应的监督审查机制。

因此,世界各国法律在是否承认一人公司法人地位的问题上经过了很长时间的犹豫和斗争,一人公司得到法律认可经历了漫长的过程。

(二)一人公司获得承认的历程

1. 世界各国和地区对一人公司的承认

西方各国对一人公司的态度经历了从禁止,到部分承认,再到大多数国家予以认可的过程。1925年列支敦士登颁布的《自然人和公司法》最早以成文法的形式肯定一人公司。此后,列支敦士登的做法开始为欧洲各国所接受。1973年丹麦承认一人有限公司,1980年、1994年德国先后允许设立一人有限公司、一人股份公司,1985年法国允许设立一人有限公司。1989年欧共体颁布法令要求各成员国要通过立法确认一人公司,此举极大地推动了一人公司的承认。亚洲地区,1990年日本承认一人有限公司、一人股份公司,2001年我国台湾地区确认一人公司。在美国,一人公司首先在部分州得到承认,之后其他州也陆续效仿承认。

2. 我国对一人公司的承认

一人公司的承认在我国也经历了一个演进的过程。我国1993年的《公司法》不承认一人公司,2005年修订的《公司法》确认了一人有限责任公司。但是在此之前,国有独资公司、外商独资经营企业,以及名义上有多数股东而实际上只有一名股东的实质一人公司等一人公司便以各种方式大量存在。2005年我国《公司法》完全确认了一人有限责任公司,但是并没有承认一人股份公司。直到目前,2013年修正施行的《公司法》也未承认一人股份公司。

三、一人公司与个人独资企业的比较

一人公司与个人独资企业二者的投资者均为一人,从形式上看两者十分形似,但实际上二者存在很大的区别:

（1）法律地位不同。一人公司具有法人资格，其股东与一人公司是不同的主体；而个人独资企业不具有法人资格，企业主仍以自然人的身份从事活动。

（2）投资者对企业债务的责任承担不同。一人公司的股东在其财产与公司财产严格区分的情况下，股东仅以其出资或所持股份为限，对公司债务承担有限责任；而个人独资企业的投资者应以其个人全部资产对企业债务承担无限连带责任。

（3）治理模式不同。各国《公司法》都对一人公司的日常决策登记、财务审计等问题做出特别规定，投资者必须严格按照法律规定治理公司；而个人独资企业的组织机构由企业主自主安排，一般仅有以经理为首的经营管理机构。

（4）纳税主体不同。在确定纳税主体时，一人公司与其股东作为不同的主体分别对待，一人公司需缴纳企业所得税；而个人独资企业则不被作为单独的纳税主体，个人独资企业不需要缴纳企业所得税，只对个人独资企业比照个体工商户生产经营征收个人所得税。

（5）财务核算要求不同。一人有限公司应当在每年年度终了时编制财务会计报告，并由会计事务所审计。个人独资企业则只需依法设置会计账簿来进行会计核算，无需经会计事务所审计。

（6）调整企业的法律规范不同。一人公司受《公司法》调整；而个人独资企业由《个人独资企业法》调整。

（7）投资主体的限制不同。一人公司的投资者可以是自然人、法人；而个人独资企业的投资主体只能是自然人。

四、一人公司的分类

根据不同的标准，一人公司有以下不同的分类：

（1）以股东持股比例为标准，一人公司可以分为实质一人公司和形式一人公司。形式一人公司，是指公司的所有出资或者所有股权归一个人所有。实质一人公司，是指公司的股东人数虽然不止一人，但是公司的全部出资实际上为一名股东所有，其他股东并无实质性投资，如隐名股东；或者公司的股东人数虽有多人，但是其中一名股东占据了公司绝大多数股权（如99%）。对于实质一人公司，法律并未予以禁止或者限制，我国也存在大量实质一人公司。形式上的一人公司又称狭义的一人公司，而广义上的一人公司既包括狭义一人公司，又包括实质一人公司。通常所说的一人公司是指狭义上的一人公司。

（2）以产生时间为标准，一人公司可以分为设立意义上的一人公司和存续意义上的一人公司。设立一人公司是指由一名股东出资设立的一人公司。存续一人公司是指公司设立之时，公司有多名股东，但在公司存续过程中，由于公司分立、股权转让等原因，导致股东人数变为一人的公司。

（3）以组织形式为标准，一人公司可以分为一人有限责任公司和一人股份有限公司。对于一人有限责任公司法律的限制较少，而对一人股份公司的限制则较多。例如，我国《公司法》规定一人公司只能是有限责任公司，我国不允许只有一个股东的股份有限公司，因为股份公司的发起人需要2人以上。

（4）以股东身份为标准，一人公司可以分为自然人一人公司和法人一人公司。一人公司的股东为自然人时，其所设立的公司就是自然人一人公司。公司的股东为法人时，其所设立的公司就是法人一人公司，通常所说的全资子公司，实际上就是法人一人公司。我国《公司法》对自然人一人公司的限制要严于法人一人公司。

五、一人公司的法律规则

一人公司管制的主要任务在于保护债权人。由于只有一个股东，没有其他利益主体的监督与抗衡，一人公司比其他多数人公司更容易发生股东滥用公司法人地位和股东有限责任等情形。因而，我国《公司法》一方面承认了一人公司的法律地位，另一方面又设计了一系列法律规则对一人公司予以规范，以保障债权人的利益。

（一）设立上的限制

根据《公司法》第五十八条的规定，一个自然人只能投资设立一个一人有限责任公司，该一人有限责任公司不能投资设立新的一人有限责任公司。即"一个自然人只能设立一个一人有限责任公司"。但是对于法人设立的一人公司，则无此限制。

（二）公示上的要求

为了使交易相对人对一人公司的性质以及与其交易的风险有更加清楚的认识，公司法对一人公司的公示提出了特别要求。根据《公司法》的规定，一人有限责任公司应当在公司登记中注明自然人独资或者法人独资，并在公司营业执照中载明。

（三）意思表示上的规范

一人公司股东的意思表示实际上就是公司的意思表示，由于没有其他股东的牵制，股东可能将自己个人的意思与公司的意思混淆在一起。对此，《公司法》第六十一条规定："一人有限责任公司不设股东会。一人有限责任公司股东作出本法第三十七条第一款所列决定时，应当采用书面形式，并由股东签名后置备于公司。"

（四）简易的组织机构

根据《公司法》的规定，一人公司不设股东会，普通有限责任公司股东会的职权由股东个人行使。公司章程由股东个人制定。至于公司董事会、监事会的设立，执行董事、监事的设立，公司经理的设立及解聘等事宜均由股东个人自己决定。

（五）法定的财务审计

为了增加一人公司的对外透明度，维护公司的财产独立，防范公司财产与个人财产的混同，《公司法》规定，一人有限责任公司应当在每一会计年度终了时编制财务会计报告，并经会计师事务所审计。

（六）特殊的法人人格否认制度

《公司法》在一人公司人格混同问题上采用了举证责任倒置的规则。根据《公司法》第六十三条的规定，一人有限责任公司的股东不能证明公司财产独立于股东自己的财产的，应当对公司债务承担连带责任。

第六节　公司法人人格否认制度

一、公司法人人格否认制度的含义和特征

（一）公司法人人格否认制度的含义

公司法人人格否认制度是指就具体法律关系中的特定事实，否认公司与股东各自独立的人格及股东的有限责任，责令股东对公司债权人或公共利益直接负责的法律制度。公司法人人格否认制度最早始于美国的判例，美国法官桑伯恩在美国诉密尔沃基冷藏公司案的判决中对该制度作了描述。公司法人人格否认制度，在美国称为"揭开公司面纱"，在英国称为"刺破公司面纱"，在德国称为"直索责任"，在日本称为"透视理论"。该制度在各国的称谓虽然不尽相同，但其所指在实质上是一致的。公司的独立人格和股东有限责任是现代公司的两大基石，它极大地刺激了投资和交易，促进了经济的发展。但是，公司的法人人格和股东的有限责任很容易被滥用，股东以此来逃避债务。当债权人追诉时，公司资不抵债，如果仍严格地维护公司的独立人格，那么将使得无辜的债权人的利益遭受损害，而不诚实甚至违法的股东却逍遥法外。为了克服这种弊端，各国陆续确立了公司法人人格否认制度，该制度旨在阻止公司独立人格以及股东有限责任的滥用，从而保护公司债权人利益及社会公共利益，以实现公平、正义。

（二）公司法人人格否认制度的本质和基本特征

公司法人人格否认制度并非对公司法人制度的根本否定和动摇，相反它是对公司法人制度的维护。法律赋予公司独立的法人人格的目的是使得公司能够在社会中发挥应有的效能和作用。但是，这种独立的法人人格被股东所滥用，公司已经不具备了法人的实质要件，如果仍然坚持公司独立的法人人格，那么将违背正义的精神理念，法人制度也将失去原本的意义。因此，当出现股东滥用公司法人独立人格和股东有限责任，使得公司人格与股东人格无法区分时，在特定的法律关系中，个别地否认公司法人的独立人格，使得法人制度恢复其本来面目，失衡的利益关系得以调整，公平、正义的法律精神得以维护，这才是公司法人人格否认制度的本质和根本目的之所在。

公司法人人格否认制度具有以下五方面的基本特征：

1. 以公司具备法人人格为前提

公司法人人格否认制度，以承认公司具有法人地位为前提。具体而言，它针对的是已经合法有效取得法人人格的公司，而且该公司的法人人格被股东所滥用。如果公司尚未合

法有效的注册成立，取得法人人格，那么就没有适用公司法人人格否认制度使其成员就公司的债务承担责任的必要。

2. 根本目的是阻止滥用公司法人独立人格

法律赋予公司独立的法人人格，使其在法律地位、法律责任上都与股东相互分离，使得公司能够以自己的名义独立地从事活动，享有权利，承担责任，起到鼓励投资，促进公司发挥社会功能的作用。公司法人资格这一制度设计有利于投资者，不利于债权人。因为，当公司经营好时，股东享受收益；公司经营差甚至亏损破产时，股东对公司资不抵债部分不承担责任，最终由债权人承担。因而，公司法人资格以及股东有限责任很容易被股东所利用，用来规避风险和义务。公司法人人格否认制度的设计，其一可以揭开公司面纱，阻止股东滥用公司法人资格；其二使得股东对公司债务承担责任，从而保护了债权人和社会公众的利益。

3. 在特定个案中适用

公司法人人格否认制度不是整体地、彻底地否认公司法人资格，而是针对具体的个案，在特定的法律关系当中否认公司的独立人格，将公司与股东视为一体，让股东为公司债务承担责任。其对公司法人人格的否认，不影响该公司的其他法律关系，也不影响公司的后续存在。

4. 必须经过司法程序

公司的法人人格的否认，只能由法院通过判决形式来予以否认，否认公司法人人格必须经过司法程序，除了法院之外，其他机关无权否认公司的法人人格。因此，当发生滥用公司法人人格和股东有限责任的情形时，公司的法人人格并不被当然的予以否认。公司债权人只有通过向法院提起诉讼，请求法院否认公司的法人人格，责令股东对公司债务承担责任。否则，公司的法人人格并不当然的被否认，公司股东也只对公司债务承担有限责任。

5. 属于事后的法律规制

目前，虽然大多数国家和地区都通过法律的形式确立和适用公司法人人格否认制度，但是由于公司法人制度的重要性，加之滥用公司法人人格的行为多种多样，法律不可能事先一一予以规定，因而对于滥用公司法人人格的行为，不可能事先在公司法人制度的框架内予以救济。只能通过公司法人人格否认制度这种方式，追究股东滥用法人人格和有限责任的责任，对合法权益受损者予以一种事后的救济。从而在维护公司法人制度的同时，又能够通过灵活的利益调整实现个别正义。

二、公司法人人格否认制度在我国的形成与发展

我国的公司法人制度最早在《民法通则》中就予以确立，但其中并未确立公司法人人格否认制度。1993 年我国颁布了规范公司法人制度的《公司法》，其中也并未确立公司法人人格否认制度。

但是，自《公司法》颁布以来，我国的公司制度得到了迅猛的发展，但同时也出现了许多形骸化的公司、"皮包公司"等滥用公司法人人格和股东有限责任的行为，使得债权人的利益受到严重损害，经济秩序受到了影响和破坏。至此，公司法人人格否认制度引

起了我国学术界的关注和研究。此后，公司法人人格否认制度的一些理论逐渐被司法机关所接受，例如，2003年最高人民法院公布的《关于审理与企业改制相关的民事纠纷案件若干问题的规定》中规定，以收购方式实现对企业控股的，被控股企业的债务由被控股企业自己承担。但是，如果因为控股企业抽逃资金、逃避债务等行为使得被控股企业无法偿还债务的，则被控股企业的债务由控股企业承担。

2005年我国对《公司法》进行了重大修订，其中一项重要的修订内容就是以成文法的形式确立了公司法人人格否认制度。2005年修订的《公司法》第二十条规定："公司股东应当遵守法律、行政法规和公司章程，依法行使股东权利，不得滥用股东权利损害公司或者其他股东的利益；不得滥用公司法人独立地位和股东有限责任损害公司债权人的利益。公司股东滥用股东权利给公司或者其他股东造成损失的，应当依法承担赔偿责任。公司股东滥用公司法人独立地位和股东有限责任，逃避债务，严重损害公司债权人利益的，就应当对公司债务承担连带责任。"同时，由于一人公司的股东财产与公司财产极易发生混同，2005年修订的《公司法》中对此又进行了特别规定，该法第六十四条规定："一人有限责任公司的股东不能证明公司财产独立于股东自己的财产，应当对公司债务承担连带责任。"

我国公司法人人格否认制度的确立，对规范我国经济活动中大量存在的滥用公司人格的现象，具有较大的现实意义。此外，这一制度的确立也是对我国公司法人制度的必要补充和完善，克服了股东有限责任原则的弊端，为债权人的利益保护和救济提供了法律依据。

虽然公司人格否认制度在我国的确立是我国《公司法》制度的一个重大突破，但是我国公司法人人格否认制度的规定还存在许多的缺陷和不足。我国《公司法》中只进行了原则性的规定，在具体操作时存在主体范围、行为要件及损害后果不够明确等诸多问题。例如，根据2005年修订的《公司法》第二十条规定，公司人格否认直接责任主体为滥用公司独立人格的股东。然而，值得强调的是滥用公司独立人格、滥用股东有限责任者不仅仅限于股东，公司董事、经理或者其他高级管理人员等都有可能利用职务之便滥用公司人格，以谋取私利，而此时并不适用公司人格否认制度，只能适用公司法的相关规定来追究其责任。

三、公司法人人格否认制度的适用情形

我国《公司法》规定了公司法人人格否认制度，但是规定的十分原则，并没有对公司人格否认和股东滥用有限责任的具体情形予以明确的规定，因而，在法院的实际审判中如何适用公司法人人格否认制度仍然是一大难题。我国公司法理论界一般认为，公司法人人格否认制度主要有以下四种适用情形：

（一）公司资本显著不足

在有限责任原则下，公司资本是公司对外承担责任的担保，对公司债权人至关重要。因而，公司资本显著不足，被作为适用公司法人人格否认制度的重要标准。出资人既组织公司经营，而又不备足资本，那么就可以认定他有利用公司法人人格逃避股东责任的企

图。公司资本显著不足的含义，并不是指公司资本达不到法律所规定的最低资本额（如法律对于特殊行业中公司最低资本额的限制），如果公司没有达到法定资本额，骗取登记或者登记以后抽逃出资，那么其行为则属于公司法上明令禁止的行为，由登记机关责令改正，并承担相应的民事责任、行政责任甚至刑事责任，根本就没有否认其法人人格的必要。这里的公司资本显著不足，指的是公司的资本与公司的经营活动以及其所隐含的风险不对等。或者是公司资本与公司的经营规模不对等。公司资本显著不足应当依据公司的经营需求来进行判断，而不是依据法律的规定进行判断。公司资本显著不足，股东利用较少的资本经营大规模的事业和更高风险的事业，其目的就是通过公司独立的法人人格和股东的有限责任将自己的收益尽可能地扩大，而风险却尽可能降低，最终这部分风险转移给了债权人。因而，公司资本显著不足，表明股东组织公司经营的诚意欠缺。所以，当公司资本显著不足时，法官要基于公平、正义的要求，适用公司法人人格否认制度，否认公司的法人人格，使得股东对公司债务承担责任。但是，由于公司资本显著不足的含义和标准比较模糊，不是十分的确定，所以法官在具体案件中否认公司的法人人格时，往往十分谨慎，不会简单地依据公司资本显著不足否定公司的人格，通常会将公司资本显著不足这一因素与其他因素综合进行考虑。

（二）利用公司回避合同义务

公司成立的目的，法律赋予公司独立法人资格的目的，在于使得公司能够独立开展经营活动。如果股东违背了公平、善意、谨慎的前提，将公司作为工具和手段，利用公司的独立人格来回避合同义务，从而将合同对方置于十分不利的地位。那么就违背了法律赋予公司法人人格的初衷。因而，当股东利用公司的独立法人人格回避合同义务时，法律会从公平、正义的角度出发，否认公司的法人人格。在现实实践中，公司被用来回避合同义务主要有以下几种情形：

（1）逃避契约上的特定不作为义务。一些契约当事人往往通过设立新公司，或者利用旧公司掩盖其真实行为等方式逃避其在契约中负有的不作为义务，如竞业禁止的义务、商业保密义务、不得制造特定商品的义务等。

（2）逃避所负债务。一些对公司具有支配地位的股东，在公司交易中负有巨额债务时，常常通过抽逃资金或者解散原公司，然后再以原公司的经营场所、机构人员、营业渠道等为基础设立新的公司，经营目的与原公司相同或者大同小异，从而逃避原公司所负的巨额债务。

（3）利用公司进行欺诈。现实生活中，有的公司既无资金，也无人员，利用公司对债权人进行欺诈来逃避合同义务，整个公司成为股东用来进行欺诈的工具。

当发生以上情形之一时，就可以认定为股东利用公司回避合同义务，公司的独立人格就会被否认。

（三）利用公司规避法律义务

利用公司规避法律义务，通常是指一些特定的主体由于受到法律的强制规定，应当承担特定的作为或不作为义务，但是他们通过利用公司的法人人格，改变了这些法律的适用条件和前提，从而规避了法律所规定的强制义务。利用公司规避法律规定的强制义务，例如为了逃税、洗钱或者为了避免自己的财产被强制执行而成立公司等均属于滥用法人人格的行为，会使社会公共利益遭受损害，违背了公司法人制度的原本宗旨，缺乏存在的合法性与正当性。

（四）公司法人人格形骸化

公司法人人格形骸化，是指公司与股东完全混同，公司完全成了股东的工具或代理机构，公司失去了独立的地位和价值，出现股东即公司、公司即股东的情形。公司形骸化主要表现为公司被股东不正当地控制，公司与股东或者另一公司的财产、业务以及组织机构的混同。

1. 公司被股东不正当控制

所谓不正当控制，是指股东通过对公司进行控制，将自己的意思强加于公司之上，将公司变为了实现自己目的的工具和手段，使得公司失去了自我意志和自我决策的能力。因此，股东与公司的控制关系是法院否定公司法人人格时认定的重要依据之一。按照《公司法》的规定，通常情况下，公司只能由股东会或董事会行使决策权，股东只能通过《公司法》规定和公司章程规定的方式参与公司的事务，除此之外，股东不得随意干涉公司的经营与决策。但是在实践中，对公司有控制地位的股东经常对公司决策施加影响。这一现象在母子公司中表现得尤为突出。在母子公司关系中，母公司掌握了子公司多数股份，依照《公司法》和公司章程的规定可以选定多数董事。子公司的大多数股东都由母公司选定，听命于母公司。母公司通过对子公司人事任免权的控制，最终对子公司的财务运作、经营方针、发展规划等施加影响，使得子公司失去了自己的独立法人地位。但是，具体达到何种程度的控制关系时，可以对被控制公司的法人人格予以否认，还没有明确的标准，需要在具体的案件中结合具体情况予以分析判定。

2. 财产混同

财产混同是指公司财产与股东或公司控制者的财产混同，不能够进行清晰的区分。公司财产是公司独立人格存在的基础，一旦公司的财产与股东或公司控制者的财产混同，公司将失去独立人格存在的基础，并且使得公司财产极易被隐匿、非法转移、被股东私吞或者挪作他用。财产混同表现方式多样，可以表现为营业场所、主要设备、办公设施等的混用，不加区分，也可以表现为收益的一体化，即公司收益与股东收益不加区分，公司的盈利可以随意转为股东个人财产。

3. 业务混同

业务混同主要表现为公司与股东或其控制者从事相同的业务；公司的交易行为不单独进行，而是由同一股东或董事会所控制；或者公司的交易时间、交易方式、交易价格等没有自主性，完全服务于母公司或者控制公司的利益。

4. 组织机构混同

组织机构的混同指公司与股东或者其他实体的组织机构在很大程度上相互交叉重叠，出现"一套人马、两块牌子"的情形，虽然公司在形式上看似独立，但实质上公司与股东或者其他实体却难以区分，混为一体。

四、公司法人人格否认制度的适用要件

《公司法》中规定了公司法人人格否认制度，是对公司法人制度和股东有限原则的有益补充。但是由于规定的较为原则，赋予了法院很大的自由裁量空间，如果运用的不恰当，将会对整个公司法人制度产生负面的影响。根据《公司法》的原则性规定，以及公司法理论和实践，对公司法人人格否认制度的适用做出了一定限制是必要的。根据世界各国经验，一般适用公司法人人格否认制度通常要具备以下要件：

（一）主体要件

公司法人人格否认制度应结合具体的案件予以适用，其适用主体要件主要包括两个方面：一个是滥用公司法人人格的股东；另一个是因公司法人人格被滥用受到损害并有权提起诉讼的当事人。前者指滥用公司人格的股东，如果因董事、经理导致当事人的利益受到损失，则可以通过公司法的相关规定进行追究，而不必否认公司的法人人格。后者则必须是因为公司法人人格的滥用而遭受损失的债权人，通常包括公司的自愿债权人和非自愿债权人，在其利益因股东滥用公司法人人格遭受损失时，应由债权人提起诉讼请求否认公司的法人人格，而不宜由法院主动适用。

（二）行为要件

法律赋予公司法人地位以及股东有限责任的权利，在股东合法正常经营的情况下，即使公司倒闭破产，股东也只以出资额为限承担责任。但是如果公司股东行为违法，出现利用公司法人人格进行欺诈，逃避合同义务，使得公司形骸化等行为时，则要适用公司法人人格否认制度，否认公司的法人人格，使得股东对公司的债务承担责任。因而，必须要有股东滥用公司法人人格的行为，这是适用公司法人人格否认制度的必备要件之一。根据我国《公司法》的规定以及目前的主流观点，这里的股东滥用公司法人人格的行为，应以客观主义为准，即只要客观上存在股东滥用公司法人人格的行为即可，而不必去追究滥用者的主观心态到底如何，是善意还是恶意。

（三）结果要件

公司法人人格制度适用的另一个要件是必须要有损害事实的存在，即股东滥用公司法人人格的行为造成了损害公司债权人的事实结果。这里有两层含义：其一，损害事实的存在。股东滥用公司法人人格的行为，使得股东与公司债权人之间的利益关系失去了平衡，公司法人人格否认制度的目的就在于调节这种利益关系，使之重归于平衡。因而，自然是"无损害，就无救济"，只有当公司债权人的利益受到损害时，才有必要适用公司法人人格否认制度予以救济。其二，损害的事实结果是由股东滥用公司法人人格的行为所导致，即股东滥用公司法人人格的行为与债权人的损害事实之间有因果关系。如果是由于其他原因造成公司债权人的利益受损，则不能够适用公司法人人格否认制度。

本章小结

公司人格在公司法律制度中地位重要,本章主要是对公司人格的含义,公司人格的取得及否认,公司人格的构成要素以及一人公司等基本内容的介绍。通过本章知识的学习,为后续公司法知识的学习做好铺垫。本章内容的学习在课堂听讲、阅读教材的基础上,可以通过章后习题的练习予以巩固和理解消化。通过本章的学习力争对公司人格的基础知识予以了解,对公司人格的含义、公司人格否认制度、一人公司制度等重点内容不仅应全部掌握,还应能够结合具体案例进行分析、灵活运用。

本章练习

一、判断题

1. 公司营业执照签发之日为公司的成立日期。(   )

2. 公司营业执照应当载明公司的实收资本。(   )

3. 公司必须在其名称中注明有限责任公司或股份公司字样。(   )

4. 公司的权利能力在公司宣告破产时终止。(   )

5. 公司可以向其他企业投资,但是投资数额受到限制。(   )

6. 公司董事会、股东会或者股东大会可以决议为公司的股东或实际控制人提供担保。(   )

7. 如果张某出资设立了一个一人公司,当公司生产经营发生困难时,张某应当对公司债务不能清偿部分承担补充责任。(   )

8. 甲公司欲单独出资设立一家子公司,则甲公司的注册资本必须在子公司成立时一次足额缴清。(   )

9. 一人公司首期出资额不得低于最低注册资本的20%。(   )

10. 一人公司不能投资设立新的一人有限责任公司。(   )

二、单项选择题

1. (司法考试真题2011)张平以个人独资企业形式设立"金地"肉制品加工厂。2011年5月,因瘦肉精事件的影响,张平为减少风险,打算将加工厂改换成一人有限公司形式。对此,下列哪一表述是错误的?(   )

    A. 因原投资人和现股东均为张平一人,故加工厂不必进行清算即可变更登记为一人有限公司

    B. 新成立的一人有限公司仍可继续使用原商号"金地"

    C. 张平为设立一人有限公司,须一次足额缴纳其全部出资额

    D. 如张平未将一人有限公司的财产独立于自己的财产,则应对公司债务承担连带责任

2. (司法考试真题2008)公司在经营活动中可以以自己的财产为他人提供担保。关于担保的表述中,下列哪一选项是正确的?(   )

    A. 公司经理可以决定为本公司的客户提供担保

B. 公司董事长可以决定为本公司的客户提供担保

C. 公司董事会可以决定为本公司的股东提供担保

D. 公司股东会可以决定为本公司的股东提供担保

3. （司法考试真题2007）张某打算自己投资设立一企业从事商贸业务。下列哪一选项是错误的？（　　）

A. 张某可以设立一个一人有限责任公司从事商贸业务

B. 张某可以设立一个个人独资企业从事商贸业务

C. 如果张某设立个人独资企业，则该企业不能再入伙普通合伙企业

D. 如果张某设立一人有限责任公司，则该公司可以再入伙普通合伙企业

4. （司法考试真题2005）某市国有资产管理部门决定将甲、乙两个国有独资公司撤销，合并成立甲股份有限公司，合并后的甲股份有限公司仍使用原甲公司的字号，该合并事项已经有关部门批准现欲办理商业登记。甲股份有限公司的商业登记属于下列哪一类型的登记？（　　）

A. 兼并登记　　　　　　　　　　B. 设立登记

C. 变更登记　　　　　　　　　　D. 注销登记

5. 某股份有限公司依照法定程序设立，根据法律规定，该公司取得民事主体资格的日期应以下列哪一个为准？（　　）

A. 公司成立公告发布之日　　　　B. 公司创立大会召开之日

C. 公司营业执照签发之日　　　　D. 公司批准证书下达之日

三、多项选择题

1. （司法考试真题2014）2014年5月，甲乙丙丁四人拟设立一家有限责任公司。关于该公司的注册资本与出资，下列哪些表述是正确的？（　　）

A. 公司注册资本可以登记为1元人民币

B. 公司章程应载明其注册资本

C. 公司营业执照不必载明其注册资本

D. 公司章程可以要求股东出资须经验资机构验资

2. （司法考试真题2012）下列有关一人公司的哪些表述是正确的？（　　）

A. 国有企业不能设立一人公司

B. 一人公司发生人格或财产混同时，股东应当对公司债务承担连带责任

C. 一人公司的注册资本必须一次足额缴纳

D. 一个法人只能设立一个一人公司

3. （司法考试真题2010）关于商事登记，下列哪些说法是正确的？（　　）

A. 公司的分支机构应办理营业登记

B. 被吊销营业执照的企业即丧失主体资格

C. 企业改变经营范围应办理变更登记

D. 企业未经清算不能办理注销登记

4. （司法考试真题2007）湘东船运有限公司共8个股东，除股东甲外，其余股东都

已足额出资。某次股东会上，7个股东一致表决同意因甲未实际缴付出资而不能参与当年公司利润分配。3个月后该公司船只燃油泄漏，造成沿海养殖户巨大损失，公司的全部资产不足以赔偿。甲向其他7个股东声明：自己未出资，也未参与分配，实际上不是股东，公司的债权债务与己无关。下列哪些选项是正确的？（   ）

  A. 甲虽然没有实际缴付出资，但不影响其股东地位

  B. 其他股东决议不给甲分配当年公司利润是符合公司法的

  C. 就公司财产不足清偿的债务部分，只应由甲承担相应的责任，其他7个股东不承担责任

  D. 甲的声明对内具有效力，但不能对抗善意第三人

  5.（司法考试真题2009）甲公司出资20万元、乙公司出资10万元共同设立丙有限责任公司。丁公司系甲公司的子公司。在丙公司经营过程中，甲公司多次利用其股东地位通过公司决议让丙公司以高于市场同等水平的价格从丁公司进货，致使丙公司产品因成本过高而严重滞销，造成公司亏损。下列哪些选项是错误的？（   ）

  A. 丁公司应当对丙公司承担赔偿责任

  B. 甲公司应当对乙公司承担赔偿责任

  C. 甲公司应当对丙公司承担赔偿责任

  D. 丁公司、甲公司共同对丙公司承担赔偿责任

四、问答题

1. 公司人格的含义是什么？

2. 公司登记的类型有哪些？

3. 公司权利能力的含义是什么？

4. 一人公司和个人独资企业有什么不同？

5. 公司人格否认制度的含义是什么？

五、案例分析题

（司法考试真题2009）张某有200万元资金，打算在烟台投资设立一家注册资本为300万元左右的餐饮企业。关于如何设立与管理企业，请回答题目。

1. 张某可以选择的企业类型有（   ）。

  A. 与他人共同出资设立一家合伙企业

  B. 单独出资设立一家个人独资企业

  C. 与韩国商人共同设立一家中外合作经营企业

  D. 与他人共同出资设立一家股份有限责任公司

2. 如张某拟设立一家一人有限责任公司，下列表述正确的是（   ）。

  A. 注册资本不能低于50万元

  B. 可以再参股其他有限公司

  C. 只能由张某本人担任法定代表人

  D. 可以再投资设立一家一人有限责任公司

3. 如张某拟设立一家个人独资企业，下列表述正确的是（   ）。

A. 该企业的名称中不能含有"公司"字样

B. 如张某死亡，其继承人可以继承投资人的身份

C. 如该企业解散，必须由法院指定的清算人进行清算

D. 该企业应当依法缴纳企业所得税

公司设立

知识要求:

了解公司设立制度,主要包括公司设立的概念和特征、公司设立与成立的区别;重点掌握公司设立的原则、公司设立方式与程序、公司设立的法律后果及其发起人责任承担、公司章程的效力等问题。

技能要求:

通过学习,应对上述学习重点熟练掌握,并能结合具体的理论和实践问题加以分析和运用。

🖋 案例引导

冒用公司名义①

张某与李某合伙在县城郊区开办了一家榨油厂,半年下来获利可观,便以10万元注册资金到工商管理机关以"长源榨油厂"名称申请了工商登记,并取得了营业执照。次年,张某与李某在未经批准登记的情况下,将原厂牌换成"××省长源油业股份有限公司"的牌子,并以便于经营为由分别以"公司"董事长和总经理名义印制精美的名片,从事收购油桐籽、榨油和销售一条龙服务。后来,他们收下了外省一企业2万元定金后,由于行情变化未能按时交货,被对方诉至法庭。法庭在审理中发现,他们的企业不具备公司法人的条件,未经工商登记,实为两人合伙的非法人企业。法院在判令他们承担违约责任的同时,依法向工商机关提出司法建议。当地工商机关经调查,发现张某、乙冒用股份有限公司名称,便作出责令其改正,罚款1万元的处罚决定。他们在接到处罚决定书后,不禁傻了眼,政府不是鼓励发展股份制企业吗?我们有营业执照,开个股份制公司犯什么法?

---

① 企业不可自挂"公司"招牌. http://china. findlaw. cn/case/13_ 1302_ 130201/. 2015. 1. 16.

【案例分析】 张某和李某的行为已经违反了我国法律的有关规定。投资者如果选择公司这种组织形式作为获取利润的手段，首先必须依照法定的条件和程序，进行一系列的法律行为，为要组建的公司取得独立的法律主体资格。未经公司登记机关依法登记，不得以公司名义从事经营活动。若冒用公司名义从事经营活动，除了被法院追究民事责任外，还依法被工商机关责令改正或者予以取缔，并处罚款。

第一节　公司设立概述

一、公司设立的概念

（一）公司设立的概念与法律特点

公司设立（incorporation），是指发起人依照法定的条件和程序，为组建公司并取得法人资格所进行的一系列法律行为的总称。公司设立具有如下法律特点：

1. 设立的主体是发起人

发起人可能是数人，也可能是一人，一般包括先行出资、筹建并对公司设立承担责任的自然人、法人和国家等。在公司设立过程中，发起人对内执行设立业务，对外代表正在设立中的公司。[①]

2. 公司设立是具有多种法律关系和法律效果的有机整体

公司的设立是一个跨越了私法和公法两大领域，融合了实体法和程序法的问题。就实体而言，公司设立的目的是成立公司，即以一定的信用为基础结合成公司组织；就程序而言，各国或地区的公司立法都详细规定了公司设立的程序及其法律效果，强调整个设立过程的法定性。由设立行为发生的法律关系包括设立人之间、设立人与将来成立的公司之间、设立人与第三人之间的关系。

3. 公司设立表现为一个连续的行为过程

这一过程从发起人签订设立协议之日始至核准登记或者不登记之日止。由于公司的种类和设立的基础不同，设立过程包含的法律行为也不尽相同，股份有限公司的设立表现得尤为复杂。但是，公司设立都是以组建公司使其获得法人资格为目的的，因此，任何公司的设立过程又由一些共同的法律行为组成：（1）组织公司团体。具体而言就是发起人订立设立协议、制定公司章程、决定公司种类和名称、确定经营范围及资本总额、选择公司的营业地点、确定公司股东、缴纳出资、组成公司机构等；（2）取得公司法人资格。在公司团体组织完毕之后，公司发起人还必须通过申请公司设立登记来获得公司的法律主体资格。

（二）公司设立与公司成立的比较

正确理解公司设立的概念，还需分辨公司设立与公司成立。人们通常把公司设立与公

---

① 赵旭东. 公司法学（第3版）［M］. 北京：高等教育出版社，2012：106.

司成立相混淆，以致造成对公司设立的误解，不能正确地认识公司设立的法律性质、公司设立过程中责任的特殊性和设立中公司特殊的法律地位。事实上，公司设立与公司成立既有联系，又有区别，二者关系犹如合同订立与合同成立的关系。公司成立指公司经过设立程序，具备了法律规定的实质要件，经主管机关核准登记发给营业执照从而取得公司法人资格的一种事实状态、法律后果。

1. 联系

公司设立是公司成立的必经程序，而公司成立是公司设立行为追求的目的。公司设立行为与公司成立之间为因果关系，前者是因，后者为果。

2. 区别

（1）发生阶段不同。设立行为发生于公司被依法核准登记、颁发营业执照之前，是公司成立的前提；公司成立则发生于公司被依法核准登记之时，是公司设立行为被法律认可后的一种法律后果。公司设立并不当然导致公司的成立，当公司设立无效时，公司便不能成立。

（2）行为性质不同。设立行为发生于发起人或发起人与认股人之间，是一种私法行为，它体现民商法所普遍倡导和遵循的平等、自愿、诚实信用和等价有偿的基本原则，其要素是设立人的意思表示；而成立行为则发生于发起人与登记主管机关之间，实际上是公司设立行为与公司设立主管机关和登记机关的登记行为或认可行为的结合，是公司取得法人资格及相关权利能力和行为能力的法律事实或法律状态，此时的行为主要是登记主管机关的行政行为，具有公法性质。①

（3）法律效力不同。设立阶段的公司尚不具备独立的法律主体资格，即使设立行为已完成，但未被核准成立，仍不能以公司的名义对外开展经营活动。其对内、对外关系一般被视为合伙，因而设立公司产生的债权债务由发起人负连带责任。② 公司的成立则使公司成为独立的法律主体，公司成立后所实施行为的后果原则上由公司承担。发起人为设立公司所实施的法律行为，其后果归属于公司，其债务则由成立后的公司承担。

（4）解决争议的依据不同。设立过程中的争议和纠纷，一般依照发起人之间订立的协议解决，当事人可以提起民事诉讼。而成立过程中，因设立事实能否得到登记机关或审批机关的登记认可或批准所产生的争议，一般依照有关行政法规解决，并多表现为行政争议，当事人可以提起行政诉讼。

二、公司设立行为的性质

公司设立行为的性质，对于公司设立失败、公司设立无效与可撤销制度的立法规范具有基础性意义。但对于公司设立行为的性质，学界认识不尽一致，大致存在如下四种学说：

---

① 石少侠.公司法学［M］.北京：中国政法大学出版社，2012：41-42.

② 如《公司法》第九十五条规定，股份有限公司的发起人在公司不能成立时，应对其设立行为所产生的债务、费用、认股人已缴股款的本息负连带责任，并对设立过程中因其过失而对公司利益造成的损害负赔偿责任。

（一）合伙契约说

此说认为，发起人协议、公司章程都是以当事人的合意为基础，并对当事人具有约束力，因此应属于民法上的契约行为，并进而将设立行为视为合伙契约。但是，契约当事人之间的关系一般属于"交错统一型"的关系，双方各负对待给付义务，一方之所得即为另一方之所失，反之亦然。而在公司设立过程中发起人之间的关系，则更近似于"平行融合关系"，即彼此不负互为给付义务，行为后果是达成公司成立这一共同目的。① 另外，此说无法解释公司章程的普遍约束力。如果把公司章程视为一种合伙契约，那么它仅对章程制定者即公司发起人有约束力，而实际上公司章程对公司及公司的董事、监事、经理及新加入公司的非发起人股东都有约束力，② 这是合伙契约说无法解释的。因此，多数学者认为合伙契约说并未准确揭示公司设立的这一性质。并且设立行为不限于签订设立协议、制定公司章程等行为，该说以偏概全，故附和者不多。

（二）单独行为说

此说认为，设立行为是每一发起人的个别单独行为，围绕取得公司法人资格这一共同目标而竞合。单独行为说与事实不合：公司是在创立会上由多数股东决议而成立的，不但具有成立公司之共同目的，而且存在合意。因而此说亦不准确。

（三）混合行为说

此说认为，公司设立既有单独行为的属性，又有契约行为的属性，系单独行为与契约行为之混合行为。前两个学说如不成立，此说亦谬。

（四）共同行为说

有的学者认为，公司的设立是各股东或发起人为共同的目的而共同所为，是多数人一致的意思表示。行为的效果是行为人取得同质的股东权，它有别于互为给付的契约行为，也不同于导致单一责任的单独行为。③ 还有学者认为，民法上依据意思表示构成的数量及表示方式不同将法律行为分为单方法律行为与多方法律行为，后者又进一步分为双方行为（契约行为）、共同行为与决议行为，其中的共同行为就是指二人以上的意思表示系为同一目的的行为，按照这一定义，公司设立行为即属于共同行为。因为无论是一人代表为之，还是多人共同为之，都是发起人为同一目的、意思表示一致的、取得同质的预期效果（公司成立后发起人均取得股权）的法律行为。④目前，多数学者持此观点。

公司设立行为的性质是共同行为，但亦有例外情形：如一人有限公司，因其发起人只

---

① 江平. 新编公司法教程［M］. 北京：法律出版社，1994：79.
② 《公司法》第十一条规定，设立公司必须依法制定公司章程。公司章程对公司、股东、董事、监事、高级管理人员具有约束力。
③ 石少侠. 公司法学［M］. 北京：中国政法大学出版社，2012：42.
④ 李建伟. 公司法学（第3版）［M］. 北京：中国人民大学出版社，2014：61.

有一个，故其公司设立行为属于单独行为；再如认股人对以募集方式设立的股份公司进行股权认购的行为，属于契约行为。

三、公司设立的原则

公司设立的原则是公司法理论中的习惯用语，实质上，它并非通常意义上所称的"原则"，而是指公司设立的基本依据及基本方式。① 体现一个国家在法律上对公司设立所采取的基本态度，即以怎样的程序限制来规范公司的设立。受不同历史阶段的社会政治经济条件、文化传统、法律传统等诸因素差异的影响，加之公司类型的不断发展演变，不同国家和地区对公司设立的干预有所不同，即在不同时期对不同公司设立奉行不同的立法原则。

（一）国外公司设立原则的沿革

综观世界各国的公司发展史，公司设立的原则大致经历了从自由主义到特许主义，进而到核准主义，最后到准则主义的历史过程。

1. 自由主义

自由主义又称"放任主义"，即公司的设立完全听由当事人自由，国家不加任何干预和限制。根据这一原则，是否设立公司、设立何种公司、怎样设立公司、何时设立公司等设立事宜完全由当事人自由为之。自由主义产生于近代公司制度萌芽时期，法国大革命时期对无限公司等人合公司实行过这种办法。自由主义主要是欧洲中世纪公司勃兴的初期国家对公司设立所采取的立法态度。这一原则的采用是与法人理论和法人制度尚未完善密不可分的。由于这一设立原则极易造成公司的任意滥设，难以适应规范公司行为的要求，不利于社会经济秩序的稳定，所以未能摆脱随着法人制度的完善而被淘汰的命运。

2. 特许主义

在中世纪后期，欧洲大陆有许多商业行会发展起来，行会内部不断发生冲突，纷纷请求划分势力范围。各种行会企图凭借国家权力形成对商品市场的垄断，而封建国家又希望通过这些行会承担某些公共职能来推行某些政策，于是，商业行会对行政性垄断的追求便促成了公司设立原则从自由主义向特许主义的转变。②

特许主义是指公司的设立必须经过国家元首特别许可，或者由立法机关颁布特别法令予以许可，体现了国王的王权和议会的权威。这一原则起源于13世纪至15世纪，盛行于17世纪至19世纪的英国。如英国1600年设立的东印度公司就是依特许设立。特许设立方法有两种：（1）经英国国王特别许可，取得从事某种商事活动的许可证而设立的"特许公司"（charted company）；（2）由英国国会颁发特别制定法而获授权设立的"法定公司"（statutory company）。特许主义旨在纠正自由主义带来的公司滥设，但矫枉过正，这种对公司的设立予以过度管制的做法，无法适应市场经济瞬息万变的要求，严重阻碍了公司制度和资本主义经济的发展。因而近代各国或地区公司立法除对某些特殊公司仍采取特

---

① 石少侠. 公司法学 ［M］. 北京：中国政法大学出版社，2012：41.
② 赵旭东. 公司法学（第3版）［M］. 北京：高等教育出版社，2012：108.

许主义外，对一般的公司很少采用。

3. 核准主义

核准主义，也称许可主义或审批主义，是指公司设立除具备法定条件外，还须经过政府主管机关的审核、批准，否则不得成立。1673年法国路易十四颁布的《陆上商事条例》首创此制，1807年法国《商法典》与1861年德国《商法典》都曾经采用，并扩展至其他国家。核准主义与特许主义形同实异，如果说特许主义是赋予王室、权力机关在公司设立上的特权，核准主义则是将特权赋予给了行政机关。但由行政机关来规制公司设立，往往带来干预过度、权力寻租之弊，无法适应自由市场经济发展需求。核准主义不断受到指责，所以，当今许多国家仅对设立银行和保险公司等与国计民生有密切关系的公司适用这一原则。

4. 准则主义

准则主义，又称登记主义，是指公司设立的必要条件由法律预先作出规定，只要设立中的公司具备这些条件，发起人即可直接到公司登记机关申请公司设立登记，无须事先核准。此设立原则为英国《1862年公司法》首创，适应了当时自由资本主义社会经济快速发展的需要，迅速被许多国家所采用。准则主义在适用初期，虽然可以简化公司设立程序，方便公司设立，但与自由主义一样容易导致公司滥设，破坏市场交易秩序。为了克服滥设公司和利用公司欺诈等弊端，维护交易安全，各国或地区不同程度地对准则主义进行某些修正，对公司设立作出严格规定，从而形成了严格准则主义，而把之前的准则主义称为单纯准则主义。

严格准则主义即在准则主义之上再加上核准主义的成分。与单纯准则主义相比，严格准则主义的"严格性"体现在两个方面：一是严格公司设立的法定条件，加重发起人的法律责任；二是加强司法机关、行政机关对公司设立的监督。公司设立的最后步骤是在登记机关办理注册登记手续。登记机关有权审查公司是否符合法律所规定的条件，对符合法律规定的应予以登记，而不能以政策或其他方面的理由而拒绝登记。严格准则主义既无特许主义与核准主义对公司设立的行政干预，又避免了自由主义与单纯准则主义对公司设立失控的缺陷，在国家监管和公司自由发展之间找到了平衡点，较好实现了效率与安全的统一，因而被当今大多数国家或地区的公司立法所遵循和采用。

（二）我国公司设立的原则

我国《公司法》第六条第一款规定："设立公司，应当依法向公司登记机关申请设立登记。符合本法规定的设立条件的，由公司登记机关分别登记为有限责任公司或者股份有限公司；不符合本法规定的设立条件的，不得登记为有限责任公司或者股份有限公司。"第六条第二款规定："法律、行政法规规定设立公司必须报经批准的，应当在公司登记前依法办理批准手续。"第十二条第二款规定："公司的经营范围中属于法律、行政法规规定须经批准的项目，应当依法经过批准。"显然，现行《公司法》规定的公司设立原则是严格准则主义和核准主义的结合。具体而言，一般公司的设立采用严格准则主义，只要符合公司法规定条件的可直接申请登记，无需由行政部门事先审批，但对涉及国家安全、公共利益和关系国计民生的特定行业和经营特定项目的公司设立采用核准主义，在公司登记前需报经有关部门审批。

🏹 案例引导

公司设立的步骤

2010年3月，安琪商业公司与另外三家企业达成协议，决定共同投资成立"星星家具有限公司"。四家企业签署了公司章程，规定了公司名称、住所、经营范围、公司注册资本、股东的权利和义务等重大事项。同年12月，星星家具有限公司筹备处向市登记机关申请设立登记，并向其提交了公司设立登记申请，并提交了必要的相关文件。登记机关认为，星星家具有限公司符合设立条件，但是本地已有四家家具厂，市场容量已趋饱和，再设立一家家具公司对本地经济无大的促进作用，故决定不予登记。猎豹商业公司等七位发起人不服，将登记机关诉至法院，要求登记机关对其设立新企业的申请予以登记。法院支持了原告的诉讼请求。

【案例分析】本案涉及的问题是公司设立的步骤与手续。按照我国《公司法》第六条第一款规定："设立公司，应当依法向公司登记机关申请设立登记。"公司设立的最后步骤是要在登记机关办理注册登记手续。发起人仅签署公司章程，而没有依法申请设立并办理注册登记，公司未成立。我国对于一般的公司设立采用的是严格准则设立主义，只对特定公司，要求在公司登记前报经有关部门审批。本案的"星星家具有限公司"不涉及国家安全、公共利益和关系国计民生等特定行业和项目，按相关法律法规的规定不需要办理批准手续。同时发起人按照法定的条件和程序要求进行了筹备，并依法向登记机关提交了必要的相关文件以申请设立登记，如果符合法定的条件和程序性要求，登记机关就应准予其登记，而不能以政策上或其他理由拒绝登记，这是严格准则主义和核准主义的主要区别所在。

第二节　公司设立条件

由于股东对公司债务仅承担有限责任，为防止公司经营运作对债权人利益和社会公共利益造成损害，各国公司法均对有限责任公司的设立条件作了规定，我国也不例外。我国《公司法》第二十三条和第七十七条分别就有限责任公司和股份有限公司的设立条件作了明确规定。尽管宽严标准和具体内容有所不同，但均具备以下四个方面的要件：

一、主体要件

主体要件是指对公司股东或发起人资格和人数的限制。设立公司离不开投资者的创设活动。在设立阶段，由于公司尚未成立，并不存在"股东"的法律身份，严格来说此时公司的投资者应称为发起人。发起人，亦称创办人，是指为设立公司而签署公司章程、依法筹办创设公司事务、向公司出资或认购股份并履行公司设立职责的人。由于发起人负有出资或认购股份的义务，在公司成立后即成为公司的首批股东。

（一）股东人数限制

关于有限公司的股东人数，各国普遍承认一人有限公司，我国《公司法》第五十七条第二款也规定了一人有限公司："本法所称一人有限责任公司，是指只有一个自然人股东或者一个法人股东的有限责任公司。"可见，我国对有限责任公司股东人数不设下限。但为了体现有限责任公司的"人合"性质，使公司股东之间彼此熟悉与信任，各国的公司立法普遍对股东人数规定了最高限额。我国《公司法》第二十四条规定："有限责任公司由五十个以下股东出资设立。"由此，我国对有限责任公司的股东人数的上限作了严格限制，即不超过 50 人。否则将会因为违反规定而无法设立有限责任公司。需要注意的是，对股东人数的限制，既包括参与公司设立的原始股东，也包括公司设立后由于新增出资、转让出资、公司合并等原因新增加的股东。①

股份公司具有公众性，股东人数较多且流动性强。因此法律没有对其股东的人数进行数量上的限制，仅对创设股份有限公司的发起人人数作出了要求。《公司法》第七十八条规定："设立股份有限公司，应当有二人以上二百人以下为发起人，其中须有半数以上的发起人在中国境内有住所。"

（二）股东资格限制

在我国，自然人、法人、非法人组织等民商事主体均可以作为公司设立的发起人，国家一定情况下也可作为公司发起人。由于发起人在公司设立阶段的特殊地位，相关法律也有一些涉及对发起人资格的限制。例如，自然人作为发起人，应是具有完全民事行为能力的人;② 法人作为发起人，应为法律上不受特别限制的法人。③ 发起人不得是法律、行政法规禁止的人员，如公职人员等。④

二、资本要件

资本要件主要表现为对公司注册资本的要求。"无财产即无人格"，股东出资构成公司的初始资本，既是公司运营的物质基础，也在一定程度上起着担保公司债务的作用。2013 年新修正的《公司法》对注册资本做了修改，具体体现在：

（1）取消对公司注册资本最低限额的限制。除法律、行政法规对有限责任公司或者

---

①　中华人民共和国公司法配套解读与案例注释 配套解读与案例注释系列［M］. 北京：中国法制出版社，2013：65.

②　《公司法》虽然未对自然人作为发起人的条件作出规定，但因设立行为属于法律行为，应当适用《民法通则》关于自然人权利能力与行为能力的规定。

③　《商业银行法》第 43 条规定："商业银行在中华人民共和国境内不得从事信托投资和证券经营业务，不得向非自用不动产投资或者向非银行金融机构和企业投资，但国家另有规定的除外。"这就是作为法人的商业银行不得作法人发起人的规定。

④　如《公务员法》第 53 条规定："公务员必须遵守纪律，不得从事或者参与营利性活动"；政策也三令五申禁止党政机关及其公职人员经商办企业，自然也禁止党政机关及其公职人员作为公司的发起人。

股份有限公司的注册资本最低限额另有规定外，取消有限责任公司最低注册资本3万元、一人有限责任公司最低注册资本10万元、股份有限公司最低注册资本500万元的限制。

（2）取消对公司注册资本实缴的限制。除法律、行政法规对有限责任公司或者股份有限公司的注册资本实缴另有规定外，取消有限责任公司股东或者发起设立的股份有限公司的发起人的首次出资比例和最长缴足期限。这意味着自2014年3月1日起，《公司法》关于有限责任公司"全体股东的首次出资额不得低于注册资本的百分之二十，也不得低于法定的注册资本最低限额，其余部分由股东自公司成立之日起两年内缴足；其中，投资公司可以在五年内缴足"，以及发起设立的股份有限公司"全体发起人的首次出资额不得低于注册资本的百分之二十，其余部分由发起人自公司成立之日起两年内缴足；其中，投资公司可以在五年内缴足"的规定不再执行，除了募集设立的股份有限公司的注册资本为在公司登记机关登记的实收股本总额外，有限责任公司的注册资本为在公司登记机关登记的全体股东认缴的出资额，发起设立的股份有限公司的注册资本为在公司登记机关登记的全体发起人认购的股本总额。有限责任公司股东或者发起设立的股份有限公司的发起人在公司章程中自行规定其认缴的注册资本是否分期出资、出资额和出资时间，包括一人有限责任公司也不需要在公司设立时一次足额缴纳公司章程规定的出资额。

（3）取消对资本构成的限制。新《公司法》删去原《公司法》第二十七条第三款"全体股东的货币出资金额不得低于有限责任公司注册资本的百分之三十"的规定，由此，对公司资本构成法律不再作出限制，完全交由当事人自主决定。

（4）取消公司登记提交验资证明的要求，公司营业执照不再记载"实收资本"事项。新《公司法》删去原《公司法》第七条第二款中的"实收资本"，删去原《公司法》第二十九条"股东缴纳出资后，必须经依法设立的验资机构验资并出具证明"这一规定。将原《公司法》第三十条改为第二十九条，修改为："股东认足公司章程规定的出资后，由全体股东指定的代表或者共同委托的代理人向公司登记机关报送公司登记申请书、公司章程等文件，申请设立登记。"删去原《公司法》第三十三条第三款中的"及其出资额"。这意味着，自2014年3月1日起，股东缴纳出资后，不再要求必须经依法设立的验资机构验资并出具证明，公司登记机关也不再要求提供验资证明，不再登记公司股东的实缴出资情况，公司营业执照不再记载"实收资本"事项。

三、组织要件

组织要件实际上均为公司章程的绝对必要记载事项，对公司成立及营业活动有重要影响，包括公司名称、住所、公司章程、组织机构等。

（一）公司名称

公司的名称是公司对外开展活动时彰显独立法律地位的标志，也是公司与其他经济组织相区别的标志。有关公司名称的构成、公司名称核准登记制度等内容，本书第二章第一节已详细论及，此处不再赘述。

（二）公司住所

住所者吾人法律关系之中心地域也。① 公司住所是公司进行民事活动的主要基地或中心场所，它的确定，使法律关系集中于一处，有利于确定权利义务，解决纠纷。依据《公司法》第十条和《公司登记管理条例》第十二条规定，公司以其主要办事机构所在地为住所。经公司登记机关登记的公司的住所只能有一个、公司的住所应当在其公司登记机关辖区内。有关公司住所的确定，详见本书第二章第一节相关内容，此处不再赘述。

（三）公司章程

公司作为市场主体，既存在内部行为，又存在外部行为。无论是内部行为还是外部行为，均有行为准则问题。公司章程就是股东或发起人在不违反国家强制性法律、法规的前提下，在意思自治的基础上共同制定的，为公司的内部行为提供准则，为公司的外部行为提供依据的自治规则，常被称为"公司宪章"。因为公司章程的重要性和公司章程制度的复杂性，我们将在本章专设第五节分析介绍相关内容，此处不再赘述。

（四）组织机构

组织机构是公司的法人机关，是形成公司独立意志，代表法人进行各种活动的机构。该规定主要体现为按照《公司法》的要求，建立公司的股东会（股东大会）、董事会、监事会，并明确其职权。其中股东会是由全体股东组成的公司权力机构，是公司的权力机构和法定必设机关；董事会是公司的决策机构，一般由股东会选举的董事组成，对股东会负责，董事会依法对公司进行经营管理；监事会是公司的监督机构，对董事会和公司高级管理人员（经理、副经理、财务负责人、上市公司董事会秘书和公司章程规定的其他人员）的活动实施监督。

由于有限责任公司的股东人数、经营规模等不同，法律、法规要求其建立的组织机构也不尽一致。根据我国《公司法》第五十和五十一条的规定，股东人数较少或规模较小的有限责任公司可以不设董事会而只设 1 名执行董事，也可以不设监事会而只设 1~2 名监事。

四、行为要件

行为要件是指公司发起人必须完成规定的设立行为，且设立行为须符合法律规定，否则公司不能成立。设立行为是公司发起人为筹办公司所从事的一系列连续性的准备行为，包括签订发起人协议、订立公司章程、认缴出资、确定公司机关、申请注册登记、为了公司设立事务与第三人的交易行为等。② 在各种公司的设立中，以股份有限公司的募集设立最为繁杂，除上述设立行为外，还包括募集股份、认股、缴纳股款、召开公司创立会议等。

---

① 郑玉波. 民法总则 ［M］. 北京：中国政法大学出版社. 2003：148.
② 石少侠. 公司法学 ［M］. 北京：中国政法大学出版社，2012：55.

案例引导

公司设立的条件

贾某拥有一项技术专利，拟成立四维有限责任公司生产该专利产品。于是召集了54人作为股东，共出资100万元人民币。其中，贾某的专利权作价30万元，张某以实物作价出资30万元，刘某以土地使用权作价出资20万元。由贾某起草了公司章程，由36名股东在章程上签字确认。公司章程中规定，董事会作为公司权力机构，设总经理一人兼任公司监事。该公司是否符合公司设立的法定条件？

【案例分析】在本案中，该公司的设立不符合法定条件，股东人数不符合《公司法》规定。《公司法》第二十四条规定，有限责任公司由50个以下股东出资设立，而该公司股东人数为54人，超过了上限。股东出资资本构成符合《公司法》规定。虽然贾某、张某和刘某以非货币出资金额达到了80万元，由此反推出其他股东的货币出资金额最多为20万元，但2013年新修正的《公司法》删除"全体股东的货币出资金额不得低于有限责任公司注册资本的百分之三十"的规定，对公司资本构成不再限制，完全交由当事人自主决定。章程制定不符合《公司法》规定。根据《公司法》第二十三条的规定，有限责任公司的章程由股东共同制定，股东应当在章程上签字、盖章。仅由三分之二的股东签字是不正确的。组织机构设定不符合《公司法》规定，股东会才是公司的权力机构，经理作为公司高级管理人员兼任公司的监事是错误的。

第三节 公司设立方式

公司设立方式是指公司发起人创办公司所采取的形式。从国外立法例来看，大多数国家都确立了发起设立与募集设立两种方式。根据我国《公司法》的规定，我国公司的设立方式也可以分为发起设立与募集设立两种。

一、发起设立

发起设立，又称"同时设立"、"单纯设立"等，是指由发起人认购公司应发行的全部股份，不向发起人之外的任何人募集而设立公司的方式。我国《公司法》第七十七条第二款对发起设立的概念做了明确规定："发起设立，是指由发起人认购公司应发行的全部股份而设立公司。"我国《公司法》第二十四条规定："有限责任公司由五十个以下股东出资设立。"第五十七条和第六十四条又分别规定了一人有限责任公司和国有独资公司的设立方式，可见根据投资主体数量的不同，发起设立方式又可分为共同出资设立和单独投资设立两种方式，一般的公司采用共同出资的设立方式，国有独资公司和一人有限公司采单独投资的设立方式。

因发起设立不需要复杂的募股程序，只要发起人认足了股份就可以向公司登记机关申请设立登记，故能有效地缩短公司设立周期，减少设立费用，降低设立成本。但它要求各个发起人有比较雄厚的资金，仅发起人就能够认购公司应发行的全部股份。故这种设立方式仅适用规模不大的公司。我国公司法上的有限责任公司和大部分股份有限公司采取这种方式设立。

二、募集设立

募集设立，亦称"渐次设立"、"复杂设立"、"招募设立"等，是指由发起人首先认购公司发行股份总额的一部分，其余部分按法定程序对外募集而设立公司的方式。我国《公司法》第七十七条第三款对募集设立的概念做了明确规定："募集设立，是指由发起人认购公司应发行股份的一部分，其余股份向社会公开募集或者向特定对象募集而设立公司。"可见，募集设立既可以是通过向社会公开发行股票的方式设立（公开募集设立），也可以是不发行股票而只向特定对象①募集而设立（定向募集设立）。募集设立只为股份有限公司设立之方式。需要指出的是，募集设立行为仅发生在公司设立阶段，公司成立后虽仍可对外发行股份，因彼时已不属设立阶段。

以募集方式设立股份有限公司，发起人只需投入较少的资金，就能够从社会上聚集到较多的资金，从而使公司能够迅速聚集到较大的资本额。但是，由于募集设立的股份有限公司资本规模较大，涉及众多投资者的利益，故各国公司法均对其设立程序严格限制。如为防止发起人完全凭借他人资本设立公司，损害一般投资者的利益，破坏正常的经济秩序，各国公司法大多对以募集方式设立公司的发起人认购的股份在公司股本总数中应占的比例做了明确规定。我国《公司法》第八十五条规定："以募集设立方式设立股份有限公司的，发起人认购的股份不得少于公司股份总数的百分之三十五；但是，法律、行政法规另有规定的，从其规定。"

三、两种设立方式的比较

公司的两种设立方式比较见表 3.1。

表 3.1　　　　　　　　　　　　　两种设立方式的比较

设立方式	发起设立		募集设立	
	单独投资设立	共同出资设立	定向募集设立	公开募集设立
适用公司类型	小部分有限责任公司	有限责任公司和大部分股份有限公司	股份有限公司	股份有限公司
适用公司规模	只适用于国有独资公司、一人有限公司	一般适用规模不大的公司	一般适用规模较大的公司	一般适用规模巨大的公司

---

① 我国《证券法》第十条规定，向特定对象发行证券累计超过 200 人的，为公开发行。《公司法》第七十八条规定，股份公司的发起人不得超过 200 人。依此，定向募集的特定对象以累计 200 人为上限。累计超过 200 人的即为公开募集，反之为定向募集。

续表

设立方式	发起设立		募集设立	
	单独投资设立	共同出资设立	定向募集设立	公开募集设立
股份发行范围	发起人（只限一人）	发起人（不超50人）	发起人及起人以外的特定对象（不超200人）	发起人及不特定社会公众
资本表现	发起人认购公司应发行的全部股份		发起人认购股份不低于股份总额的35%	
集资功能强弱	最弱	较弱	较强	最强
国家管制程序	较宽松	较宽松	较严格	最严格

第四节 公司设立程序

公司的设立除必须满足法律规定的设立条件外，还必须遵循法定的设立程序，只有符合法定程序，公司才能有效设立；否则，有可能带来公司设立失败的后果，更有可能追责公司设立过程中的发起人，甚至在公司成立之后，追究公司相关股东的责任。我国《公司法》及其他相关法律、法规对有限责任公司、股份有限公司的设立程序分别作了明确规定。一般来说，有限责任公司的设立程序相对简单，而股份有限公司的设立程序则较为复杂；发起设立程序相对简单，募集设立程序较为复杂。总的来看，不论公司采取何种设立方式，其设立程序多以签订发起人协议开始，以核准登记结束。

一、有限责任公司的设立程序

有限责任公司是一种非公众性的、封闭性的法人企业，只能由发起人发起设立，其设立程序与股份有限公司相比简单一些。依据《公司法》的规定，设立有限公司（不包括一人有限责任公司、国有独资公司）的一般程序如下：

（一）签订发起人①协议

发起人既是设立公司的倡议者，也是公司设立行为的具体实施者，在公司的设立中发挥着重要的作用。发起人首先要对拟设立的有限责任公司进行可行性分析和预测，确定设立公司意向的组建方案。在此基础上发起人一般要签订发起人协议或做成发起人会议决议。发起人协议或发起人会议决议是明确在公司设立过程中发起人各自权利义务的书面文

---

① 我国《公司法》没有对有限责任公司使用"发起人"概念，《最高人民法院关于适用〈中华人民共和国公司法〉若干问题的规定（三）》第一条规定："为设立公司而签署公司章程、向公司认购出资或者股份并履行公司设立职责的人，应当认定为公司的发起人，包括有限责任公司设立时的股东。"将有限公司设立时的股东纳入发起人的概念范畴。

件，在法律性质上被视为合伙协议。① 其内容主要包括：公司宗旨与经营范围、注册资本、各方出资额与出资方式、经营管理、盈余分配、风险分担及争议解决等事项。我国《公司法》第二十三条规定的有限责任公司的设立条件里，并未对发起人协议作要求。发起人协议不是法定的公司设立条件，故签订发起人协议不是设立有限责任公司的法定程序。

（二）制定公司章程、发起人认购出资

制定公司章程，是任何一个国家设立有限责任公司的必经程序。根据我国《公司法》第十一条的规定，设立公司必须依法制定公司章程。由于有限责任公司的人合性，公司章程是由全体股东共同订立的。依照我国《公司法》第二十五条第二款的规定，公司章程须经全体股东同意并签名、盖章。因公司章程的内容包括发起人的出资额，所以，认购出资在此时应该已经完成。

（三）申请名称预先核准

公司名称是我国公司设立的法定条件之一，我国《公司登记管理条例》第十七条明确规定："设立公司应当申请名称预先核准。法律、行政法规或者国务院决定规定设立公司必须报经批准，或者公司经营范围中属于法律、行政法规或者国务院决定规定在登记前须经批准的项目的，应当在报送批准前办理公司名称预先核准，并以公司登记机关核准的公司名称报送批准。"可见，申请名称预先核准是设立公司的必经程序。申请公司名称预先核准的具体规定，在本书第二章第一节已经详细说明，在此不再赘述。

（四）必要的行政核准

这一程序并非所有有限责任公司的设立都须经过。一般情况下，有限责任公司符合我国《公司法》第二十三条所规定的设立条件时，就可以直接向公司登记机关注册设立，不需经特别批准。但是，依照我国《公司法》第六条第二款的规定，对于法律、行政法规规定必须报经批准的，在公司登记前要依法办理批准手续。

（五）缴纳出资

缴纳出资就是发起人履行发起人协议或公司章程规定的出资义务的行为。依照我国《公司法》第二十八条的规定，发起人应该按期足额缴纳章程规定的各自认缴的出资额。以货币出资的，应当将货币存入公司在银行开设的账户；以非货币财产出资的，应当办理有关出资财产权的转移手续。股东不按照前款规定缴纳出资的，除应当向公司足额缴纳外，还应当向已按期足额缴纳出资的股东承担违约责任。在认缴制下，股东可以选择一次性缴纳也可以分期缴纳出资。股东缴纳出资后，不再要求必须经依法设立的验资机构验资并出具证明，公司登记机关也不再要求提供验资证明，不再登记公司股东的实缴出资情况，公司营业执照不再记载"实收资本"事项。此外，我国《公司法》第二十六条和第

① 赵旭东. 公司法（第2版）[M]. 北京：中国政法大学出版社，2013：71-72.

二十七条分别对有限责任公司股东出资的数额、方式作了明确规定。

（六）组建组织机构

有限责任公司的股东应该依据我国《公司法》第四十四条和第五十一条的规定，选举确定公司的董事和监事，依法组建公司的董事会（股东人数较少或者规模较小的有限责任公司，可以不设董事会只设执行董事）和监事会（股东人数较少或者规模较小的有限责任公司，可以不设监事会只设一至二名监事）等公司法定机关，同时确定公司法定代表人。按照我国《公司法》第十三条的规定，公司法定代表人依照公司章程的规定，由董事长、执行董事或者经理担任，并依法登记。

（七）申请设立登记

依据我国《公司法》第二十九条的规定，股东认足公司章程规定的出资后，由全体股东指定的代表或者共同委托的代理人向公司登记机关报送公司法定文件，申请设立登记。工商行政管理机关是公司登记机关。申请时应提交的法定文件有：公司法定代表人签署的设立登记申请书、全体股东指定代表或者共同委托代理人的证明、公司章程、股东的主体资格证明或者自然人身份证明、载明公司董事、监事、经理的姓名、住所的文件以及有关委派、选举或者聘用的证明、公司法定代表人任职文件和身份证明、企业名称预先核准通知书、公司住所证明、国家工商行政管理总局规定要求提交的其他文件。法律、行政法规或者国务院决定规定设立有限责任公司必须报经批准的，还应当提交有关批准文件。

（八）核准登记

依据我国《公司登记管理条例》第五十一条和第五十二条的规定，公司登记机关收到申请文件和材料后，应根据不同情况作出是否受理的决定。公司登记机关决定予以受理的，应当出具《受理通知书》；决定不予受理的，应当出具《不予受理通知书》，说明不予受理的理由，并告知申请人享有依法申请行政复议或者提起行政诉讼的权利。

依据我国《公司登记管理条例》第五十三条和第五十四条的规定，公司登记机关依法受理设立申请后，对申报材料依法进行形式审查，对于认为必要的材料可以进行实质审查。对于符合设立条件的，公司登记机关作出准予公司设立登记决定并出具《准予设立登记通知书》，告知申请人自决定之日起 10 日内，领取营业执照；对于不符合法定设立条件的，公司登记机关作出不予登记决定并出具《登记驳回通知书》，说明不予登记的理由，并告知申请人享有依法申请行政复议或者提起行政诉讼的权利。

根据我国《公司法》第七条和《公司登记管理条例》第二十五条的规定，公司营业执照的签发日为公司成立日。公司自成立日起同时取得法人资格与营业资格，可以刻制印章、开立银行账户、申请纳税登记、以公司名义对外营业。

二、股份有限公司的设立程序

股份公司的发起设立和募集设立的程序基本相同，只是后者中的公开募集方式还有关于向社会公开募集股份的特别程序。

（一）签订发起人协议

股份公司的设立主要依赖于发起人的发起行为，我国《公司法》第七十九条明确规定："股份有限公司发起人承担公司筹办事务。发起人应当签订发起人协议，明确各自在公司设立过程中的权利和义务。"由此看来，发起人签订发起人协议已成为我国股份有限公司设立的必经程序。

（二）制定公司章程、发起人认购股份

依照我国《公司法》第七十六条的规定，发起设立的，由发起人制定公司章程；募集设立的，发起人制定章程经公司创立大会审议通过。

股份的认购程序也因设立方式的不同而有所不同。依照我国《公司法》第八十三条和第八十四条的规定，以发起设立方式设立股份有限公司的，发起人应当书面认足公司章程规定其认购的股份；募集设立的，除法律、行政法规另有规定外，发起人认购的股份不得少于股份总数的百分之三十五。

（三）申请名称预先核准（与有限公司同）

（四）必要的行政核准

与有限责任公司相同，这一程序并非所有股份有限责任公司的设立都须经过。仅对于法律、行政法规规定必须报经审批的，在公司登记前要依法办理审批手续。鉴于股份有限公司的股份发行涉及社会资金流向和众多股票持有者的利益，与有限责任公司相比，股份有限公司必须经批准才能成立的情形就更多一些。

（五）公开募集股份

这是公开募集设立的独特程序，发起设立与定向募集没有这一程序。因为公开募集股份涉及社会公众利益，法律规定了严格的程序要求。具体包括以下环节：

1. 公开发行股票的行政核准

发起人在向社会公开募集股份时，必须向证监会递交募股申请，并报送有关文件。[①]证监会对其实质审查，对符合法定条件者予以依法核准；未经依法核准，不得公开发行股票。

2. 公告招股说明书、制作认股书

依照我国《公司法》第八十五条的规定，发起人向社会公开募集股份，必须公告招

[①]　我国《证券法》第12条规定，设立股份有限公司公开发行股票，应当符合《中华人民共和国公司法》规定的条件和经国务院批准的国务院证券监督管理机构规定的其他条件，向国务院证券监督管理机构报送募股申请和下列文件：公司章程；发起人协议；发起人姓名或者名称，发起人认购的股份数、出资种类及验资证明；招股说明书；代收股款银行的名称及地址；承销机构名称及有关的协议。依照本法规定聘请保荐人的，还应当报送保荐人出具的发行保荐书。

股说明书，并制作认股书。认股书应当附有发起人制订的公司章程，并载明发起人认购的股份数、每股的票面金额和发行价格、无记名股票的发行总数、募集资金的用途、认股人的权利义务、募股的起止期限及逾期未募足时认股人可以撤回所认股份的说明等事项，由认股人填写认购股数、金额、住所，并签名、盖章。

3. 签订承销与代收股款协议

依照我国《公司法》第八十七条和第八十八条的规定，发起人向社会公开募集股份，应当由依法设立的证券公司承销，签订承销协议；同银行签订代收股款协议，由银行代收和保存股款、向缴纳股款的认股人出具收款单据、向有关部门出具收款证明。

（六）缴纳出资

依照我国《公司法》第八十三条的规定，发起设立的，发起人应当按照认购的股份缴纳出资，可以一次性也可以分期缴纳，未按期缴纳出资的，应当按照发起人协议承担违约责任；以非货币财产出资的，应当依法办理其财产权的转移手续，但无须验资程序。

依照我国《公司法》第八十九条的规定，募集设立的，发起人按照章程认购的股份缴纳股款或者交付抵作股款的出资，后者还要办理有关出资财产权转移手续；认股人按照认股书认购的股份缴纳股款，且只能以货币形式出资。认股人未按期缴纳所认股份的股款，经公司发起人催缴后在合理期间内仍未缴纳，公司发起人对该股份另行募集的行为有效。发行股份的股款缴足后，必须经依法设立的验资机构验资并出具证明。

（七）召开创立大会

这是募集设立（包括公开募集与定向募集）方式的独特程序，发起设立没有这一程序。依照我国《公司法》第八十九条的规定，发起人应当自股款缴足之日起30日内主持召开公司创立大会。创立大会由发起人、认股人组成。发行的股份超过招股说明书规定的截止期限尚未募足的，或者发行股份的股款缴足后，发起人在30日内未召开创立大会的，公司设立失败，认股人可以按照所缴股款并加算银行同期存款利息，要求发起人返还。

发起人应当在创立大会召开15日前将会议日期通知各认股人或者予以公告。创立大会应有代表股份总数过半数的发起人、认股人出席，方可举行。创立大会依法行使审议公司筹办报告、通过公司章程、选举董事会、监事会成员等职权。对于发生不可抗力或者经营条件发生重大变化直接影响公司设立的，经出席会议的认股人所持表决权过半数通过，可以作出不设立公司的决议。

（八）组建公司组织机构

依照我国《公司法》第八十三条的规定，以发起设立方式设立股份有限公司的，发起人认足公司章程规定的出资后，应当选举董事会和监事会。依照我国《公司法》第九十条的规定，以募集方式设立股份有限公司的，在完成股份的募集之后召开创立大会选举公司的董事、监事。可见，股份有限公司的首届组织机构的组建发生在发起人缴纳出资后、申请设立登记之前。

（九）申请设立登记

设立股份有限公司，应当由董事会向公司登记机关申请设立登记。以募集方式设立股份有限公司的，应当于创立大会结束后 30 日内向公司登记机关申请设立登记。申请时应提交的法定文件有：公司法定代表人签署的设立登记申请书、董事会指定代表或者共同委托代理人的证明、公司章程、发起人的主体资格证明或者自然人身份证明、载明公司董事、监事、经理的姓名、住所的文件以及有关委派、选举或者聘用的证明、公司法定代表人任职文件和身份证明、企业名称预先核准通知书、公司住所证明、国家工商行政管理总局规定要求提交的其他文件。以募集方式设立股份有限公司的，还应当提交创立大会的会议记录以及依法设立的验资机构出具的验资证明；以募集方式设立股份有限公司公开发行股票的，还应当提交国务院证券监督管理机构的核准文件。法律、行政法规或者国务院决定规定设立股份有限公司必须报经批准的，还应当提交有关批准文件。

（十）核准登记

与有限责任公司相同。

三、一人有限责任公司与国有独资公司的设立程序

根据《公司法》第二章第三节和第四节的规定，一人有限责任公司与国有独资公司的设立程序与一般有限责任公司基本相同，也存在个别差异，主要表现在：

（一）在章程制定方面

普通有限责任公司的公司章程由公司股东会制定，体现了公司股东的集体意志；一人有限责任公司因股东的唯一性，根据《公司法》第六十条的规定，其章程由股东一人制定，体现了股东的个人意志；但国有独资公司不设股东会，章程不能由股东会制定。又因为投资主体的特殊性，其章程不可能由股东直接制定。根据《公司法》第六十五条的规定，国有独资公司章程由国有资产监督管理机构制定，或者由董事会制定报国有资产监督管理机构批准。

（二）在申请设立登记方面

国有独资公司应当由国务院或者地方人民政府授权的本级人民政府国有资产监督管理机构作为申请人。

🔊 案例引导

公司设立程序

某学院进行后勤改革，决定用后勤服务（集团）公司取代原后勤管理部门。学院党委办公会及院长行政办公会决定，其后勤系统的管理职能归并到院行政办公室，并将其中的个别人员抽调到院行政办公室负责该项事务。其他与院教学科研可分开的职能及科室，

则分别成立股份公司，各自独立，并由这几家公司组成后勤服务（集团）公司，分别是：某某学院物业公司，由产业处、房管科、宿管科、水电科合并而成立；某某学院建设施工公司，由修缮（设备）科、基建处、事务科合并而成立；某某学院饮食服务公司，由伙食科及学生一、二、三食堂，教工食堂，民族食堂，招待餐厅合并成立。某学院以院文件的形式将上述决定公布于众，并上报、抄送各有关单位。之后，召开了某某学院后勤服务（集团）公司的成立大会暨挂牌仪式，宣布了新的领导班子和职工的各自归属，启用了新的印鉴。①

【案例分析】本案的主要问题是公司设立程序是否符合法律的规定。某学院后勤服务（集团）公司的设立程序上存在的问题有：依据我国《公司法》第七十九条之规定，发起人签订发起人协议是股份有限公司设立的必经程序。该集团公司的设立，依据学院党委办公会及院长行政办公会的决定而非发起人一致的意思表示，违反公司法。欠缺公司设立的必备要件：公司章程。公司名称不符合规定，依据我国《公司法》第八条第二款的规定，设立股份有限公司，必须在公司名称中标明股份有限公司或者股份公司字样。公司仅在成立大会上由学院领导确定并宣布了新的领导班子和职工的各自归属，未依法组建公司的组织机构。仅以院文件的形式公布公司成立而未申请公司设立登记，公司不成立。

第五节　公　司　章　程

公司是重要的市场经济主体，市场机制的发挥需要公司享有充分的自由。公司自由主要体现为公司自治。对于公司来讲，章程是最为重要的自治规则，是公司设立和有序运营的重要前提，是维护公司、股东、债权人利益的自治机制，是公司、股东、高管人员的行为规则。公司法与公司章程的有机结合，是规范公司组织和活动的重要保障。

一、公司章程概述

（一）公司章程的概念

公司章程，是公司所必备的，规定公司名称、宗旨、资本、组织机构等对内对外事务基本规则的法律文件，是以书面形式固定下来的股东共同一致的意思表示，常被称作"公司宪章"。公司章程作为规范公司内外组织、外部行为的基本规则，在公司存续期间具有重要意义。

正确理解公司章程的概念，还须分辨发起人协议与公司章程。签订发起人协议和制定公司章程的目标都是设立公司，基于这一共同目标，发起人协议与公司章程具有一致性和许多相同之处，如公司名称、注册资本、经营范围、股东构成、出资形式和数额等事项是公司章程和设立协议必须注明的事项。公司章程一般以发起人协议为基础，吸收发起人协议的基本内容。尽管二者目标一致，关系密切，但在性质和功能等方面有所不同，并表现

---

① 顾功耘. 公司法学案例教程［M］. 北京：知识产权出版社，2005：57.

出以下三个方面的差异：

1. 发起人协议和公司章程的效力不同

从效力期间来看，发起人协议是调整公司设立过程中的法律关系和法律行为，因此发起人协议的效力期间是从设立行为开始到设立过程终止，公司的成立即意味着发起人协议因履行终止；而公司章程的效力则及于公司成立后及其存续期间，直至公司完全终止。从效力范围来看，发起人协议调整的是发起人之间的权利义务关系，因而只在发起人之间具有法律约束力；而公司章程调整的则是股东之间、股东与公司之间、公司的管理机构与公司之间的法律关系，我国《公司法》第十一条规定，公司章程对公司、股东、董事、监事、高级管理人员具有约束力。

2. 发起人协议和公司章程的性质不同

发起人协议是任意性文件，法律不强求一定要订立发起人协议。我国《公司法》只在第七十九条要求股份有限公司的发起人必须签订发起人协议；而公司章程是公司设立必备的法律文件，任何公司申请设立都必须提交公司章程。

3. 发起人协议和公司章程的性质不同

发起人协议是不要式法律文件，根据当事人之间的意思表示形成，其内容更多地体现了当事人的意志和要求，属于契约，需要遵守合同法的一般规则；公司章程是要式法律文件，公司章程必须依据公司法制定，不能违反法律和行政法规为前提。

（二）公司章程的特征

1. 法定性

所谓法定性，是指公司章程的制定、内容、效力和修改均要遵守《公司法》的明确规定，任何公司都不得违反。具体表现为：

（1）地位法定。公司章程是公司必备的法定文件之一，在公司内部与宪法相似。我国《公司法》第十一条规定，设立公司必须依法制定公司章程。

（2）内容法定。无论大陆法系还是英美法系对公司章程的事项均有明确规定。我国《公司法》第二十五条和第八十一条分别规定了有限责任公司章程和股份有限公司章程应当载明的事项。欠缺法定内容的公司章程，应当认定为无效。同时，依照我国《公司登记管理条例》第二十三条的规定，公司章程的内容违反法律、行政法规的，公司登记机关有权要求公司作相应修改。

（3）效力法定。公司章程的效力由公司法赋予。我国《公司法》第十一条明确规定，公司章程具有规范公司、股东、董事、监事和高级管理人员的效力。

（4）修改程序法定。公司章程的修改必须遵照《公司法》的明确规定进行。根据我国《公司法》规定，公司章程的修改须经股东会或者股东大会以特别决议的方式为之。公司章程经修改变更内容后，还必须办理相应的变更登记手续。

2. 公开性

公司章程作为公司最基本的法律文件，不仅调整公司内部组织关系，还涉及不特定第三人及至社会公众的利益，为保障交易安全、增强透明度，法律要求以一定的方式公开其内容。不仅要对投资人和债权人公开，必要时还要向一般社会公众公开。在我国，公司章

程的公开性特征制度化表现在以下几个方面:

（1）公司章程须经登记本身即是章程公开性的一种表现。依照我国《公司登记管理条例》第二十条和第二十一条的规定,只要申请设立公司,都要求其章程必须注册登记,以使公众查阅相关内容成为可能。我国《公司法》第六条第三款规定:"公众可以向公司登记机关申请查询公司登记事项,公司登记机关应当提供查询服务"。

（2）股东有权查阅公司章程。对于有限责任公司,我国《公司法》第三十三条规定股东有权查阅、复制公司章程;对于股份有限公司,我国《公司法》第九十六条和第九十七条规定股东有权查阅章程,公司应当将章程置备于公司;对于外国公司的分支机构,我国《公司法》第一百九十四条规定其应当在机构中置备该外国公司章程。

（3）公司章程是公司公开发行股票或债券时必须报送主管机关审核与向社会公众披露的文件之一。例如,我国《公司法》第八十五条和第八十六条规定,发起人向社会公开募集股份,必须公告招股说明书,招股说明书应当附有发起人制订的公司章程。

3. 自治性

公司章程的自治性,是指公司章程对于公司的组织和活动具有自我约束力。主要体现在以下三个方面:

（1）由公司依法自行制定、修改。公司法仅就公司普遍问题做规定,章程作为公司的行为规范,其内容由股东结合公司特点依法自行制定、修改。我国《公司法》条文中多次出现诸如"公司章程另有规定的除外"、"由公司章程规定"等表述,用公司章程自治来实现公司自治。

（2）由公司自己来执行。公司章程是一种法律以外的行为规范,当出现违反章程的行为时,只要该行为不违反法律,就由公司自行解决,国家仅像保证契约履行一样对公司章程的执行提供司法保障。

（3）效力不具有普遍的约束力。公司章程作为公司内部规章,其效力仅及于法定的主体范围,即公司、股东、董事、监事、高级管理人员。

需注意的是公司章程自治不包括章程的形式自由。在我国,法律规定公司章程是要式文件,必须采用书面形式,但正如要式合同不能否定合同自由一样,这不能否定公司章程的自治性。

二、公司章程的内容

（一）公司章程内容的分类

公司章程的内容,即公司章程记载的事项。依据法律对公司章程记载事项有无明确规定,以及所记载事项对章程效力的影响,章程的记载事项可分为绝对必要记载事项、相对必要记载事项和任意记载事项。

1. 绝对必要记载事项

又称为强制记载事项,即章程中必须记载的事项。公司法关于绝对必要记载事项的规定属于强行性规范,从法理角度讲,公司章程若缺少其中任何一项或任何一项记载不合法,则章程无效进而导致公司设立无效。

2. 相对必要记载事项

所谓相对必要记载事项，是指公司法中规定的可以记载也可以不记载于公司章程的事项。就性质而言，公司法有关相对必要记载事项的法律规范，属于授权性的法律规范。这些事项记载与否，都不影响公司章程的效力。某事项一旦记载于公司章程，就要产生约束力。当然，没有记载于公司章程的事项不生效。例如，我国台湾地区"公司法"第一百三十条规定，股份有限公司章程的相对必要记载事项包括：分公司之设立；分次发行股份者，定于公司设立时之发行数额；解散之事由；特别股之种类及其权利义务；发起人所得受之特别利益及受益者之姓名等。

3. 任意记载事项

任意记载事项又称为选择记载事项，即公司法并不列举，章程制订人在不违反法律、行政法规强行性规定和公序良俗的前提下，自愿记载于公司章程的诸事项。任意记载事项，可记载也可不记载。是否记载，取决于当事人的意愿。一经记载，与其他事项一样具有约束力，非依股东会的特别决议不能变更。

（二）我国公司章程的记载事项

我国《公司法》第二十五条规定了有限责任公司章程应当载明的事项：公司名称和住所；公司经营范围；公司注册资本；股东的姓名或者名称；股东的出资方式、出资额和出资时间；公司的机构及其产生办法、职权、议事规则；公司法定代表人；股东会会议认为需要规定的其他事项。

与之相若，我国《公司法》第八十一条规定了股份有限公司章程应当载明的事项："公司名称和住所；公司经营范围；公司设立方式；公司股份总数、每股金额和注册资本；发起人的姓名或名额、认购的股份数、出资方式和出资时间；董事会的组成、职权和议事规则；公司法定代表人；监事会的组成、职权和议事规则；公司利润分配办法；公司的解散事由与清算办法；公司的通知和公告办法；股东大会会议认为需要规定的其他事项。"

从法律规范的性质角度分析，我国《公司法》第二十五条和第八十一条属于强制性规范，公司章程应当遵循。但在记载事项的分类上，学者们的观点并不一致。有学者认为，《公司法》第二十五条所列举的前七项、第八十一条所列举的前十一项，都是公司章程的绝对必要记载事项。《公司法》第二十五条第八项和第八十一条第十二项肯定了公司章程可以就股东会（或股东大会）会议认为需要规定的其他事项作出相应的规定，属于任意记载事项。因此认为我国《公司法》所列举的公司章程内容包括绝对必要记载事项和任意记载事项，但缺少相对必要记载事项的规定。①但还有学者主张，我国《公司法》第二十五条所列举的前七项、第八十一条所列举的前十一项记载事项中，有些事项应当解释为绝对必要记载事项（如公司名称和住所、发起人的姓名或名称、公司法定代表人），有些事项应当解释为相对必要记载事项（如股东的权利和义务、公司利润分配办法、公司的解散事由与清算办法等）；第二十五条第八项和第八十一条第十二项可解释为任意记

---

① 赵旭东. 公司法学（第3版）[M]. 北京：高等教育出版社，2012：162.

载事项，包括但不限于发起人的特别利益、非货币出资、发起人报酬、公司设立费用、发起人的实物出资等事项。①

三、公司章程的制定与修改

（一）公司章程的制定

公司章程是公司的自治规范，体现全体股东或出资人的合意，原则上应由全体股东共同制定，但由于公司的种类、设立方式不同，公司章程的制定主体和程序也不同。

1. 有限责任公司章程的制定

由于有限责任公司的人合性，其章程应由全体股东共同制定。依照我国《公司法》第二十五条第二款的规定，公司章程须经全体股东同意并签名、盖章。此处的"全体股东"是指公司设立时参与投资设立公司的投资者，即发起人；"共同制定"并不要求全体发起人都必须亲自参与拟定章程，只要发起人在章程上签字，即为对章程的认可。有限责任公司的章程经全体发起人签字认可即发生效力。

此外，一人有限责任公司因股东的唯一性，其章程由股东一人制定；国有独资公司因投资主体的特殊性，其章程由国有资产监督管理机构制定，或者由董事会制定，报国有资产监督管理机构批准。

2. 股份有限公司章程的制定

由于股份有限公司有发起设立和募集设立两种方式，公司章程的制定过程并不完全一致。

以发起方式设立的股份有限公司，全部股份由发起人认购，故公司成立之后成为公司的初始股东仅限于发起人，投资者并没有社会化。发起人所制定的章程已经反映了公司设立时所有投资者的意志。发起人在所制定的章程上签字、盖章，表示同意接受章程的内容，标志着章程制定程序的结束。

以募集方式设立的股份有限公司，公司股份由发起人认购一部分，其余对外募集，故公司成立之后成为公司初始股东的不仅有发起人还有众多的认股人，即公司的股东社会化。仅由发起人制定的公司章程并不一定能够反映公司设立的所有投资者特别是认股人的意志。因此，在公司申请设立之前，必须召开创立大会通过公司章程后方能反映公司设立阶段的所有投资者的意志。我国《公司法》第八十九条规定，发起人应当自股款缴足之日起30日内主持召开由发起人、认股人组成的公司创立大会。根据《公司法》第九十条规定，创立大会的职权之一就是通过公司章程。只有经过创立大会通过的章程，才能反映公司设立阶段的所有投资者的意志。

（二）公司章程的修改

公司章程修改是指公司成立后，由于某些情势的变化而依法对已生效的章程进行变更的行为。因公司章程的变更涉及不同主体的利益调整，《公司法》规定了严格的公司章程

---

① 刘俊海.公司法学［M］.武汉：武汉大学出版社，2010：52.

修改规则。

1. 修改公司章程的事由

参照《上市公司章程指引》（2014 年修订）第一百八十八条的规定，公司章程的修改事由包括：（1）法律、行政法规修订后，章程规定的事项与修法后的规定相抵触；（2）公司的情况发生变化，与章程记载的事项不一致；（3）股东大会决定修改章程。

2. 修改公司章程的程序

（1）提案。股东会定期会议、临时会议均可修改章程，因此股东会的提案权人均可提出修改章程的提案。依我国《公司法》的规定，提案权人具体为：有限公司代表十分之一以上表决权的股东、三分之一以上董事、监事会或不设监事会的公司的监事；股份公司持有股份百分之三以上的股东、董事会、监事会。

（2）决议。公司章程的修改涉及公司重大事项的调整，应当由公司权力机构来决定。依据我国《公司法》第三十七条和第九十九条的规定，修改有限责任公司和股份有限公司的章程分别专属于股东会和股东大会。依据《公司法》第四十三条和第一百零三条的规定，公司章程的修改须以特别决议的方式为之：有限责任公司必须经代表三分之二以上表决权的股东通过；股份有限公司必须经出席会议的股东所持表决权的三分之二以上通过。

（3）变更登记。依据《公司登记管理条例》第二十六条的规定，公司章程中登记事项的修改，需依法向登记机关办理变更登记。否则，不得以其变更对抗第三人，这是章程变更的对外效力。至于变更章程的对内效力，即对公司、股东、董事、监事、高级管理人员而言。除非章程的变更附条件或者期限，否则，变更章程自股东会或者股东大会决议通过后即发生效力。[①]

依据《公司登记管理条例》第三十六条的规定，公司章程修改未涉及登记事项的，公司应当将修改后的公司章程或者公司章程修正案送原公司登记机关备案。

四、公司章程的效力

（一）公司章程的时间效力

公司章程的时间效力是指公司章程的生效时间和失效时间。由于公司体制，特别是设立体制不尽相同，各国公司法关于公司章程的时间效力并不存在统一的规定。就我国公司法的规定而言，公司章程的效力时间更加复杂。

1. 生效时间

我国《公司法》对公司章程生效时间并未作出明确规定，理论界也存在较大的争议。有观点认为公司章程自全体股东或者发起人签名、盖章时生效；有观点认为公司章程应该从公司成立时起生效；我们认为，公司章程的生效时间因公司的性质和设立的方式不同而有所不同。具体而言，在有限公司和发起设立的股份有限公司，其公司章程应当自全体股东或者发起人签名、盖章时生效；在募集设立的股份有限公司，其公司章程应当在创立大会上通过时生效。

---

① 赵旭东. 公司法学（第 3 版）［M］. 北京：高等教育出版社，2012：163.

2. 失效时间

公司章程的失效可分为两种情形：（1）因公司设立失败而失效。公司章程为公司而制定，公司未成立，章程自然失去效力。（2）因公司终止而失效。公司章程是公司的必备文件，公司终止，章程也就没有存在的必要，即随之失效。我国《公司法》第八十一条规定"公司的解散事由与清算办法"属于股份有限公司章程应当载明的事项，由此可见章程在公司清算阶段还未失效。

（二）公司章程对人的效力

公司章程对人的效力，是指公司章程对哪些人有法律约束力，包括赋予哪些人相应的权利，也包括对这些人的权利进行的限制。我国《公司法》第十一条规定："设立公司必须依法制定公司章程。公司章程对公司、股东、董事、监事、高级管理人员具有约束力。"

1. 对公司的效力

公司章程对公司的效力表现在，公司自身的行为要受公司章程的约束。具体而言，一是公司应当依其章程规定的办法，产生股东（大）会、董事会和监事会等公司组织机构，并按章程规定的权限范围行使职权；二是公司的经营范围由公司章程规定，并依法登记，公司应当在公司章程确定的经营范围内从事经营；三是公司依其章程对公司股东负有义务，股东的权利如果受到公司侵犯时，可对公司起诉；① 四是公司章程规定的营业期限届满或者公司章程规定的其他解散事由出现时，公司应当解散。

2. 对股东的效力

公司章程是股东共同意志的体现，对股东具有约束力。这种约束力不仅限于股东，而且对后来加入公司的股东是同样的。公司章程对股东的效力，不仅及于公司设立时的股东，也及于公司成立后加入的股东。公司章程对股东的效力主要表现为股东依章程规定享有权利和承担义务。如股东有权出席股东会、行使表决权、转让股权、查阅有关公开资料、获取股息红利等，同时，负有缴纳所认缴的出资及公司章程上规定的其他义务。

3. 对董事、监事、高级管理人员的效力

公司章程对董事、监事、高级管理人员的效力表现在两个方面。一方面，依照我国《公司法》第一百四十七条第一款的规定："董事、监事、高级管理人员应当遵守法律、行政法规和公司章程，对公司负有忠实义务和勤勉义务。"如果董事、监事、高级管理人员实施了有悖于公司章程规定并损害股东、公司利益的行为，则应依照公司章程的规定承担相应的法律责任。对此，我国《公司法》第一百四十九条规定："董事、监事、高级管理人员执行公司职务时违反法律、行政法规或者公司章程的规定，给公司造成损失的，

---

① 《上市公司章程指引》第十条规定："本公司章程自生效之日起，即成为规范公司的组织与行为、公司与股东、股东与股东之间权利义务关系的具有法律约束力的文件，对公司、股东、董事、监事、高级管理人员具有法律约束力的文件。依据本章程，股东可以起诉股东，股东可以起诉公司董事、监事、经理和其他高级管理人员，股东可以起诉公司，公司可以起诉股东、董事、监事、经理和其他高级管理人员。"

应当承担赔偿责任";第一百一十二条第三款规定:"董事应当对董事会的决议承担责任。董事会的决议违反法律、行政法规或者公司章程、股东大会决议,致使公司遭受严重损失的,参与决议的董事对公司负赔偿责任。但经证明在表决时曾表明异议并记载于会议记录的,该董事可以免除责任。"另一方面,公司章程可以决定组织机构的人员构成与授权。对此,我国《公司法》第五十一条第二款与第一百一十七条第二款规定,监事会应当包括适当比例的公司职工代表,其比例不得低于三分之一,具体比例由公司章程规定;第四十九条第二款和第一百一十三条第二款分别规定了有限责任公司和股份有限公司可以通过章程授权于公司经理;第五十三条第二项和第一百一十八条规定,监事会有权对董事、高级管理人员执行公司职务时违反公司章程的行为进行监督。而且,公司还可以通过公司章程授予监事会其他职权。

(三) 公司章程违法的救济

公司章程违法的救济主要是指章程记载的事项和内容违反了法律法规的强制性规定,已经或可能造成对股东或第三人利益的损害,有关当事人依法对违法章程条款进行纠正的方式和程序。[①] 在现行的法律框架下,一旦出现这种情况,有关当事人可以通过以下方式获得法律救济,对违法的章程进行纠正:

1. 提议召开临时股东(大)会并提出修改章程的议案

根据我国《公司法》第三十九条的规定,代表十分之一以上表决权的股东,三分之一以上的董事,监事会或者不设监事会的公司的监事有权提议召开临时股东会议;股东有权向股东会提出修改公司章程的提案;根据我国《公司法》第一百条和第一百零二条的规定,董事会、监事会、单独或者合计持有公司百分之十以上股份的股东有权提议召开临时股东大会;单独或者合计持有公司百分之三以上股份的股东有权提出修改公司章程的临时提案。以上提案如果获得股东(大)会的通过,章程违法情况就可得以纠正。

2. 提起决议无效之诉

根据我国《公司法》第二十二条的规定,公司股东(大)会决议内容违反法律、行政法规的无效。由于公司章程必须以股东(大)会决议的方式通过或修改,如果出现章程违法的情况,股东可以根据该条规定,以股东(大)会通过章程的决议违法为由向法院起诉,要求确认章程相应部分的内容无效。

3. 提请登记机关确认公司章程违法并责令纠正

公司登记机关负有对公司登记事项的监督管理职责,其中包括对公司章程是否违法进行监督。《公司登记管理条例》第二十三条规定:"公司章程有违反法律、行政法规的内容的,公司登记机关有权要求公司作相应修改。"据此,有关当事人可以提请公司登记机关确认公司章程违法,并责令公司纠正。

4. 提请证券监督管理部门确认公司章程违法并责令纠正

这一方式是针对上市公司的情况而言的。根据《上市公司检查办法》的相关规定,如果上市公司章程违法,有关当事人可以向证券监督管理部门提出确认违法并纠正的请

---

① 周友苏.公司法通论 [M] .成都:四川人民出版社,2002:295.

求，证券监督管理部门可以发文要求上市公司修改章程。

第六节 公司设立责任

一、公司设立责任的概念

公司设立责任是指由公司发起人承担的由于设立公司行为所引起的法律责任。公司设立中包含了诸多的如发起人与发起人、发起人与认股人、发起人与债权人、发起人与设立中公司、发起人与成立后的公司之间的权利义务关系等。由此，就可能产生相应的法律责任。

二、公司设立中的民事责任

（一）公司设立时发起人的责任

1. 资本充实责任

资本充实责任是指为贯彻公司法中的资本充实原则，由公司发起人共同承担的保证公司成立时的实有资本与公司章程记载一致的责任。具体表现为：

（1）缴纳担保责任。该责任是指发起人虽然认购了股份，但未按照章程规定缴纳股款或交付其他非货币出资的，由发起人连带缴纳股款或交付未给付非货币财产的价额。我国《公司法》第九十三条第一款规定："股份有限公司成立后，发起人未按照公司章程的规定缴足出资的，应当补缴；其他发起人承担连带责任。"《最高人民法院关于适用〈中华人民共和国公司法〉若干问题的规定（三）》（以下简称《公司法解释（三）》）第十三条第一款规定："股东未履行或者未全面履行出资义务，公司或者其他股东请求其向公司依法全面履行出资义务的，人民法院应予支持。"第三款规定："股东在公司设立时未履行或者未全面履行出资义务，依照本条第一款或者第二款提起诉讼的原告，请求公司的发起人与被告股东承担连带责任的，人民法院应予支持；公司的发起人承担责任后，可以向被告股东追偿。"《最高人民法院关于适用〈中华人民共和国公司法〉若干问题的规定（二）》（以下简称《公司法解释（二）》第二十二条第二款则针对公司解散时资不抵债的情形做了如下规定："公司财产不足以清偿债务时，债权人主张未缴出资股东，以及公司设立时的其他股东或者发起人在未缴出资范围内对公司债务承担连带清偿责任的，人民法院应依法予以支持。"

（2）差额填补责任。尽管现行公司法在公司出资上确立了授权资本制①，但这并不否认公司股东需依法、依章程规定履行出资义务。差额填补责任是指当公司成立时，如果作为出资的非货币财产的价额显著低于章程所定价额时，发起人对不足的差额部分承担连带填补责任。

---

① 即国家对公司设立时的出资问题原则上不再进行最低注册资本、是否实缴出资等方面的强行监管，而是赋予了股东以公司章程形式自主约定各自的认缴出资额、出资方式、出资期限方面的权利。

发起人的差额填补责任即当公司设立的股东违反了出资义务时，未尽出资义务的设立股东及其他已足额缴纳出资的公司设立股东所应当依法承担的法律责任。我国现行法律体系中规定了多条有关发起人差额填补责任的规则。我国《公司法》第三十条规定："有限责任公司成立后，发现作为设立公司出资的非货币财产的实际价额显著低于公司章程所定价额的，应当由交付该出资的股东补足其差额；公司设立时的其他股东承担连带责任。"《公司法》第九十三条规定："股份有限公司成立后，发起人未按照公司章程的规定缴足出资的，应当补缴；其他发起人承担连带责任。股份有限公司成立后，发现作为设立公司出资的非货币财产的实际价额显著低于公司章程所定价额的，应当由交付该出资的发起人补足其差额；其他发起人承担连带责任。"股东出资时的财产价值与章程记载相符，但事后因其他原因导致该财产贬值的，以该财产出资的股东及发起人不应承担差额填补责任。对此，《最高人民法院关于适用〈中华人民共和国公司法〉若干问题的规定（三）》（以下简称《公司法解释（三）》）第十五条明确规定："出资人以符合法定条件的非货币财产出资后，因市场变化或者其他客观因素导致出资财产贬值，公司、其他股东或者公司债权人请求该出资人承担补足出资责任的，人民法院不予支持。但是，当事人另有约定的除外。"

2. 出资违约责任

出资违约责任是指发起人不履行发起人协议中约定的出资义务而对其他发起人所应承担的民事法律责任。这一责任既可能存在于公司成立前，也可能存在于公司成立后。我国《公司法》第二十八条规定："股东应当按期足额缴纳公司章程中规定的各自所认缴的出资额。股东以货币出资的，应当将货币出资足额存入有限责任公司在银行开设的账户；以非货币财产出资的，应当依法办理其财产权的转移手续。股东不按照前款规定缴纳出资的，除应当向公司足额缴纳外，还应当向已按期足额缴纳出资的股东承担违约责任。"《公司法》第八十三条第一款和第二款规定："以发起设立方式设立股份有限公司的，发起人应当书面认足公司章程规定其认购的股份，并按照公司章程规定缴纳出资。以非货币财产出资的，应当依法办理其财产权的转移手续。发起人不依照前款规定缴纳出资的，应当按照发起人协议承担违约责任。"

3. 损害赔偿责任

在公司设立过程中，发起人对设立公司应尽到善良管理人之注意义务。根据《公司法解释（三）》第五条规定："发起人因履行公司设立职责造成他人损害，公司成立后受害人请求公司承担侵权赔偿责任的，人民法院应予支持；公司未成立，受害人请求全体发起人承担连带赔偿责任的，人民法院应予支持。公司或者无过错的发起人承担赔偿责任后，可以向有过错的发起人追偿。"

（二）公司设立失败后发起人的责任

公司设立失败是指公司因种种原因而不能成立的情形。公司虽未成立，但在公司设立过程中不可避免地产生了诸多的权利义务关系，此时，发起人之间就仅存在着由于签订发起人协议所形成的合伙关系。因此，当公司设立失败时，发起人承担责任的基本原则是：发起人为发起行为所产生的后果承担无限连带责任。具体如下：

1. 对债务和费用承担连带责任

根据《公司法解释（三）》第四条的规定，如果部分公司因故未成立，债权人请求全体或者部分发起人对设立公司行为所产生的费用和债务承担连带清偿责任的，人民法院应予支持。部分发起人依照前款规定承担责任后，请求其他发起人分担的，人民法院应当判令其他发起人按照约定的责任承担比例分担责任；没有约定责任承担比例的，按照约定的出资比例分担责任；没有约定出资比例的，按照均等份额分担责任。因部分发起人的过错导致公司未成立，其他发起人主张其承担设立行为所产生的费用和债务的，人民法院应当根据过错情况，确定过错一方的责任范围。

2. 对返还股款加息负连带责任

采取募集方式设立公司的，认股人在发起人制作的认股书上填写有关法定内容后，即同发起人之间建立了一种合同关系，如公司不能成立，对认股人已经缴纳的股款，发起人自应负责。根据我国《公司法》第九十四条第（二）项之规定，公司不能成立时，发起人对认股人已缴纳的股款，负返还股款并加算银行同期存款利息的连带责任。

3. 承担出资违约责任

如前所述，公司发起人的出资违约责任既可能存在于公司成立之前，也可能存在于公司成立之后。若有公司发起人没有按规定出资从而导致公司不能成立时，该发起人须向其他发起人承担出资违约责任。

三、公司设立中的行政责任

（一）虚报注册资本的责任

根据我国《公司法》第一百九十八条的规定，虚报注册资本、提交虚假材料或者采取其他欺诈手段隐瞒重要事实取得公司登记的，由公司登记机关责令改正，对虚报注册资本的公司，处以虚报注册资本金额百分之五以上百分之十五以下的罚款；对提交虚假材料或者采取其他欺诈手段隐瞒重要事实的公司，处以五万元以上五十万元以下的罚款；情节严重的，撤销公司登记或者吊销营业执照。

（二）虚假出资的责任

根据我国《公司法》第一百九十九条的规定，公司的发起人、股东虚假出资，未交付或者未按期交付作为出资的货币或者非货币财产的，由公司登记机关责令改正，处以虚假出资金额百分之五以上百分之十五以下的罚款。

（三）抽逃出资的责任

根据我国《公司法》第二百条的规定，公司的发起人、股东在公司成立后，抽逃其出资的，由公司登记机关责令改正，处以所抽逃出资金额百分之五以上百分之十五以下的罚款。

四、公司设立中的刑事责任

我国《公司法》第二百一十五条规定："违反本法规定，构成犯罪的，依法追究刑事责任。"对于公司发起人、股东在公司设立中的严重违法行为，我国《刑法》第一百五十八条规定了虚报注册资本罪、第一百五十九条规定了虚假出资、抽逃出资罪。《刑法》第一百五十八条规定："申请公司登记使用虚假证明文件或者采取其他欺诈手段虚报注册资本，欺骗公司登记主管部门，取得公司登记，虚报注册资本数额巨大、后果严重或者有其他严重情节的，处三年以下有期徒刑或者拘役，并处或者单处虚报注册资本金额百分之一以上百分之五以下罚金。单位犯前款罪的，对单位判处罚金，并对其直接负责的主管人员和其他直接责任人员，处三年以下有期徒刑或者拘役。"《刑法》第一百五十九条规定："公司发起人、股东违反公司法的规定未交付货币、实物或者未转移财产权，虚假出资，或者在公司成立后又抽逃其出资，数额巨大、后果严重或者有其他严重情节的，处五年以下有期徒刑或者拘役，并处或者单处虚假出资金额或者抽逃出资金额百分之二以上百分之十以下罚金。单位犯前款罪的，对单位判处罚金，并对其直接负责的主管人员和其他直接责任人员，处五年以下有期徒刑或者拘役。"

需要注意的是，2014 年 4 月 24 日第 12 届全国人民代表大会常务委员会第 8 次会议通过了对《刑法》第一百五十八条和第一百五十九条适用范围的解释："只适用于依法实行注册资本实缴登记制的公司。"

🕊 本章小结

公司的设立是公司法的基本制度，解决的是如何将发起人设立公司的意愿转变为现实，公司通过什么程序获得法人资格的问题。在公司的整个运作过程中，公司设立是起点。公司应遵循公司法规定的条件及程序设立。公司章程是公司设立的必备文件，具有自治性、法定性及公开性的基本特征。《公司法》与公司章程的有机结合，是规范公司组织和活动的重要保障。

🕊 本章练习

一、判断题

1. 根据我国《公司法》的规定，只有自然人才能成为有限责任公司的股东。（   ）

2. 与有限责任公司不同，在股份有限公司的设立中，签订发起人协议是设立公司的必经程序。（   ）

3. 有限责任人司的发起人以非货币财产出资的，应当依法办理其财产权的转移手续，并进行验资。（   ）

4. 以知识产权出资的最高比例不得超过公司注册资本的 70%。（   ）

5. 股东出资时的财产价值与章程记载相符，但事后因其他原因导致该财产贬值的，以该财产出资的股东及发起人不应承担差额填补责任。（   ）

6. 募集设立股份有限公司的，创立大会应有代表股份总数半数以上的发起人、认股人出席，方可举行。（   ）

7. 发起设立股份有限公司的，发起人应当按照认购的股份一次性缴纳出资。（ ）

8. 在有限责任公司中，修改公司章程必须经出席会议的股东人数的 2/3 以上通过。（ ）

9. 公司章程对公司、股东、董事、监事、高级管理人员、普通员工具有约束力。（ ）

10. 公司章程于公司解散时失效。（ ）

二、单项选择题

1. 根据我国《公司法》规定，有限责任公司由（ ）个以下股东出资设立。

    A. 10   B. 30   C. 50   D. 100

2. （司法考试真题 2013）根据《公司法》的相关规定，关于股份公司的设立，下列哪项说法是错误的？（ ）

    A. 股份公司采用募集设立则不能分期缴付出资

    B. 募集设立的股份公司发起人最少应认购 35% 的股份

    C. 股份公司的发起人不能超过 200 人，且半数以上发起人应由中国人担任

    D. 募集设立的股份公司发起人应在募股后 30 日内主持召开公司创立大会

3. 公司（ ），为公司成立日期。

    A. 股款募足或缴足后   B. 营业执照签发日期

    C. 创立大会召开之日   D. 创立大会结束之日

4. 甲与乙欲共同设立一家有限责任公司。关于公司的设立，下列哪一说法是错误的？（ ）

    A. 甲、乙签订公司设立书面协议可代替制定公司章程

    B. 公司的注册资本可约定为 100 元人民币

    C. 公司可以甲的姓名作为公司名称

    D. 甲、乙二人可约定以乙的住所作为公司住所

5. 股东不按照《公司法》规定缴纳所认缴的出资，应当（ ）。

    A. 向公司承担违约责任

    B. 向已足额缴纳出资的股东承担违约责任

    C. 向公司承担赔偿责任

    D. 向其他股东承担赔偿责任

三、多项选择题

1. 属于公司设立条件的有（ ）。

    A. 股东或发起人符合法定人数   B. 达到法定注册资本最低限额

    C. 必须登记前得到审批   D. 必须具有公司章程

2. 甲、乙、丙、丁、戊共同投资设立股份有限公司，下列关于该公司的设立的表述中正确的是（ ）。

    A. 甲、乙、丙、丁、戊可以选择发起设立或募集设立

    B. 若甲、乙、丙、丁、戊有一人选择退出，他们也能共同投资设立该股份有限公司

C. 若甲已经认购了公司股份总数的 5%、乙认购了公司股份总数的 10%、丙认购了公司股份总数的 7%，丁认购了公司股份总数的 3%，戊认购了公司股份总数的 9%，则余下的股份可以向社会募集

D. 设立时甲、乙、丙、丁、戊中至少要有 3 个人在中国境内有住所

3. 甲、乙、丙于 2014 年 3 月出资设立顺水有限责任公司。2015 年 4 月，该公司又吸收丁入股。2015 年 11 月，该公司因经营不善造成严重亏损，拖欠巨额债务，被依法宣告破产。人民法院在清算中查明：甲在公司设立时作为出资的房产，其实际价额明显低于公司章程所定价额；甲的个人财产不足以抵偿其应出资额与实际出资额的差额。按照我国《公司法》的规定，对甲不足出资的行为，下列处理方法不正确的是（   ）。

A. 甲以个人财产补交其差额，不足部分由乙、丙、丁补足

B. 甲以个人财产补交其差额，不足部分由乙、丙补足

C. 甲以个人财产补交其差额，不足部分待有财产时再补足

D. 甲、乙、丙、丁均不承担补交该差额的责任

4. 甲、乙、丙、丁、戊五人欲设立一家有限责任公司。设甲在公司设立过程中，与刘某因设立工作问题而发生争议，双方发生纠纷，甲失手将刘某打伤，须赔偿 2 万元医疗费。关于该事件，下列说法正确的是（   ）。

A. 如果公司因此未能成立，则刘某有权要求五人承担连带赔偿责任

B. 如五人并未约定承担责任比例，则应当均等分担责任，每人承担 4000 元

C. 如公司成立，则刘某有权要求公司承担赔偿责任

D. 如公司成立，公司承担了刘某的赔偿责任后，乙、丙、丁、戊发起人主张甲承担设立行为所产生的费用和债务的，人民法院应当根据过错情况，确定甲的责任范围

5. 某汽车销售有限责任公司董事会通过讨论，拟在公司章程的营业范围中增加"汽车租赁"一项，就该项公司章程变更的生效，下列说法中不正确的是（   ）。

A. 经出席董事会过半数董事表决通过，该项变更可以发生效力

B. 董事会可以对此作出决议，并自办理变更登记时发生变更效力

C. 应由公司股东会作出决议，自决议生效时章程发生变更效力

D. 应由公司股东会作出决议，并自办理变更登记时发生变更效力

四、问答题

1. 简述公司设立与公司成立的区别。

2. 简述有限责任公司的设立程序。

3. 简述公司设立失败后发起人的民事责任。

五、案例分析题

（司法考试真题 2002）某高校 A、国有企业 B 和自然人 C 签订合同，决定共同投资设立一家生产性的科技发展有限责任公司。公司章程约定：（1）公司注册资本为 2 万元人民币，其中，A 以专利权折价出资，占注册资本的 30%；B 以现金出资，占注册资本的 20%；C 以机器设备折价出资，占注册资本的 50%。（2）公司不设董事会，由甲任执行董事；不设监事会，由丙担任公司的监事。（3）公司存续期间，出资各方不可抽回投资。（4）甲、乙、丙不按照出资比例分配红利。（5）董事会负责公司章程的修改。请问：

1. 关于该公司的设立主体，下列说法不正确的是(　　)。

   A. 发起人为 3 人，符合《公司法》对有限责任公司股东人数的要求

   B. 高校、国有企业作为法人，可以成为公司设立的发起人

   C. 自然人 C 作为发起人，应是具有完全民事行为能力的人

   D. 自然人 C 作为发起人，可以是国家公职人员

2. 关于该公司章程的有关条款，下列说法正确的是(　　)。

   A. 章程第 1 条错误，公司注册资本最低应为 3 万元

   B. 章程第 3 条错误，公司存续期间，出资各方可自由抽回出资

   C. 章程第 4 条错误，有限公司应按出资比例分配红利

   D. 章程第 5 条错误，公司章程的修改应由股东会负责

3. 关于股东出资，下列说法正确的是(　　)。

   A. A 的出资不符合法律规定，因为以专利权出资不得超过注册资本的 20%

   B. B 缴纳出资后，必须经依法设立的验资机构验资并出具证明

   C. C 以非货币财产出资，应当依法办理财产权的转移手续

   D. 全体股东的货币出资金额不得低于有限责任公司注册资本的百分之 30%

4. 设立有限责任公司不需向公司登记机关提交哪些文件或材料?(　　)

   A. 验资证明　　　　　　　　　　B. 设立登记申请书

   C. 公司章程　　　　　　　　　　D. 企业名称预先核准通知书

第四章

公司资本制度

✎ 学习目标

知识要求:

理解公司资本的概念、特征和法律意义,理解公司资本三原则,掌握资本和其他相关法律概念的区别、法定资本制和授权资本制的区别,掌握股东出资的形式、出资责任和公司资本增资、减资的条件。

技能要求:

掌握我国新《公司法》关于公司资本制度修改的内容、会用公司资本原则、出资形式和出资责任以及增资、减资的条件进行简单的案例分析。

✎ 案例引导

股东的出资责任问题

甲、乙、丙三人以发起设立方式设立了康泰医药有限责任公司,甲、乙各以现金50万元出资,丙以非专利技术出资,该专利技术作价为20万元。康泰医药有限责任公司成立后,经有关部门审查发现,丙的非专利技术作价偏高,实际价值仅为15万元。关于该件事情如何处理,甲、乙、丙三人有不同的意见:甲认为应由丙补足差额5万元,甲、乙承担连带责任;乙认为,应由丙承担补足差额责任,甲、乙无责任可言;而丙认为应由甲、乙、丙三人共同补足差额5万元或者减少公司的注册资本资5万元。

【案例分析】该案例实际上涉及的就是公司资本制度的相关内容。通过本章的学习,掌握了公司资本的概念和内容、股东出资的合法形式、出资责任以及公司资本增资、减资的条件以后,就可以解答以上问题。

第一节　公司资本制度概述

一、公司资本的概念

(一) 公司资本的内涵

"资本"(capital) 一词来源于拉丁语中的 "caput",其本意为首(head)、首要的(principal)。① 我们经常能够在经济学和法学领域看到"资本"一词,但是对于它的具体含义学界有不同的认识。一般认为,在公司法中,公司资本是一个具有特定含义的法律概念,又被称为股本或股份资本,是公司成立时章程规定的,由股东出资构成的公司财产总额。② 公司资本来源于股东的出资,是公司的独立财产。股东的全部出资即构成公司的资本总额,公司自身经营累积的财产或者通过其他途径(比如接受捐赠)所得的财产不属于公司资本,但是属于公司的总体财产范畴。另外,公司法允许股东以多种方式出资,因而公司资本的存在方式也就表现得十分多元化,不一定都是货币或者实物,比如知识产权或者土地使用权,也是公司资本的一部分。

公司资本在公司法上有其特定的意义:(1) 资本是公司成立条件之一,公司获得法律上独立人格的先决条件;(2) 公司资本是公司进行生产经营的物质基础,为公司运营提供最初的资金动力;(3) 公司资本是公司承担债务的基础,在一定程度上体现了公司的资信状况。③

(二) 公司资本与相关概念的比较

1. 资本与资产

"资产"和"资本"虽然只有一字之差,内容却大不一样。资产,也称公司的实有财产,是公司实际拥有的全部财产的总和,其来源主要包括股东出资(即公司资本)、对外负债和收益三个方面的内容,会计上一般将公司资产分为流动资产、固定资产、长期投资、无形资产等类型。从概念的外延上面来说,资产包括资本,是其上位概念,但是实际情况一个公司的资产却不一定大于公司资本。公司刚刚成立时候公司的资产是等于资本的,因为此时公司没有负债。后来因为经营和负债的相关情况改变,两者的关系也会随之发生变化,一般情况下公司盈利时资产就会大于资本,亏损则反之。

正确区分资本和资产,在公司法中具有十分重要的意义。公司的资本由股东认购的出资额构成,认购的出资额也是股东承担有限责任的基础。而公司要以自己的全部财产对公司的债务承担责任,这里的全部财产指的就是公司总资产。公司的资产才是公司对外承担责任的实际担保,是衡量公司信用最重要的指标,正确认识公司资产的范围、构成和信用

---

① 叶林. 公司法原理与案例教程 [M]. 北京:中国人民大学出版社,2010.
② 赵旭东. 公司法学(第三版)[M]. 北京:高等教育出版社,2012.
③ 江平. 现代公司的核心是资本公司 [J]. 中国法学,1997 (6).

能力在实务当中具有不可代替的重要意义。

2. 资本与股东权益

股东权益又被称为所有者权益，是指股东对公司的净资产所拥有的全部财产权利。股东权益一般可以分为资本、资本公积金、盈余公积金和可分配利润等四个部分。从理论上讲，股东权益包括资本在内，因而其所包含的财产范围大于公司资本，但在实践中，股东权益的实际价值和公司资本所标示的价值相比，孰大孰小就取决于公司成立之后的实际运营情况，公司运营良好，连年盈利，则股东权益的实际价值大于公司资本所标示的价值，而如果公司运营不好，连年亏损，则股东权益的实际价值则可能小于公司资本所标示的价值。

3. 公司资本与发行资本

发行资本（issued capital），是指公司已经发行在外的资本总额。① 公司资本与发行资本的大小关系与一个国家所采取的资本制度的类型有关。当一个国家采用法定资本制时，由于全部资本必须要一次性发行完毕，由股东全部认缴或认购，此时公司资本等于公司的发行资本；当采用授权资本制时，公司第一次只需发行部分资本，也就是说只有一部分资本由股东认购，公司就可以成立，因此公司的发行资本就会小于公司的资本，这时发行资本才具有真正的意义，因为此时发行资本是公司实际信用能力的重要标志。

二、公司资本制度的类型

公司资本是公司对外承担法律责任的基础，也是确保公司具有独立财产，从而具有独立法律人格的基础，因而围绕公司资本的来源（即股东出资）、公司资本的监管、公司资本的增加与减少，世界各国公司法从各个方面设立了各种各样的监管制度，这些制度都属于广义的公司资本制度。广义的公司资本制度内容十分丰富，既包括公司设立时的资本发行、股东出资等内容，也包括后续的公司增资、减资等方面。狭义的公司资本制度专指股东出资制度。关于公司资本制度的类型，并没有哪个国家的公司法曾经做出过直接的规定，而是学者为了方便学习和研究，根据不同国家的不同法条所传达的立法精神和立法内容，总结和归纳出的结果。不同国家基于不同的立法宗旨、经济背景和现实需要，对公司资本相关制度做了不同的立法设计，从而形成了各个国家不同的公司资本制度。归纳起来，不同国家的公司资本制度可分为以下三种类型：

（一）法定资本制

法定资本制是指要求公司设立之初，必须在公司章程明确记载公司的注册资本数额，且公司资本由股东一次性缴齐或募足，在此基础上公司方可成立的公司资本制度。此时公司资本就是公司的发行资本，也就是公司的注册资本。后续公司需要增资必须经过股东大会的决议，变更公司的注册资本并做相应的变更登记手续才可以。法定资本制下的资本缴纳一般有两种方式：一次性缴纳和一次认足、分期缴纳。在分期缴纳的情况下法律一般对每次缴纳的款项和时间有一定的限制性规定。分期缴纳也属于法定资本制的一种，并不是

---

① 施天涛. 公司法论（第二版）［M］. 北京：法律出版社，2006.

授权资本制或者折中资本制，因为在公司设立之初公司资本就已经全部认足，即公司的资本是一次性发行完毕的，这也是法定资本制的最大特点。

法定资本制是大陆法系国家在公司法的发展早期普遍采用的公司资本制度，如德国、法国、瑞士等国家。几乎在实行法定资本制的所有大陆法系国家，都允许股份的分期缴纳，只是要求首次缴纳的部分不得低于资本总额的一定比例，如法国规定为 25%。同时，对分期缴纳有一定的时间限制，法国规定为 5 年。另外，对于实物出资，一般不允许分期缴纳，如德国、瑞士等。[①] 也就是在这一制度下，形成了传统公司法上的资本三原则：资本确定、资本不变与资本维持原则。资本三原则中，资本确定原则是公司成立的先决条件，资本维持原则为核心，资本不变原则也是服务于资本维持原则的。

法定资本制一般都规定有严格的最低注册资本和增资制度，并要求在公司设立时一次性发行资本，确保了公司资产的真实可靠，最大限度地保障了公司的资本充盈，有效防止了公司设立过程中的欺诈行为，保证了市场的交易安全。但是法定资本制也存在一些弊端：首先，资本确定原则要求股东一次缴足大量资本，这使得公司设立门槛偏高。其次，公司资本一次性缴足之后难以完全发挥效用，导致资本大量闲置，浪费社会经济资源；最后，增资程序过于严格，不利于公司运行的效率化。

（二）授权资本制

授权资本制是指公司设立时，虽然需要在章程中明确公司资本总额，但发起人只需缴足或认足部分资本公司即可成立，未认购的部分由董事会根据公司经营情况和市场等因素可随时发行的公司资本制度。授权资本制下，公司增资相对简单，不需要经过股东大会决议和变更公司章程，只需要董事会决议即可。授权资本制和法定资本制最大的区别就是公司资本发行的次数不同，两者在具体资本的缴纳方面都是允许分期缴纳的。授权资本制可以多次发行公司资本，且程序简单便捷，而法定资本制中公司资本必须一次发行完毕。

采取授权资本制度的主要是英美法系国家，他们的着眼点是为公司和投资人提供便捷，而法定资本制则更多考虑保护债权人和交易安全。授权资本制度的优点主要表现在其具有很大的灵活性，设立公司相对比较容易，无需大量的资金注入，避免了资金浪费现象的发生，也提高了公司的决策效率。但是在授权资本制下，公司仅发行了部分资本，相当部分的资本未发行，公司的实际财产可能很少，市场风险更大。英美法系国家为了避免授权资本制情况下债权人的风险过大，普遍设计了一系列的法律制度加以规制，如"揭开公司面纱"制度。

（三）折中资本制

折中资本制是法定资本制和授权资本制相结合而形成的一种资本制度，最先出现在德国 1937 年的《股份法》之中。折中资本制在某种意义上代表了世界各国股份有限公司资本制度的发展趋势。折中资本制包括以下两种类型：

1. 许可资本制

---

① 赵旭东. 公司法学（第三版）［M］. 北京：高等教育出版社，2012.

许可资本制，也称为认可资本制，是指在公司成立之初，必须在章程中载明公司注册资本总额并一次性发行完毕，同时授权董事会在一定期限和范围内通过决议的方式进行增资而不需经过股东大会、变更公司章程和登记的一种资本制度。许可资本制的核心其实还是法定资本制，公司资本仍旧需要一次性发行资本，区别点就是放宽了公司后续增资的相关程序条件。

许可资本制被很多人认为是综合了法定资本制和授权资本制两者的优点，既保证了公司资本的稳定充实，又可以提高公司运作效率、防止资本闲置，达到了一个很好的平衡状态。原本实行法定资本制的部分国家很多现在已转向实行许可资本制。如《德国股份有限公司法》就规定了股份有限公司的许可资本制度。①

2. 折中授权资本制

折中授权资本制，是指公司设立时虽然在章程中载明公司资本总额，但只需要发行和认足部分资本公司就可成立，剩余部分资本授权董事会根据需要发行，授权发行的资本不得超过公司总体发行资本的一定比例的资本制度。具体的比例限制各个国家和地区规定不一，比如，日本和我国台湾地区就规定授权董事会发行的资本不得超过公司总体资本的75%。

折中授权资本制的核心还是授权资本制，仍然允许公司多次发行股份，董事会仍旧可以通过决议增加公司资本而不必改变公司章程和登记。唯一的区别就是增加了董事会在公司设立后发行资本的比例限制。折中授权资本制既坚持了授权资本制的基本理念，又引入了法定资本制的一些要求，适应了现在社会既追求交易安全又要求经济效益的精神。

三、公司资本三原则

公司资本三原则是股东有限责任和公司与股东财产相分离制度的产物。有限责任公司出现后，由于股东以其出资额为限对公司承担有限责任，当发生公司破产或解散时，债权人只能向公司追债，不能直接向股东追偿，这使得公司债权人在交易中处于十分不利的地位。为了保护债权人和市场交易的安全性，维持公司的正常稳定经营，各国立法大多做了一系列的立法设计。在传统的大陆法系国家，一般都奉行比较严格的公司资本制度，其中所体现的基本理念和精神被学界概括称为公司资本三原则，即资本确定原则、资本维持原则和资本不变原则。

（一）资本确定原则

资本确定原则要求公司成立时必须有确定的注册资本额，且必须记载于公司章程，并在公司成立时由股东全部认足，否则公司不能成立。成立后的公司如果增资必须变更公司章程和登记事项。资本确定原则的基本含义包括两个层面，首先要求公司资本总额必须是一个具体明确的数额且记载于公司章程；其次要求资本总额在公司设立时必须由股东认足或缴足，责任落实到股东个人。由于资本确定原则的内容和法定资本制的内容一致，资本

---

① 德国《股份有限公司法》第 202 条规定，公司章程可以授权董事会在公司成立之后的 5 年内，在授权时公司资本的半数范围内，经过监事会的同意发行新股以增加公司资本。

确定原则又被称为法定资本制。实际上二者的精神理念是一样的，只不过一个是对公司总体资本制度的概括，一个是对资本制度体现的原则的概括。

资本确定原则有利于公司资产的充盈和稳定，能够极大地保护交易方的权益，维护市场交易安全，但过于严苛的规定也会造成资金的浪费和市场活力的受限。早期的大陆法系国家大多采用的是这一原则，我国之前的《公司法》也采用了严格的资本确定原则，不仅规定股东应当足额缴纳公司章程中规定的各自认缴的出资额，否则公司不能成立，而且根据不同公司类型规定了不同的法定资本最低限额。2013 年修正的《公司法》取消了公司最低注册资本的规定，并在一定程度上放宽了股东出资的限制性要求，但并不意味着免除了股东的出资义务。公司仍然有自己的注册资本并记载于章程，取消最低资本额和实缴制，仅是改变了股东出资的数额和时间限制，对股东出资义务本身没有变化，也没有改变公司资本确定原则。

（二）资本维持原则

资本维持原则又称资本充实原则，要求公司在存续过程中应当维持与其资本总额相适应的财产，以保持公司的偿债能力，保护债权人利益、维护交易安全。资本维持原则可以说是资本三原则中的核心，资本确定和资本不变原则都是资本维持原则的表现和保障措施。资本维持原则的立法精神不仅在大陆法系国家被普遍采用，在英美法系国家也具有十分重要的地位，是英美法系公司资本原则中最主要的部分。

我国向来比较重视公司的资本维持制度，设计了多种法律条文来保证公司资本的稳定和充盈，具体来说，资本维持原则在我国公司法中表现在如下几方面：

（1）禁止股东抽逃出资。我国《公司法》第三十五条规定："公司成立后，股东不得抽逃出资。"第九十一条规定："发起人、认股人缴纳股款或者交付抵作股款的出资后，除未能按期募足股份、发起人未按期召开创立大会或创立大会决议不设立公司的情形之外，不得抽回其股本。"

（2）严格利润分配的相关程序。我国《公司法》第一百六十六条第二款规定："公司的法定公积金不足以弥补以前年度亏损的，在依照前款规定提取法定公积金之前，应当先用当年利润弥补亏损。"第五款规定："股东会、股东大会或者董事会违反前款规定，在公司弥补亏损和提取法定公积金之前向股东分配利润的，股东必须将违反规定分配的利润退还公司。"如果允许公司股东在税后利润用于弥补亏损和提取公积金、公益金之前进行分配，实质上等于本属于公司的财产被分配给了各个股东，这必然导致公司资产的减少，违背了公司资本维持原则。

（3）规定了发起人和股东对出资的连带认缴责任。《公司法》第三十条规定："有限责任公司成立后，发现作为设立公司出资的非货币财产的实际价额显著低于公司章程所定价额的，应当由交付该出资的股东补足其差额；公司设立时的其他股东承担连带责任。"

（4）规定公司股票不得折价发行。股票是股份有限公司资产的实物表现形式，股份的总和即为公司资本总额。为了维持公司的实际财产总额，我国《公司法》第一百二十七条规定："股票发行价格可以按票面金额，也可以超过票面金额，但不得低于票面金额。"

（5）严格限制公司持有本公司股票。当公司持有本公司股份时，虽然公司总体财产没有变化，但实际的具体财产却因收购行为而减少。另外公司不能成为自身的股东，也当然的不能持有自己公司的股份。因此我国《公司法》第一百四十二条第一款规定，除法定情况外，公司不得收购本公司股份。第四款规定："公司不得接受本公司的股票作为质押权的标的。"

（三）资本不变原则

资本不变原则，是指公司的资本总额一经确定，非经法定程序，不得随意更改。资本不变原则是资本确定和资本维持原则的基本要求和保证。如果允许公司资本随意变动，则资本确定和资本维持原则就没有了实际的意义。就立法意图而言，资本不变原则与资本维持原则一致，都是为了防止公司资本减少、责任能力减弱。但是资本不变原则也不是指公司成立之后的资本就一律不能更改，而是指增减资必须经过严格的法定程序。关于公司增资和减资的具体程序将在本章的第三节详细介绍。

资本不变原则在我国《公司法》中的具体表现为，第一百七十七条规定："公司需要减少注册资本时，必须编制资产负债表及财产清单。公司应当自作出减少注册资本决议之日起十日内通知债权人，并于三十日内在报纸上公告。债权人自接到通知书之日起三十日内，未接到通知书的自公告之日起四十五日内，有权要求公司清偿债务或者提供相应的担保。"第一百七十八条第一款规定："有限责任公司增加注册资本时，股东认缴新增资本的出资，依照本法设立有限责任公司缴纳出资的有关规定执行。"

四、我国公司资本制度的演变

（一）我国 2005 年修正的《公司法》所规定的公司资本制度

我国 1993 年的《公司法》在资本信用的立法理念之下，实行的是十分严格的法定资本制度，使得公司设立的难度很大，公司资金大量闲置浪费，公司增资困难。2005 年修订的《公司法》改变了一部分规定，增加了分期付款方式，降低了公司注册资金门槛，扩大了股东的出资方式。根据我国 2005 年修订的《公司法》第二十六条、第四十四条、第五十九条、第八十一条、第八十四条规定，在出资制度上我们国家实行的是法定资本制下的一次缴纳和分期缴纳的出资制度。

（二）2013 年修正的《公司法》对公司资本制度相关内容的修改

2013 年 12 月 28 日，中华人民共和国主席习近平同志签署了第八号主席令，宣布新修正的《中华人民共和国公司法》自 2014 年 3 月 1 日起开始实施。新的《公司法》修改了 12 个条文①，主要是注册资本由实缴登记制改为认缴登记制。

这次立法改革的价值取向在于：（1）鼓励投资创业，开拓投资资源，推动公司设立与发展，并以此带动劳动就业，促进经济发展；（2）放松管制，强化自治，使资本运营

---

① 具体修改的条文请参照第一章第二节表 1.1 公司法修改前后法条对比。

更加便利迅捷，适应投资者对公司资本规模的设计和资金筹措安排的需要；（3）从资本信用转向资产信用，不再把资本作为公司的主要信用基础，而更重视资产对交易安全和债权人保护的作用；（4）从事前控制转向事中和事后的监管，将公司行政管理"严进宽出"的监管模式改为"宽进严出"的监管模式，推动政府管理方式和管理职能转变；（5）从行政管制到司法救济，使行政权退出部分市场管理领域，将相关问题和争议交由司法救济途径解决。①

此次修改概括起来主要有几个方面的内容：（1）取消了《公司法》最低注册资本制度，改由公司章程规定。删除了 2005 年《公司法》关于有限责任公司最低注册资本为 3 万元、一人有限责任公司为 10 万元、股份有限公司为 500 万元的最低注册资本的规定。（2）删除了对股东出资形式中货币出资比例不得少于 30% 的规定，也改由公司章程规定，使得股东出资更具有灵活性。（3）删除了设立公司时股东需实缴注册资本的 20% 以上的规定。修改后的出资时间及出资数额由公司章程规定。（4）取消了有限责任公司、股份有限公司设立时必须经验资机构验资并出具证明的规定，公司设立登记验资证明亦可以不再提供（募集设立的股份有限公司除外）。（5）对公司减资后的资本数额限制也作出了相应的调整，对接了最低注册资本的取消。

（三）我国现行资本制度的认定

关于新《公司法》实施后我国注册资本制度属于何种类型，我们认为，我国目前采用的仍旧是法定资本制，只不过是在某些方面给予了一定的放宽条件，但并不影响其法定资本制的本质。

首先，法定资本制的最大特点是公司资本的一次性发行并记载于公司章程，一次性缴足或者认足后分期缴纳都可，增资必须经过股东大会的决议，变更公司的注册资本并做相应的变更登记手续。法定资本制情形下的资本缴纳一般有两种方式：一次性缴纳和一次认足分期缴纳。不管是认缴制还是实缴制或是分期缴纳，只要是符合资本一次性发行、记载于章程、增资必须经股东大会决议等以上三项条件就仍属于法定资本制的一种。从新《公司法》来看，认缴制仍然属于公司资本的一次性发行，且也没有授权董事会发行新股的权利，因为最初的认缴股份（注册资本）已经全部发行完毕，发行新股必须经过股东（大）会协商一致并修订章程，这与授权资本制和折中资本制中的许可资本制的本质特征是完全不同的。所以现在实行的认缴制仍然属于法定资本制的范畴。

其次，授权资本制度下，股东以发行部分中的认购额度为限承担责任，而我国股东对公司承担有限责任的基础是股东"认缴"的出资额，且公司成立时资本是一次性认足的，故两者在责任承担上面明显不同。例如某公司章程规定的注册资本（股东认缴出资额）为 30 万，并约定首次缴付的比例为 30% 即 9 万元。此时股东对公司的责任限额为 30 万元，破产清算时股东仍必须补充承担 21 万元的责任；授权资本制情况下，如一公司章程记载的注册资本为 30 万元，成立时发行资本为 20 万元，那么股东就仅对这 20 万元负责，

---

① 蒋安杰. 公司法资本制度改革的解读与思考——专访中国政法大学教授、中国商法学研究会常务副会长赵旭东（N）. 法制日报，2014-03-05（012）.

股东不对未发行的 10 万元资本负责。

最后，我国新《公司法》对公司资本发行认缴完毕后，首次实际缴纳的比例没有限制，也没有明确规定剩余部分缴付的比例和期限，这与折中资本制中的折中授权资本制也不同。故我国目前采用的仍旧是法定资本制。

有人担心我国实行注册资本认缴制和取消最低注册资本之后，会导致在社会上出现极端情形，即所谓"一分钱公司"和注册资本 10 亿元，但是公司章程规定一百年后实际缴纳到位的情况，理论上说是可能存在的。但是，我们认真的分析之后就会发现实际操作中存在的可能性不大。首先，公司注册资本必须规定在公司章程中且在营业执照中注明，交易人在选择交易之前也肯定会对公司的经济情况进行考察，一分钱公司代表的是公司的信用极端底下，这种公司必然在经济生活中无法生存。其次，注册资本十个亿，一百年之后缴清的情况，注册资本一旦确定并由股东认足，股东就背负了相对的出资责任，可以分期或者延后出资，但是不能不出资。投资者选择了高额的注册资本额，即确定了其对公司债务的高额责任，实际上是放弃了有限责任这一公司制度的优势价值，无限放大了自己的责任限额。理性的投资者不会做出此种选择。① 股东或者发起人的认缴行为是对公司和其他股东以及社会公众的一种承诺，这种承诺具有法律意义，如不履行这种承诺，则构成违约，需要承担民事赔偿责任，公司、其他股东以及债权人均可对之主张权利，且不受时效限制。因该种背信行为性质上构成欺诈，如果情节严重，还可能承担行政处罚责任和刑事处罚责任。由此可见，出资的缴纳原本就无需登记机关过问，改实缴制为认缴制无非是废除了多余的赘瘤而已。②

所以，我国新《公司法》还是属于法定资本制度的总体范围，只不过对其做了更进一步的放宽。这次公司法修正的社会意义还在于突破了传统观念上对"实收资本"的迷信，取消"实收资本"和"最低法定资本"的概念，改变了以资本为中心的公司信用制度，随之代替的将是以资产为中心的公司信用制度。③ 著名学者赵旭东教授在接受《法制日报》记者蒋安杰的采访时说道："《公司法》从资本信用到资产信用的转变是从上次公司法修改就反映出的一个立法理念，本次改革使这一理念和趋向表现得更为突出。公司的资本信用与资产信用确有明显的差异：资本信用反映的是公司的静态信用，而资产信用反映的是公司的动态信用；资本信用是公司的历史信用，而资产信用是公司的现实信用；资本信用是抽象的价值信用，而资产信用是具体的结构信用；资本信用只反映公司的部分或局部信用，而资产信用反映的是公司的整体或全部信用。"④

五、最低注册资本制度

最低注册资本制度和资本三原则的立法思想是一样的，都是为了保证公司稳定运营需

---

① 李志刚．公司资本制度的三维视角及其法律意义［J］．法律适用，2014（7）．

② 施天涛．注册资本登记制度改革的几点认识［J］．中国工商管理研究，2014（6）．

③ 王学峰．公司法修订对公司资本制度的影响［J］．西安建筑科技大学学报（社会科学版），2014.10（33 卷 05 期）

④ 蒋安杰．公司法资本制度改革的解读与思考——专访中国政法大学教授、中国商法学研究会常务副会长赵旭东［N］．法制日报，2014-03-05（012）．

要的资本数额，维护公司债权人的权益。不少国家和地区为了使公司的经营能力和责任能力达到一定的限度，都规定了公司最低注册资本制度。后来随着社会经济的发展，公司设立门槛高、运营资金要求大越来越受到诟病，出现了为了吸引社会投资、活跃资本市场、提高资金利用率和公司运作效率而取消最低注册资本制的趋势。

我国 1993 年的《公司法》在公司最低注册资本制度方面做了严格且详细的规定。2005 年修订的《公司法》在适应社会需求、鼓励投资创业、促进就业和经济发展的理念下对公司最低资本额做了大幅度的降低：有限责任公司的资本限额最低为 3 万元，股份有限公司注册资本最低为五百万元。

2013 年新《公司法》取消了公司注册资本最低额限制。需要注意的是，首先这次《公司法》取消的对象仅仅是从事普通业务的商事公司，并不包括特殊行业的公司（如商业银行等金融机构）以及其他必须经过特许经营的机构。这类公司的经营业务一般会涉及社会公众利益和国家公共能源安全等层面，法律的介入和管制是十分必要的。其次，这次修法虽然取消了最低资本限额，但与其相伴随的股东出资义务并没有消灭。原来最低资本额制度就是对股东出资义务设置了一个量的底线，修改后虽然没有了量的底线，但最基本的出资义务仍是存在的，哪怕是一分钱公司，也是要在公司的章程里面予以记载，公司章程记载了多少公司注册资本，公司股东就要承担多少出资义务，无论是在公司成立前缴纳出资，还是在公司成立后缴纳，都是公司股东必须承担不可逃脱的。股东出资义务存在就是对债权人相对权益的保护，只不过最低注册资本制度取消之后保护的重点从制度设计方面转向了事后的司法救济方面。

第二节　股东出资制度

一、股东出资制度概述

出资是指股东（包括发起人和认股人）在公司设立或者增加资本时，为取得股份或股权，根据协议的约定以及法律和章程的规定向公司交付财产或履行其他给付的义务。[①]出资义务是股东设立公司时的基本义务，对出资有关事项的法律规定的总和就是股东的出资制度。

出资制度的意义在于：首先，股东的出资行为和公司资本紧密相连，全体股东的出资额就构成了公司的全部资本。其次，公司股东的有限责任原则是以股东的出资额为限的，也就是说股东履行了全部出资义务之后，就不再对公司的债务承担责任，但是其出资不得收回，因为出资已经成为公司的财产。最后，出资是股东获得并享有公司股权的前提条件，从这一点来说，出资行为具有权利和义务的双重性质。股东只有履行了出资义务才能够享有公司股权和相应的其他权利，出资额实际就是股权的对价。

各个国家关于股东出资制度具体模式的规定各不相同，具体来说，股东出资的具体方式一般有以下三种：（1）全额缴纳制，又称为实缴资本制，即在公司设立之后的合理期

---

① 赵旭东. 公司法学（第三版）[M]. 北京：高等教育出版社，2012.

间内，公司必须缴足全部注册资本，否则公司不得成立。（2）分期缴纳制度。分期缴纳制度是在公司资本一次发行并由股东认足的基础上，可以分期缴纳，但是法律一般会对具体的分期数额和期限有一些限定条件。（3）担保缴纳制度。这是在英国和我国台湾地区适用的股东出资制度，一般用于非营利性公司。这类公司的大部分资产都来源于社会的捐赠和贷款，发起人在设立公司时承诺出资但是可以不必实缴，但是如果公司面临破产，股东则必须履行出资责任。

二、我国的出资制度

我国 2005 年修订的《公司法》实行的是法定资本制下的一次缴纳和分期缴纳的股东出资制度。比如，2005 年《公司法》第五十九条就规定，一人有限责任公司的股东应当一次足额缴纳公司章程上记载的出资额，第八十一条也规定，以募集方式设立的股份有限公司的注册资本为实收股本总额，可见，按照我国修订之前的《公司法》，一人有限公司和以募集方式设立的股份有限公司实行的就是法定资本制的一次缴纳出资制度。2005 年修订的《公司法》第二十六条和第八十一条规定，有限责任公司和发起设立的股份有限公司可以分期缴纳出资，第四十四条也规定，增资程序需经过股东大会的决议，可见，当时有限责任公司和发起设立的股份有限公司实行的是法定资本下一次缴纳和分期缴纳制度。

2013 年新《公司法》对公司资本制度做了很大的调整，但是总体上我国现在实行的还是法定资本制下的一次缴纳和分期缴纳并行的出资制度，只不过是其中的具体规定做了部分变更。

首先，取消了一人有限公司应当一次足额缴纳出资的规定，一人有限公司的出资制度也就被纳入了普通有限责任公司的范畴。

其次，2013 年新《公司法》第八十条第二款规定："股份有限公司采取募集方式设立的，注册资本为在公司登记机关登记的实收股本总额。"可见，以募集方式设立的股份有限公司仍然实行资本一次缴足的规定。

最后，2013 年新《公司法》第二十六条第一款规定："有限责任公司的注册资本为在公司登记机关登记的全体股东认缴的出资额。"第八十条第一款规定："股份有限公司采取发起设立方式设立的，注册资本为在公司登记机关登记的全体发起人认购的股本总额。"第四十三条第二款规定："股东会会议作出修改公司章程、增加或者减少注册资本的决议，以及公司合并、分立、解散或者变更公司形式的决议，必须经代表三分之二以上表决权的股东通过。"由此三条规定可知，我国有限责任公司和以发起方式设立的股份有限公司实行的是法定资本制。并且 2013 年新《公司法》第二十八条第一款规定"股东应当按期足额缴纳公司章程中规定的各自所认缴的出资额"，可见股东可以在章程里面自由约定公司资本缴纳的次数、比例和期限等事项，故有限责任公司实行的是法定资本制下的一次和分期缴纳制度。

具体说来，我国《公司法》对股东的出资有以下几个方面的要求：（1）足额缴纳出资的义务。如新《公司法》第二十八条规定"股东应当按期足额缴纳公司章程中规定的各自所认缴的出资额"，"股东不按照前款规定缴纳出资的，除应当向公司足额缴纳外，还应当向已按期足额缴纳出资的股东承担违约责任"。（2）出资的价值方面，除了货币出资之外，其他形式的股东出资都必须进行相应的价值评估。如新《公司法》第二十七条就规定了有限责任公司股东非货币出资必须进行价值评估。③出资履行方面，必须转移财产所有权给公司。《公司法》第二十八条规定，以非货币财产出资的，应当依法办理其财产权的转移手续。

三、股东出资的形式

我国的股东出资形式采取的是法定主义，即股东可以以何种资产出资取决于法律的规定而不是股东的个人意志。我国 2013 年新《公司法》第二十七条第一款规定："股东可以用货币出资，也可以用实物、知识产权、土地使用权等可以用货币估价并可以依法转让的非货币财产作价出资；但是，法律、行政法规规定不得作为出资的财产除外。"这一规定既体现了法律对股东出资形式的开放性规定，同时也指明了判断股东的出资形式是否适格的标准：首先，出资必须可以用货币估价，具有价值方面的确定性，不能确定价值的一般不能作为股东的出资。其次，出资必须具备可转让性。这包括两层含义，既表示出资本身的性质可以转让，也表示没有相应禁止或者限制转让的法律规定，出资必须依法转让给公司，且在必要的时候，出资也可以由公司转让给公司的债权人。

虽然理论上任何类型的财产都可以用来出资，但对于法无明文规定的出资形式，要根据出资财产是否符合价值确定性和可转让性来判断。实物、土地使用权和知识产权这三种财产形式既可以进行价值评估，也可以在法律上转让，故成为了公司法列举规定的三种常见出资形态。实际生活中，股东出资形式还可以包括股权、采矿权、探矿权等多种形式。反之，信用和劳务等形式，由于不能保证可以从公司依法转让给公司债权人，所以不具有债务清偿功能，不能成为出资形式。① 我国《公司登记管理条例》第十四条也有明确规定，股东不得以劳务、信用、自然人姓名、商誉、特许经营权或者设定担保的财产等作价出资。

具体看来，常见的股东出资的典型形式主要包括下列几种：

（一）货币出资

货币出资是公司股东最常见和最简单、受争议最少的股东出资方式。货币具有一般等价物的职能，在法律上货币的占有即为所有，货币出资既不涉及财产转移形式，也不涉及具体价值的评估，股东只需要把货币交付公司即视为已履行出资义务。我国 2005 年修订

① 关于劳务出资的问题。世界上大多数国家都否定劳务出资，但是也有国家（如法国）有条件的允许劳务出资的存在。我国法律明确不能以劳务出资，但是实际生活中，越来越多的企业通过"员工持股"的激励计划奖励公司员工，有学者认为，这实际上也属于是劳务出资的一种变相形式。

关于信用出资的问题。信用出资一般是通过某种方式使股东的商业信用为公司所拥有和利用，从而取得公司股份的出资方式，一般是允许使用股东的名称从事商业活动。因为信用的价值难以用价值衡量、无法有效转移、清偿债务功能受限的特点，我国《公司法》明确规定股东不得用信用出资。但是实际生活中信用出资的情况也是存在的，如挂靠企业实际上就是利用了被挂靠企业的信用进行商事活动的。

的《公司法》规定了股东的货币出资不得低于公司注册资本额的30%，2013年新修正的《公司法》取消了这一限制，使得股东使用货币出资方式更加自由灵活。另外，现金支票出资视为货币出资。

（二）实物出资

实物出资是指以民法意义上的"物"出资，一般可以是机器设备、原料、零部件、货物、建筑物等。股东以实物作价出资，首先该实物必须能够评估作价，其次应在办理公司登记时，同时办理实物出资的财产所有权转移手续，没有办理所有权转移的，出资行为不成立。发起人以实物资产出资时，应当注意以下问题：（1）以实物折价入股的，其出资应当是能够用于该公司生产经营的物品，且用于出资的实物资产不得设定担保，因为担保会限制物的流转，从而影响出资物的变现和偿债能力。（2）实物出资必须进行价值评估，以价值入股。（3）必须办理财产权转移手续。（4）以经营性资产出资的，应同时将商标、特许经营权等相关权利一并投入公司。我国《公司法解释（三）》第九条规定："出资人以非货币财产出资，未依法评估作价，公司、其他股东或者公司债权人请求认定出资人未履行出资义务的，人民法院应当委托具有合法资格的评估机构对该财产评估作价。评估确定的价额显著低于公司章程所定价额的，人民法院应当认定出资人未依法全面履行出资义务。"

（三）知识产权出资

知识产权出资是指将能够依法转让的知识产权专有权或者使用权作价投入公司，从而取得股东资格的一种出资方式。公司法意义上的知识产权出资一般指商标权、专利权和著作权这三种出资方式。知识产权作为一种无形资产出资，也必须符合可以用作出资的非货币财产的一般特性：即有价值，可估价，且可转让。随着科学技术的不断进步，知识产权已经成为知识经济时代重要的无形资产，知识产权本身的估价机制也越来越科学，允许知识产权作价出资不仅有利于活跃科技市场，促进科技快速转化成生产力，推动高新技术产业的发展，更是知识经济社会发展的需要。

依照我国《公司法》的规定，知识产权出资必须进行评估作价，不得高估或者低估作价，评估应该聘请有评估资格的专业资产评估机构进行。若估价过高，出资股东要承担补交出资的责任，同时，设立时的发起人还应一起承担连带责任。我国《公司法解释（三）》也规定了相关的评估和责任承担制度。对知识产权进行估价，与其他出资方式如实物、土地使用权等相比显得困难一些。一般的实物或者土地使用权都有相应的市场价格或者参照价格，甚至是已经使用过的实物，也有固定的折旧计算公式可供参考，而知识产权在市场上，却没有较为统一和稳定的市场参考价。因此，知识产权评估作价常常成为公司出资监管中的主要问题所在。

另外，尚未取得工业知识产权保护的工艺技能和专业知识，一般被称为非专利技术，也可以成为股东的出资形式。我国的1993年《公司法》就把它作为和知识产权并列的出资形式之一，2005年修订时考虑到其在生活中应用并不广泛且权益界定和维护比较困难，因此并未将其作为明确列举的合法出资形式。但是《公司法》并没有禁止非专利技术作为一种出资方式，非专利技术也兼具有价值性和可转让性的特点，故非专利技术也可以用来对公司出资。

📎 案例引导

注册商标出资

孙某是 A 公司的股东。2012 年孙某从 B 公司处受让了价值为 800 万元的三个注册商标，但是孙某并未取得该三个注册商标的专用权。2013 年 A 公司将原有的公司注册资本由 3500 万元增加至 5000 万元时，孙某以其受让的注册商标作为非货币财产出资。A 公司虽没有办理该三个商标的登记转让手续，但是一直使用这些商标。后来，A 公司经营不善，拖欠 C 公司 1000 万元的货款无法清偿。C 公司遂诉至法院，要求 A 公司支付货款，并要求孙某对债务承担连带清偿责任。

【案例分析】本案中，孙某以其注册商标对 A 公司出资时，并没有取得注册商标的专有使用权，所以，孙某也不能构成我国《商标法》意义上的商标的合法转让人。故而，孙某不能将出资转让给 A 公司所有，即便 A 公司实际上已经在使用这些商标，孙某仍然构成出资不实，应当在出资不实的范围内对公司的债务承担补充赔偿责任。

（四）土地使用权出资

土地是几乎所有公司进行经营活动都必不可少的财产，且土地具有很高的价值和保值增值性，这使得土地成为最为重要的出资形式之一。我国《公司法》也规定了股东可以用土地使用权作价出资。一般情况下，公司取得土地使用权的方式有两种，一种是公司向当地土地管理部门提出申请，经过审查批准后，和相关行政部门订立合同而取得土地使用权，另一是股东以土地使用权出资而使公司取得土地使用权。前者属于公司和行政部门的合同行为，公司需要按期缴纳土地使用费，后者为股东的出资行为，履行有关手续后公司即取得该土地使用权。用土地使用权出资，有以下五方面的要求：

（1）只能是以土地的使用权出资，而不能是所有权。这是由于在我国所有的土地归属国家和集体，单位和个人不是土地的拥有者，用来出资的也只能是依法取得的土地使用权。

（2）该土地使用权必须是国有土地使用权。依据我国现行土地管理法等相关法律法规，只有国有土地才可以依法转让使用权，集体土地使用权不能转让，也不能直接出资，必须先由国家对该土地进行征收成为国有土地之后才可以作为股东的出资。当然，集体土地流转改革现在已经进入试点阶段，未来土地管理相关法律法规修改后，也不排除集体土地使用权用于出资的可能性。

（3）该国有土地使用权必须是出让所得的。根据我国法律，土地使用权取得的方式有两种：出让和划拨。出让是需要缴纳土地使用权的对价，即土地出让金的，可以依法转让；划拨一般是公益用地的土地取得方式，不需要缴纳土地出让金，也不能随意转让。只有通过出让方式取得的土地使用权才可以用来出资。

（4）该土地使用权上不能设有抵押权等权利瑕疵。抵押权会限制财产权利的流转和实现，导致土地使用权价值的贬损，使得公司资本面临较大的风险，有违公司资本确定的原则。我国《公司法解释（三）》第八条规定："出资人以划拨土地使用权出资，或者以设定权利负担的土地使用权出资，公司、其他股东或者公司债权人主张认定出资人未履行出资义务的，人民法院应当责令当事人在指定的合理期间内办理土地变更手续或者解除权利负担；逾期未办理或者未解除的，人民法院应当认定出资人未依法全面履行出资义务。"

（5）土地使用权的转让需要办理相关的转让手续。我国《公司法解释（三）》第十条规定："出资人以房屋、土地使用权或者需要办理权属登记的知识产权等财产出资，已经交付公司使用但未办理权属变更手续，公司、其他股东或者公司债权人主张认定出资人未履行出资义务的，人民法院应当责令当事人在指定的合理期间内办理权属变更手续；在前述期间内办理了权属变更手续的，人民法院应当认定其已经履行了出资义务；出资人主张自其实际交付财产给另一公司使用时享有相应股东权利的，人民法院应予支持。出资人以前款规定的财产出资，已经办理权属变更手续但未交付给公司使用，公司或者其他股东主张其向公司交付、并在实际交付之前不享有相应股东权利的，人民法院应予支持。"

（五）其他出资形式

我国《公司法》除了明确列举了货币、实物、知识产权以及土地使用权作为出资形式外，还允许股东使用其他的非货币资产作为出资形式。如债权、股权、非专利技术出资和整体资产等也常常作为公司在实践中的出资形式，我们国家对于这几种出资方式没有明确列举，却也没有明文禁止，可以根据公司的实际情况进行分析。

1. 债权出资

所谓债权出资，是指投资人以其对第三人的债权投入公司，抵缴股款，并以此取得相应股权的出资方式。以债权出资以后，公司就取代原债权人成为新的债权人，债权出资实际上就是债权的转让。债权出资相比一般出资形式具有较大的风险性，因为债权是否能够实现面临很大的风险。债权的金额虽然是确定的，但是如果债务人丧失了清偿能力，那么债权也就无从实现，因此，债权出资对于公司的价值在一定程度上受到债务人资信的影响，并非完全安全。故而实践中的债权出资一般只在下述情况下适用：

（1）债权人将原先对公司拥有的债权转变为对公司的出资。例如，甲原先对 A 公司拥有 100 万元的债权，后经双方协商一致，甲将拥有的 100 万元债权转变为 A 公司的股权，甲即从 A 公司的债权人转变为 A 公司的股东。

案例引导

国有银行的"债转股"出资形式

我国国有银行消灭不良贷款所采取的"债转股"就属于这种形式，先由银行将不良贷款转让给金融资产管理公司，再由金融资产管理公司与债务公司（多是国有企业）签订债权转股权协议，将金融资产管理公司持有的对公司的债权转变为股权。根据《企业公司制改建有关国有资本管理与财务处理的暂行规定》（财企〔2002〕313号）的规定，国有企业实行公司制改建时，经批准或者与债权人协商，可以实施债权转为股权，并按以下规定处理："①经国家批准的各金融资产管理公司持有的债权，可以实行债权转股权，原企业相应的债务转为金融资产管理公司的股权，企业相应增加实收资本或者资本公积。经银行以外的其他债权人协商同意，可以按照有关协议和公司章程将其债权转为股权，企业相应增加实收资本或者资本公积。②改建企业经过充分协商，债权人同意给予全部豁免或者部分豁免的债务，应当转作资本公积。通过'债转股'的实行，解决了国有企业负债率过高的困难，改善了国有企业的资本结构，同时缓解了银行的贷款风险，有利于社会金融市场的稳定和国有企业的健康发展。"

（2）债权人把对第三人的债权转变为对公司的出资。例如，甲对乙拥有100万元的债权，后甲以出资方式将此债权折价入股A公司，成为A公司的股东。这种情况实际上是甲通过出资入股将自己的债权转让给了A公司，同时也将相应的风险转移给了A公司。此种债务出资面临的风险较大，一般情况下，A公司会对乙的偿债能力进行考察，将甲的债权作贬值处理，并要求甲提供一定的担保，或者对甲的股权做一定的限制。

（3）公司原来的股东把对公司的债权转变为新的出资。如甲是A公司的股东，且A公司曾经向甲借款50万元，后经其他股东同意，甲将对该公司拥有的50万元债权转变为股权，增加自己对该公司的出资。这种债权出资的形式既可以消灭公司债务，又能使股东权益当即增加，不存在普通债权出资可能无法实现的风险，故而这种出资方式在现实经济生活中比较常见。

（4）公司原来的股东把对第三人的债权转变为新的出资。比如甲是A公司的股东，乙曾经向甲借款50万元，后经A公司其他股东同意，甲将对乙所拥有的50万元债权转变为对A公司增加的出资。这种出资方式同第二种出资方式一样，会将债权不能实现的风险转移给公司，故而公司一般也会对这种债权出资做一定的条件限制。

2. 股权出资

股权出资，是指股东将其持有的在其他公司的股权作为对另一公司的出资，换取另一公司的股权，成为该公司的股东的行为，股权出资的本质是股权的转让。和其他的财产权益相比，股权具有自己的特殊性。股权的价值不仅取决于股东对原公司的投资额，更多的是取决于股东权益（即公司的净资产）和公司的经营状况以及红利分配政策。可以说，股权价值实际上是个不断变化的数字，因此，对股权的价值应当进行全面的评估。股权的价值一般按照股权出资时的价值来判断，如果日后股权价值发生折损甚至导致出资不能实现时，不能以此认定股东出资不实。

我国《公司法解释（三）》第十一条规定："出资人以其他公司股权出资，符合下列条件的，人民法院应当认定出资人已履行出资义务：（一）出资的股权由出资人合法持有并依法可以转让；（二）出资的股权无权利瑕疵或者权利负担；（三）出资人已履行关于股权转让的法定手续；（四）出资的股权已依法进行了价值评估。股权出资不符合前款第（一）、（二）、（三）项的规定，公司、其他股东或者公司债权人请求认定出资人未履行出资义务的，人民法院应当责令该出资人在指定的合理期间内采取补正措施，以符合上述条件；逾期未补正的，人民法院应当认定其未依法全面履行出资义务。股权出资不符合本条第一款第（四）项的规定，公司、其他股东或者公司债权人请求认定出资人未履行出资义务的，人民法院应当按照本规定第九条的规定处理。"第九条规定的是出资的评估制度和评估后显著低于出资额的责任承担制度。

3. 整体资产出资

整体资产出资又被称为概括出资，是指企业将其所有资产一并转移给另一公司作为出资形式。整体资产出资也是实践中比较常见的出资方式，它常常是把包括货币、实物、知识产权、土地使用权、股权、债权等在内的全部或部分资产打包入股另一公司，因此，要区分整体资产中不同形式的不同资产，分别适用不同的出资制度，比如土地使用权出资的必须要办理使用权转移登记手续、知识产权出资必须进行资产评估等，关于整体出资的出资额评估，要根据具体情况做不同的计算，一般情况下出资额以出资的净资产为准。

四、发起人和股东的出资责任

（一）出资责任的学理分类

出资行为是股东对公司最基本的义务，也是形成公司资本的前提条件。如果股东没有按照法律规定履行相关的出资义务，那么股东就必须承担相应的出资责任。在公司成立之前，对公司的出资责任属于合同法意义上的违约责任，因为不履行出资违反了发起人协议。在公司成立之后，股东违反出资义务的行为除了合同上的违约责任之外，还属于公司法层面的违法行为。纵观世界各国的公司法立法，学理上一般把公司法上的出资责任划分为出资违约责任和出资填补责任。[1]

1. 出资违约责任

出资违约责任是基于自己的出资违约行为而承担的责任，是指公司股东在不适当履行出资义务时，对其他股东和公司所承担的责任，具体来说，出资违约责任的救济手段包括：

（1）追缴出资。即是继续履行，一般适用于违反了出资义务但是有继续履行的可能的公司股东和发起人。当股东不履行合同义务时，其他股东或发起人可以请求法院强制履行。追缴出资多用于非货币出资的情形，特别是对于公司的成立和运作必不可少的资产，比如房产。

（2）催告失权。也称为失权程序，就是对于不履行出资义务的股东，可以催告其在一定的期限内缴纳出资，如果仍不履行，则该股东就会丧失相应的股东权益，其所认购的股份可以另行发行。催告失权是当然失权，即便日后股东补齐了出资也不能再享有原本的权益。我国《公司法》未规定这一制度。

（3）损害赔偿。如果股东的违法出资行为给其他股东造成损害的，就必须依法承担

---

[1]　除此之外，一般国家公司法还会规定严重违法时要承担的公法责任，比如我国《刑法》就规定有虚假出资罪和抽逃出资罪，在此我们不做深入介绍。

损害赔偿责任。这种责任形式一般和其他救济手段同时使用，在其他救济不能弥补相关股东全部损失的情况下适用，常用于公司不能成立或者被撤销的情形。

2. 出资填补责任

出资填补责任是适用于公司发起人的一种特殊责任形式，指公司的发起人不仅自己要适当履行出资义务，同时也要对其他发起人股东的出资行为承担担保责任。填补责任适用的基础是公司各发起人之间的连带出资义务，其制度设计的目的是为了在公司的发起人之间建立一种相互督促和制约的担保关系，以保证公司的正常成立和资本的稳定充实。出资填补责任的具体责任形式可分为：

（1）认购担保。认购担保是指在股份有限公司设立过程之中，如果有的股份未被认购或者认购之后又被取消的，则由公司的股东承担认购和出资的义务。在此情形下，发起人股东可以自然取得这部分的股权。我国《公司法》没有规定这一制度。

（2）缴纳担保。发起人股东如果认购了股份但是没有缴纳相应的出资或者实物的，由其他的发起人股东承担担保责任，代为履行出资义务。和认购担保不同，代为履行出资义务的股东并不能当然的取得这部分的股权，股权仍然由之前的股东行使，代为履行股东只是取得了对原股东的追偿权。

（3）差额填补。公司成立时，如果出现非货币财产的价值显著低于所定价值时，这部分财产就出现了差额，那么其他的发起人股东就需要对这部分差额承担填补出资的责任。股东承担了差额填补责任之后，可以向出资不实的股东行使追偿权。

（二）我国股东出资责任的内容

我国并没有规定出资责任中的催告失权和认购担保这两种责任形式，其他的几种在我国《公司法》中都有相关的规定。

首先，我国存在出资违约责任中的追缴出资和损害赔偿责任形式。《公司法》第二十八条第二款规定："股东不按照前款规定缴纳出资的，除应当向公司足额缴纳外，还应当向已按期足额缴纳出资的股东承担违约责任。"

其次，我国有限责任公司存在出资填补责任中的差额填补责任。《公司法》第三十条规定："有限责任公司成立后，发现作为设立公司出资的非货币财产的实际价额显著低于公司章程所定价额的，应当由交付该出资的股东补足其差额；公司设立时的其他股东承担连带责任。"对于有限责任公司，我国《公司法》并没有明确规定股东之间存在缴纳担保责任。

最后，我国股份有限公司内存在出资填补责任中的差额填补和缴纳担保责任。《公司法》第八十三条第二款规定："发起人不依照前款规定缴纳出资的，应当按照发起人协议承担违约责任。"第九十三条规定："股份有限公司成立后，发起人未按照公司章程的规定缴足出资的，应当补缴；其他发起人承担连带责任。股份有限公司成立后，发现作为设立公司出资的非货币财产的实际价额显著低于公司章程所定价额的，应当由交付该出资的发起人补足其差额；其他发起人承担连带责任。"我国《公司法解释（三）》第五条规定："发起人因履行公司设立职责造成他人损害，公司成立后受害人请求公司承担侵权赔偿责任的，人民法院应予支持；公司未成立，受害人请求全体发起人承担连带赔偿责任的，人民法院应予支持。公司或者无过错的发起人承担赔偿责任后，可以向有过错的发起人追偿。"

（三）股东出资责任的司法认定

1. 出资责任追究的主体

当股东违反出资义务时，与此有关的利害关系人都可以追究其责任。首先，公司作为资产的拥有者，股东不履行出资责任必然首先对公司不利，故而公司有权追究相应责任。其次，股东是公司的经营者和最终受益人，亦是出资的利害关系人，甚至可能是连带出资责任人，所以，公司其他股东有权追究未出资股东的责任。最后，在公司的资产情况影响公司债权人权利实现的情况下，债权人也可以要求未履行出资义务的股东履行出资义务。

2. 全面履行的标准

根据《公司法》第二十五条的规定，有限责任公司的公司章程应载明公司注册资本以及股东的出资方式、出资额和时间。依据这一规定，股东在成立公司之前应该就公司的注册资本、股东出资方式、出资额、出资比例以及出资期限和利润分配方式等做出明确的约定并记载于公司章程。由此，在《公司法》框架下，公司股东是否全面履行出资义务就应以章程中的相关约定为审查标准，只要股东未按照章程缴付的，均属于股东未全面履行出资的情形。

案例引导

出资不实和出资违约

赵某和陈某与甲公司商议欲共同成立乙公司，三方制定的乙公司的公司章程之中记载，赵某以200万元的现金出资，而陈某以其拥有专用权的两个注册商标作价100万元出资，甲公司以其名下的一块土地的土地使用权作价150万元出资。公司成立之后，赵某以约定向乙公司注入200万元出资。陈某把注册商标专用权转让给了公司，但是事后发现用于出资的两个注册商标，在出资履行的时候没有知名度，商业价值很低，根本不值100万元。甲公司在公司成立之后并未转让该土地使用权给公司。

【案例分析】本案中，按照公司章程的约定，赵某已经完全履行了自己的出资义务。陈某的两个注册商标作价100万元出资，实际却并没有很高的商业价值，因而构成出资不实，应当在出资不实的范围内承担差额填补责任责任。甲公司没有把章程中规定的土地使用权转让给乙公司，构成出资违约，《公司法》第二十八条第二款规定"股东不按照前款规定缴纳出资的，除应当向公司足额缴纳外，还应当向已按期足额缴纳出资的股东承担违约责任"。

3. 关于股东抽逃出资的认定

我国《公司法》第三十五条明确规定"公司成立后，股东不得抽逃出资"，故我国仍然存在抽逃出资的责任制度。我国《公司法解释（三）》第十二条规定："公司成立后，公司、股东或者公司债权人以相关股东的行为符合下列情形之一且损害公司权益为由，请求认定该股东抽逃出资的，人民法院应予支持：（一）制作虚假财务会计报表虚增利润进行分配；（二）通过虚构债权债务关系将其出资转出；（三）利用关联交易将出资转出；（四）其他未经法定程序将出资抽回的行为。"

案例引导

股东抽逃资金案

2010 年 9 月，甲公司从乙公司处协议购买了 A 楼房但没有办理过户手续。2011 年 6 月甲公司和丙公司共同出资成立了丁公司，甲公司遂将未过户的 A 楼房作为对丁公司的出资并在丁公司成立后占有使用 A 楼房。2013 年 9 月，丙公司欲退出丁公司。经甲公司、丙公司协商达成协议：丙公司从丁公司取得退款 1000 万元后退出丁公司；但顾及公司的稳定性，丙公司仍为丁公司名义上的股东，其原持有丁公司 50% 的股份，名义上仍由丙公司持有 40%，其余 10% 转由丁公司的总经理贾某个人持有，贾某暂付 200 万元给丙公司以获得上述 10% 的股权。丙公司依此协议获款后退出。丁公司变更登记为：甲公司、丙公司、贾某分别持有 50%、40% 和 10% 的股权；注册资本仍为 2000 万元。2014 年 1 月，丁公司向法院申请破产获受理并被宣告破产。在破产的处理过程中，公司的债权人提出了以下意见：（1）甲公司房产未过户，丁公司的设立无效。（2）丙退出丁公司的做法不合法，实际上应当属于抽逃资金。

【案例分析】本案中，首先，丁公司设立的行为有效。甲公司以未取得所有权之楼房出资仅导致甲公司承担出资不实的法律责任，不影响公司设立的效力。其次，丙退出丁公司的做法不合法。丙公司的行为使得公司的实际资产减少了 800 万元，实为抽逃公司资金的行为。甲公司虚假出资，丙公司非法抽逃资金，两者应对债权人承担连带清偿责任。

4. 出资责任的合理免除。

股东未完全履行出资义务的，一般情况下，股东之间可以重新达成出资协议，同时修改章程减少注册资本，以达到合理免除股东相应出资义务的目的。如果股东仅履行部分出资义务，未出资的部分可通过减资程序免除，同时应当除去相应部分的股权；若股东完全未出资，通过减资程序后该股东将被取消股东资格。需要注意的是，公司减资要按照严格的法定程序进行，且该减资不会对公司的债权人利益造成侵害；否则，减资程序不能完成。

5. 时效问题

股东的出资义务不受诉讼时效的限制。我国《公司法解释（三）》第十九条规定："公司股东未履行或者未全面履行出资义务或者抽逃出资，公司或者其他股东请求其向公司全面履行出资义务或者返还出资，被告股东以诉讼时效为由进行抗辩的，人民法院不予支持。公司债权人的债权未过诉讼时效期间，其依照本规定第十三条第二款、第十四条第二款的规定请求未履行或者未全面履行出资义务或者抽逃出资的股东承担赔偿责任，被告股东以出资义务或者返还出资义务超过诉讼时效期间为由进行抗辩的，人民法院不予支持。"

第三节 公司资本的增加和减少

依照传统公司法的资本三原则，公司成立以后的注册资本应该是维持基本不变。资本维持的含义其实是要求公司的注册资本非经法定程序不得随意更改。实际上，公司的实有资产不可能一成不变，而是随着公司的经营规模的发展和业务范围的改变而改变，当公司的净资产变动时，为了使公司注册资本和公司的实际信用能力相吻合，修改公司的注册资本就是十分必要。我国《公司法》规定的公司注册资本的改变可以分为增加资本和减少资本两种。

一、增加资本

（一）增加资本的概念和意义

增加资本，即增资，是指公司根据公司法的相关要求增加注册资本的行为。一般来说，公司增加注册资本是为了筹措资金，扩大经营规模，增加公司竞争力。

增加公司资本的意义主要表现在：（1）筹集公司经营资金，开拓新的业务，扩大经营规模。这是公司增加资本最常见的目的，是公司融资的重要手段。（2）减少股东收益分配，维持现有经营资金。如果一个公司效益较好，长期盈利，就会积累大量的公积金和待分配利润，股东就会对未分配的利润提出分配请求。这时候公司可以通过增加资本的方式来减少甚至停止对股东的利润分配，从而使得公司可以继续占用和利用这部分资金。（3）调整股东的持股比例，改变公司的管理结构。公司增资就会涉及资本的发行，通过资本的发行，公司一般都会吸收部分新股东，或者改变现有股东的持股比例。不管是吸收新股东还是改变现有股东的持股比例，都会对公司的内部管理机构产生一定的影响，如果发行的资本足够多，甚至可能使得公司的控股股东和相关管理层人员发生改变。（4）公司的吸收合并。吸收合并是指一个公司完全并入另一公司，这会导致加入公司丧失原法人资格，只有接纳方公司继续存续。在这种情况下，接纳方公司的资本就会大幅度的增加，这也是企业兼并、实现强强联合的重要途径。（5）增强公司实力，提高公司的信用。如果一个公司的注册资本过少，会在一定程度上影响公司在同类市场上的竞争力。一些公司在成立初期往往受到融资的限制，注册资本不多，随着经营的扩大，公司就会需要通过增资的方式来提高公司的实力和信用。

（二）增加资本的方式

1. 增加票面价值

增加票面价值是指公司在不改变股票总数的基础上增加每股股票的票面价值，通过这种方式可以达到公司增资的目的。此种增资只能是由公司原来的股东认购新增加的资本。比如，可以把公司留存的应分配股利等记入每一股股票中，使每股股票的票面价值增加。

2. 发行新股

发行新股，即增加股份的数额，这是股份有限公司增加资本可以选择的方式。股份有限公司发行新股既可以公开向社会公众募集，也可以向公司的原有股东募集，通常情况下，原有公司的股东对于新发行的股份享有优先认购权。

3. 增加出资

增加出资的范围很大，既可以是由原来公司股东出资，也可以是原有股东以外的其他人出资。原有的股东认购出资，又称为内部增资，既可以按照既有的股权比例认购，也可以另外约定认购的比例。例如，上市公司增资过程中普遍采用的配股增资，就是在现有的股东内部按照股权比例进行的增资。如果是原有股东之外的人认购资本，又称为外部增资，就会使得原有的股东股权结构发生改变，为公司注入新的资金和股东。事实上，外部增资和内部增资并不是对立的，两者可以一并使用。

4. 债转换增资与债转股增资

股份有限公司依法可以发行公司债券，这种债权可以转换为公司的股票，这就是债转换出资。债转股是我国国有银行资产改革和重组过程中适用的一种增资方式。银行把对国有企业大量的不良贷款转让给资产管理公司，资产管理公司以此债权反过来又对国有企业出资，实际上就是国有企业把大量的贷款转变成了资产管理公司对公司的出资，实际上也会使得企业的注册资本增加。

（三）增加资本的程序

增加资本一方面可以帮助公司开拓业务，提高竞争力，而且有利于债权人权益的保护和市场交易的安全，各个国家立法也都允许公司通过法定程序增加公司资本。另一方面，公司资本的增加可能会导致新的股东加入或者原有股东股权结构的改变，直接影响到现有股东的利益和公司的各项重大决策，因此，公司增资一般都需要得到股东大会的同意。大陆法系国家普遍实行的是法定资本制，对于公司的增资规定有严格的程序条件。我国关于公司增加资本的条件和程序的规定主要体现在《公司法》第四十三条、第一百零三条、第一百七十八条和第一百七十九条。根据这些法条规定，公司增资的条件和程序如下：

第一，公司资本额是公司章程的绝对必要记载事项，因此公司增加资本必须首先依照法定程序修改公司章程。有限责任公司修改公司章程、增加注册资本必须经代表三分之二以上表决权的股东表决通过（参见《公司法》第四十三条）；股份有限责任公司股东大会做出修改公司章程、增加注册资本的决议，必须经出席会议的股东所持表决权的三分之二以上通过（参见《公司法》第一百零三条）。

第二，股东必须按照公司法设立公司缴纳出资的有关规定认缴或认购新股。有限责任公司增加注册资本时，股东认缴新增资本的出资，依照公司法设立有限责任公司缴纳出资的有关规定执行；股份有限公司增加注册资本发行新股时，股东认购新股，依照本法设立股份有限公司缴纳股款的有关规定执行（参见《公司法》第一百七十八条）。

第三，公司增加或者减少注册资本，应当依法向公司登记机关办理变更登记（参见《公司法》第一百七十九条）。

二、减少资本

（一）减少资本的概念和意义

减少资本，也称减资，是指公司按照法定程序减少公司注册资本的行为。根据资本不变和资本维持原则，大陆法系国家一般不允许公司随意减少注册资本，但是如果是基于实际经营需要，且履行了相关的严格法定程序，是可以实现减资的。

减少公司资本的意义表现在：（1）缩减公司的经营规模，集中资金维持优势业务。（2）缓解资本过剩，维持资金利用率。如果开始时公司的注册资本过高，不仅不利于公司的生产营运，更会导致社会资源的大量浪费，通过减少注册资本可以达到提高资金利用率、防止资本闲置的目的。（3）保障股东权利，实现股权分配。我国《公司法》实行的是先弥补公司各种债务和亏损，剩余有盈利时才给予股东分配利润的制度，如果公司长期亏损，股东的权益就得不到保障，必将会对公司的经营活动造成不利影响。通过减少公司资本，可以改变公司的亏损状况，实现向股东分配股利。（4）缩小公司资本与实际信用能力的差距。如果公司长期亏损，其实际的信用能力就会大大降低，从而与注册资本不相符合，差距过大时，既不利于债权人利益保护，也不利于公司资信的维持，减资就是缩减二者差距的重要手段。（5）实现公司的分立。在派生分立和拆分分立的情况下，原有公司会继续保持其法人地位不变，但是公司的资产就会大幅度的减少，这时候就需要通过减资和变更公司登记来实现注册资本和实际资产的统一。

（二）减少资本的方式

1. 减少票面价值

当公司的总股票数额不变，但是每股股票的票面价值减少时，公司的总体资本必然也就相应减少。比如，把一个公司的股票的票面价值从 8 元每股减少到 6 元每股，则该公司的资本总额也就减少了。

2. 减少股份数额

与票面价值的减少相反，股份数额减少后，减少的仅仅是股份的总额，每股股票的票面价值不发生改变。票面价值的减少和股份数额的减少都是股份有限公司所特有的减资方式。股份有限公司的股本总额是由股票的数额和每股的票面金额共同决定的，减少其中任何一个都可以到达减资的目的。

3. 减少股东出资

减少股东的出资大致可以分为返还出资意义上的减资和免除出资义务的减资。返还出资就是在股东已经认足并缴足公司资本的前提下，返还股东的部分出资，这种减资是实质意义上的减资，不仅减少了公司的资本，也减少了公司实际运营使用的资产。免除出资义务的减资是指在股东认足但未缴足公司资本的情况下，免除部分或全部未缴纳的出资义务，从而也减少了公司的资本。免除出资义务的减资其实并没有改变公司实际经营所使用的资产数额，只是改变了公司的注册资本数额，因而也被称为形式意义上的减资。

（三）减少资本的程序

公司资本的减少，直接涉及的是公司股东的利益，同时也会使得公司实际能够支配或者预期能够取得的财产减少，最终可能会危及公司债权人的利益，不利于资本市场的稳定和交易安全的保护，因此，一般各国在立法上对于公司减资的限制都比较严格。我国关于公司减少资本的条件和程序的规定主要体现在《公司法》第四十三条、第一百零三条、第一百七十七条和第一百七十九条。根据这些法条规定，减资的条件和程序如下：

第一，必须由股东大会做出减少公司资本的决议，并对公司章程进行有关的修改。根据我国《公司法》第四十三条和第一百零三的规定，有限责任公司减资必须经代表三分之二以上表决权的股东通过，股份有限公司减资必须经出席会议的股东所持表决权的三分之二以上通过。

第二，公司必须编制资产负债表和财产清单。《公司法》第一百七十七条第一款规定："公司需要减少注册资本时，必须编制资产负债表及财产清单。"

第三，减资时必须对外公告并通知公司债权人。公司减资可能影响公司的信用能力，也会对债权人的利益造成影响，故《公司法》第一百七十七条第二款规定："公司应当自作出减少注册资本决议之日起十日内通知债权人，并于三十日内在报纸上公告。"

第四，必要时进行债务的清偿或提供担保。公司减资可能影响债权人的利益，也可能没有影响。当公司债权人认为自己的债权可能受到损害的情况下，可自接到通知书之日起三十日内，未接到通知书的自公告之日起四十五日内，要求公司清偿债务或者提供相应的担保。

第五，办理相关登记手续。《公司法》第一百七十九条第二款规定："公司增加或者减少注册资本，应当依法向公司登记机关办理变更登记。"

本章小结

本章所涉及的内容是 2013 年《公司法》修正的重要方面，学生应该对本章的内容提起足够的重视。本章的常考点是资本与相关概念的区别、法定资本制、股东出资的形式和法定要求、违反出资的责任、公司增资和减资的条件等。本章很容易结合后面的公司治理设计案例分析题，复习的时候要多看案例分析，同时加强理论方面的理解。

本章练习

一、判断题

1. 公司可以向其他有限责任公司、股份有限公司投资，并以该出资额为限对所投资公司承担责任。（　　　）

2. 公司不能成立时，发起人对设立行为所产生的债务和费用负连带责任。（　　　）

3. 募集设立的股份有限公司，发行股份的股款交足后，发起人应当在 30 日内主持召开公司创立大会。（　　　）

4. 公司登记事项中的资本除了注册资本，还包括实收资本。（　　　）

5. 公司股东在公司新增资本时，享有在股权认购上的优先权和在发行价款上的优惠

券。（　　）

6. 我国《公司法》规定的出资形式中，非货币出资就是"现物出资"。（　　）

7. 有限责任公司的注册资本不能减少，可以增加和转让。（　　）

8. 公司合并和分立时，应当自作出决议之日起 10 日内向债权人发出通知，并于 30 日内在报纸上至少公告 3 次。（　　）

9. 有限责任公司修改公司章程和改变公司组织形式的决议，必须经出席股东会议的股东所持表决权的三分之二以上通过。（　　）

10. 公司的股东和发起人对资本的不足部分承担共同连带责任。（　　）

二、单项选择题

1. （司法考试真题 2007）某国有企业拟改制为公司。除 5 个法人股东作为发起人外，拟将企业的 190 名员工都作为改制后公司的股东，上述法人股东和自然人股东作为公司设立后的全部股东。根据我国公司法的规定，该企业的公司制改革应当选择下列哪种方式？（　　）

    A. 可将企业改制为有限责任公司，由上述法人股东和自然人股东出资并拥有股份

    B. 可将企业改制为股份有限公司，由上述法人股东和自然人股东以发起方式设立

    C. 企业员工不能持有公司股份，该企业如果进行公司制改革，应当通过向社会公开募集股份的方式进行

    D. 经批准可以突破有限责任公司对股东人数的限制，公司形式仍然可为有限责任公司

2. （司法考试真题 2013）甲公司于 2012 年 12 月申请破产。法院受理后查明：在 2012 年 9 月，因甲公司无法清偿欠乙公司 100 万元的货款，而甲公司股东汪某却有 150 万元的出资未缴纳，乙公司要求汪某承担偿还责任，汪某随后确实支付给乙公司 100 万元。下列哪一表述是正确的？（　　）

    A. 就汪某对乙公司的支付行为，管理人不得主张撤销

    B. 汪某目前尚未缴纳的出资额应为 150 万元

    C. 管理人有义务要求汪某履行出资义务

    D. 汪某就其未履行的出资义务，可主张诉讼时效抗辩

3. （司法考试真题 2010）甲乙丙丁戊五人共同组建一有限公司。出资协议约定甲以现金十万元出资，甲已缴纳六万元出资，尚有四万元未缴纳。某次公司股东会上，甲请求免除其四万元的出资义务。股东会五名股东，其中四名表示同意，投反对票的股东丙向法院起诉，请求确认该股东会决议无效。对此，下列哪一表述是正确的？（　　）

    A. 该决议无效，甲的债务未免除

    B. 该决议有效，甲的债务已经免除

    C. 该决议需经全体股东同意才能有效

    D. 该决议属于可撤销，除甲以外的任一股东均享有撤销权

4. （司法考试真题 2005）刘、关、张约定各出资 40 万设立甲有限公司，因刘只有 20 万元，遂与张约定由张为其垫付出资 20 万元。公司设立时，张以价值 40 万元的房屋评估为 60 万元骗得验资。后债权人发现甲公司注册资本不实。甲公司欠缴的 20 万元出资应如

何补交？（　　）

    A. 应由刘补交 20 万元，张、关承担连带责任

    B. 应由张补交 20 万元，刘、关承担连带责任

    C. 应由刘、张各补交 10 万元，关承担连带责任

    D. 应由刘、关各补交 10 万元，张承担连带责任

5. （司法考试真题 2013）某有限公司共有 6 个股东，公司成立两年后，决定增加注册资本 500 万元。下列哪一表述是正确的？（　　）

    A. 股东会关于新增注册资本的决议，须经三分之二以上股东同意

    B. 股东认缴的新增出资额可分期缴纳

    C. 股东有权要求按照认缴出资比例来认缴新增注册资本的出资

    D. 如一股东未履行其新增注册资本出资义务时，公司董事长须承担连带责任

三．多项选择题

1. 甲乙二公司与王某、刘某欲共同出资设立一家注册资本 400 万元的有限责任公司。他们在订立公司章程时约定各自的出资方式如下。下列哪些出资是不合法的？（　　）

    A. 甲公司以其企业的商誉评估作价 90 万元出资

    B. 乙公司以其获得的某知名品牌特许经营权作价 160 万元出资

    C. 王某以其保险金额为 200 万元的保险单出资

    D. 刘某以其设置了抵押权的房屋评估作价 140 万元出资

2. （司法考试真题 2010）甲乙丙三人共同组建一有限责任公司。公司成立后，甲将其 20% 股权中的 5% 转让给第三人丁，丁通过受让股权成为公司股东。甲、乙均按期足额缴纳出资，但发现由丙出资的机器设备的实际价值明显低于公司章程所确定的数额。对此，下列哪些表述是错误的？（　　）

    A. 由丙补交其差额，甲、乙和丁对其承担连带责任

    B. 丙应当向甲、乙和丁承担违约责任

    C. 由丙补交其差额，甲、乙对其承担连带责任

    D. 丙应当向甲、乙承担违约责任

3. （司法考试真题 2007）某股份有限公司拟减少注册资本。为此，该公司应当依法实施以下哪些行为？（　　）

    A. 由股东大会作出减少注册资本的决权

    B. 编制资产负债表和资产清单

    C. 自作出减少注册资本的决议日起 10 日内通知债务人，并向所有的债务人提供相应的担保

    D. 向公司登记机关办理变更登记

4. 有限责任公司成立时，股东以土地使用权出资的，应当办理哪些手续？（　　）

    A. 评估作价   B. 产权过户

    C. 验资   D. 第一次股东大会确认

5. （司法考试真题 2007）某公司由甲、乙、丙 3 个股东组成，其中丙以一项专利出资。丙以专利出资后，自己仍继续使用该专利技术。下列哪一选项是错误的？（　　）

A. 乙认为既然丙可以继续使用，则自己和甲也可以使用

B. 甲认为丙如果继续使用该专利技术则需向公司支付费用

C. 丙认为自己可在原适用范围内继续使用该专利

D. 丙认为甲和乙使用该专利应取得自己的书面同意

四、问答题

1. 简述公司资本三原则。

2. 简述法定资本制与授权资本制的主要区别。

3. 我国法律规定有哪些非货币财产出资形式？

4. 我国法律对于出资有哪些出资要求？

5. 简述我国公司减少资本的程序和条件。

五、案例分析题

1.（司法考试真题 2010）2010 年 2 月，甲、乙、丙、丁、戊 5 人共同出资设立北陵贸易有限责任公司（简称北陵公司）。公司章程规定：公司注册资本 500 万元；持股比例各占 20%；甲、乙各以 100 万元现金出资，丙以私有房屋出资，丁以专利权出资，戊以设备出资，各折价 100 万元；至 2011 年 9 月，丙的房屋仍未过户登记到公司名下，但事实上一直由公司占有和使用。2012 年 6 月，丁提出急需资金，向公司借款 100 万元，公司为此召开临时股东会议，作出决议如下：同意借给丁 100 万元，借期六个月，每月利息一万元。丁向公司出具了借条。虽至今丁一直未归还借款，但每月均付给公司利息一万元。

请根据上述材料，回答问题。

（1）丙作为出资的房屋未过户到公司名下，对公司的设立产生怎样的后果？（　　）

A. 公司不成立，应当由甲、乙、丙、丁、戊 5 人共同承担违约责任。

B. 公司不成立，应当由丙承担发起人协议违约责任。

C. 公司成立，丙应当承担出资违约责任。因为房屋出资必须履行登记过户手续。

D. 公司成立，丙不承担任何违约责任。因为虽然没有过户，但是房屋已经由公司实际占有和使用。

（2）丁向公司借款 100 万元的行为是否构成抽逃注册资金？为什么？（　　）

A. 构成。临时股东会没有此项权利，该决议无效。

B. 构成。丁不能向自己所在公司借款，不利于公司其他股东的权益保护。

C. 构成。因为丁的借款行为会使公司的实际资本可运用资本减少。

D. 不构成。该债务经过股东会决议，签订了借款合同，形成丁对公司的有效债务。

2. A、B、C、D、E 5 人共同投资设立了一有限责任公司。2006 年 3 月 13 日，该 5 人订立了发起人协议，约定该公司注册资本总额为人民币 100 万元，其中 A 拟出资 20 万元人民币，B 拟以厂房作价出资 20 万元，C 拟以知识产权作价出资 30 万元，D、E 分别拟以劳务作价出资为 10 万元、20 万元。公司名称为北京翰林有限责任公司。公司成立后，董事会发现，B 作为出资的厂房的实际价额显著低于公司章程所定的价额，董事会提出了解决方案，即：由 B 补足差额，如果 B 不能补足差额，则向 A、C、D、G 按出资比例分担该差额。2006 年 7 月，因公司业务发展的需要，依法成立了天津分公司。天津分公司在生产经营过程中，因违反了合同约定被诉至法院，对方以翰林公司是天津分公司的总公

司为由，要求翰林公司承担违约责任。

请根据上述材料，回答问题：

（1）A、B、C、D、E 订立的发起人协议中不符合公司法规定的地方有哪个？（　　）

　　A. 公司的出资方式中，不允许以劳务作为出资

　　B. 20 万元的现金出资不符合公司法对于现金出资最低比例的规定

　　C. 公司的出资方式中，不允许以厂房出资

　　D. 公司的出资方式中，不允许以知识产权出资

（2）董事会做出的关于 B 出资不足的解决方案的内容是否合法？（　　）

　　A. 合法，董事会有权确定该类事项

　　B. 不合法，该差额必须由 B 一人全额补足

　　C. 不合法，针对 B 的出资不足，先由 B 本人补足，B 不能补足时，要由其余四人承担连带责任，而非按份责任。

　　D. 不合法，应当减少公司注册资本以保证公司注册资本和实际信用的一致。

（3）翰林公司是否应替天津分公司承担违约责任？（　　）

　　A. 翰林公司应替天津分公司承担违约责任。天津分公司属于翰林的分公司，不具有法人资格，其民事责任由设立该公司的总公司承担。

　　B. 翰林公司应替天津分公司承担违约责任。天津分公司属于翰林的子公司，不具有法人资格，其民事责任由设立该公司的总公司承担。

　　C. 翰林公司不应替天津分公司承担违约责任。天津分公司属于翰林的分公司，具有法人资格，其民事责任由自己独立承担。

　　D. 翰林公司不应替天津分公司承担违约责任。天津分公司属于翰林的子公司，具有法人资格，其民事责任由自己独立承担。

第五章

股东的权利与义务

学习目标

知识要求：

股东的权利和义务，是指作为公司的股东依法应享有的权利以及承担的义务。股东权的保护是公司制度具有正当性与合法性的重要前提。本章节旨在理解公司股东的权利与义务，股东权利与义务的相对性，熟悉权利转让程序，掌握股东代表诉讼的程序和规则，同时通过案例了解如何维护股东的权利，如何有效地防止股东权利的滥用。

技能要求：

重点掌握股东有哪些具体的权利和义务，在实践中能够发现股东权利被侵害的个案。能够判断一份股权转让的协议是否有效，协助起草公司股权转让协议。

案例引导

侵害股东权利①

原告刘玉等30人是振华公司离退休人员。1995年下半年，振华公司经金融部门批准按法定手续，开办了广东利华服务公司（以下简称利华公司）。1997年12月，利华公司制订集资章程。原告刘玉等30人根据集资章程规定，入股利华公司，成为股东，并享有了股息、红利的分配权。1998年2月，利华公司又制定了公司章程，该章程重申了1997年12月集资章程的基本规定，但第16条规定：本章程各条款，如与上级规定有抵触按上级规定执行。1999年3月29日，振华公司办公会议决定，利华公司已离退休股东的股金，自同年7月1日起连同本金发还本人，以便吸收新股。利华公司即实施退股，遭原告等人反对，利华公司遂通过原告等人的银行卡将股金及到期红利分别转入原告等人名下，强行退股。后法院判决被告利华公司收回原告刘玉等30人的股金，恢复他们原有的股东权利。

【案例分析】本案的主要问题是对股东权利侵害的认定。该案是一起企业股份制改革

---

① 中国裁判网 http://www.court.gov.cn/zgcpwsw/，访问日期：2016年5月20日。

过程中发生的企业内部行政管理行为违反法律规定，侵害股东权利的纠纷；利华公司虽非股份制企业，但它已具备了股份制的内涵；公司的设立及其集资章程，无论从设立时的有关规章规定，还是从我国民法对契约规定的有关原则看，均为合法有效，集资章程规定的股东权利不应受到任何企业行政命令的侵害。

第一节 股东的权利与义务

一、股东的权利

股东的权利是指股东基于出资认购股份而在法律上享有的各种权利，简称股东权，也是股东因持有股份而与公司发生的法律关系。股东权有广义和狭义之分。广义的股东权，泛指股东得以向公司主张的各种权利，故股东依据合同、侵权行为、不当得利和无因管理等法律关系对公司享有的债权也包括在内；狭义的股东权，则仅指股东基于股东资格，依据我国公司法和公司章程规定而享有的、从公司获取经济利益并参与公司治理的权利。股东权既不是纯粹的财产权，也不是纯粹的人格权，更不同于债权，它是一种综合性权利。

《公司法》第四条规定："公司股东依法享有资产收益、参与重大决策和选择管理者等权利。"股东作为对公司的投资者，拥有对公司的收益权、决策权和管理者选择权。股东的这三种基本权利是相辅相成、互为条件的。其中，收益权是目的，决策权是手段，管理者选择权是措施。

（一）资产收益权

资产收益权，指的是股东按照其对公司的投资份额通过公司盈余分配从公司获得红利的权利。获取红利是股东投资的主要目的。只要股东按照章程或股东协议的规定如期履行了出资义务，任何一个股东都有权向公司请求分配红利。一般而言，有限责任公司的股东应当按照其出资比例分取红利，股份有限公司的股东按照其持有的股份比例分取红利。我国《公司法》第八十一条，根据实践的需要，扩大了股东协议和公司章程在红利分配方面的自由权，规定股东按照出资比例或持股比例分取红利，但是，股东约定或章程规定不按照上述原则分配的红利除外。

（二）参与重大决策权

参与公司重大决策权，指的是股东对公司的重大行为通过在股东会或股东大会上表决，由股东会或股东大会做出决议的方式做出决定。公司的重大行为包括：公司资本的变化，如增加或者减少注册资本；公司的融资行为，如发行公司债券；公司的对外投资、向他人提供担保、购置或转让主要资产、变更公司主营业务等行为；公司合并、分立、变更组织形式、解散、清算等行为。上述有些权利，在不违背法律强制性规定的前提下，股东会或者股东大会可以授权董事会行使。

（三）选择管理者权

选择管理者的权利，指的是股东通过股东会或股东大会做出决议的方式选举公司的董事、监事的权利。选择管理者的权利也包括决定管理者的薪酬。公司的所有权和经营权相分离，投资者个人不必参与经营，是现代公司制度发展的趋势。特别是对股份有限公司而言，股东作为投资者，对公司重大决策和选择管理者的权利均应越过股东会来行使，股东个人没有决定权。为了提高公司的经营效率，股东会的权限应有所限制，对公司一般的经营决策，股东和股东会不应干预。

除了上述三种基本权利之外，股东还有其他一些权利，它们共同构成股东权利。包括：股利分配请求权，剩余财产分配请求权，股权（股份）转让权，新股认购优先权，参加股东（大）会的权利，选举权和被选举权，表决权，提起直接诉讼权等。同时还规定了对中小股东利益保护的特别权利：股东（大）会召集请求权和自行召集权、知情权、提案权、累积投票权和异议股东股份回购请求权等。

公司股东的合法权益受法律保护。保护股东的合法权益不受侵犯是制定公司法的重要立法宗旨。针对实践中存在的问题，公司法注意保护中小股东的合法权益，在维护资本多数决的前提下注意平衡股东利益，增加了若干具体制度，如规定公司股东不得滥用股东权利损害公司或其他股东的利益，如果滥用应承担赔偿责任；有限责任公司的股东可以查阅会计账簿；有限责任公司的股东对公司不分配股利的，可要求公司收购其股权从而退出公司；公司合并、分立、转让主要财产，股东有异议的，也可以要求退出公司。同时，在许多方面给予公司章程更高的自由度，使中、小股东在公司设立之初，制定公司章程时可以通过平等协商来维护自己的权利。这些制度将对切实保护股东权益，维护公平、公正起到积极的作用。

二、股东的义务

权利与义务总是相对的，股东享有权利，也要承担义务。权利是可以放弃的，但义务不可以免除或者打折扣。股东的义务是指股东对公司应承担的各种责任，包括公司股东依法履行出资义务、忠实义务、清算义务等法定义务，除此之外股东还应遵守公司章程约定的特殊义务。根据我国《公司法》第二十六条至第三十条的规定，股东的义务主要有：

（一）遵守法律、行政法规和公司章程

遵守法律和行政法规，既是公民的法定义务，同时也是股东的法定义务。遵守公司章程是股东的特定义务，只有股东才能和章程发生法律关系，不是股东的人，不必遵守章程。章程的特别约束对象只能是股东，所以，股东应当遵守法律、行政法规和公司章程。

（二）依法律和章程的规定按时足额缴纳出资，不得抽逃出资

凡是股东都应当按期足额向公司缴纳出资。不缴纳出资的，除应当向公司足额缴纳外，还应当承担出资上的违约责任。这种违约责任一般在设立有限责任公司或者设立股份有限公司协议中规定，违约的股东应当按照协议中的规定承担违约责任。此外，如果股东

擅自抽逃出资，将会追究其法律责任。股份公司的发起人、认股人也有不得抽回其股本的义务。

（三）股东忠实义务

不得滥用股东权利损害公司或者其他股东的利益，否则应当承担赔偿责任。此处的赔偿责任是一种过错责任。法律规定股东滥用权利承担赔偿责任，主要是为了防止股东不谨慎行使权利，导致公司利益或者其他股东利益受损。这是法律在赋予股东权利的同时，又加强了对公司利益和其他股东利益的保护。

（四）对公司债务承担清偿责任义务

一般情况下，股东对于公司的债务应以其出资额为限承担间接责任，即在产生公司债务时，应首先由公司财产予以偿还，只有在公司财产无法偿清的情况下，才由股东在其出资额的限度内予以偿还，对于超过投资额以外的部分，股东不再承担责任。但是，若股东滥用公司法人独立地位和股东有限责任，有虚假出资、抽逃出资等逃避债务的行为，严重损害公司债权人利益的，应当对公司债务承担连带责任。另需注意的是，一人有限责任公司的股东若不能证明公司财产独立于股东自己的财产的，应当对公司债务承担连带责任。

（五）法律、行政法规及公司章程规定应当承担的其他义务

对于控制股东，一般还规定了特殊义务：控制股东尊重公司独立人格的义务，控制股东的诚信义务。诚信义务包括忠实义务和注意义务，忠实义务要求控制股东行使控制权时符合行为公正的要求，除了考虑自己的利益之外，还必须考虑公司利益和其他股东利益的义务；注意义务则是要求控制股东在行使控制权时，应将因资本多数决而无法直接表达自己意愿的中小股东视为信托人，对所托之事须履行一个善良管理人应尽的注意，不得怠于履行职责。

案例引导

深圳市某数控技术有限公司与李某某股东滥用股东权利赔偿纠纷案①

原告深圳市某数控技术有限公司于2003年3月5日注册成立，股东为李某某、董某某、孙某某三人，其中李某某任董事、总经理并担任公司法定代表人。2008年7月16日原告公司的股东变更为宋某、张某某两人，由张某某任公司法定代表人。其中原股东李某某与原告公司现股东宋某原是夫妻关系，双方已于2008年6月离婚。2007年5月8日，时任原告法定代表人的李某某从原告公司账户向肇州县某×劳务分包有限公司汇款155538元，汇款用途为购买房屋。后肇州县某×劳务分包有限公司于2007年5月15日将该款退还，由李某某以原告公司名义领取了该款，并于同一天李某某将该款又交至大庆市

---

① 中国裁判文书网．http：//wenshu.court.gov.cn/content/content？DocID=c0963a48-73d7-4ccf-a5ab-e656bfbb29a9，访问日期：2016年5月20日。

某×建筑工程有限公司，用于李某某的父亲李某购买房屋。

原告公司于 2009 年 4 月 15 日以肇州县某×劳务分包有限公司为被告，曾向黑龙江省肇州县人民法院提起诉讼。以原告公司曾于 2007 年 5 月 18 日向肇州县某×劳务分包有限公司汇款 155538 元用于购买房屋，但原告公司并未从肇州县某×劳务分包有限公司取得相应的房屋，原告公司遂起诉要求肇州县某×劳务分包有限公司返还收取的 155538 元。肇州县人民法院经审理，驳回了原告公司的诉讼请求。

【案例分析】法院认为，原告公司作为企业法人，有独立的法人财产。公司股东也不得滥用股东权利，损害公司利益。被告李某某辩称其用原告公司的资金为父亲李某购买房屋，是公司内部事务。该答辩主张其实质是滥用股东权利损害公司的利益，股东虽依据其股权享有从公司分红的权利，但股东分红应当按照有关公司法律、法规的规定进行，并不表示股东可以为自身利益直接处置公司财产。本案中，被告李某某直接使用公司财产为其父亲购买房屋，侵害了原告公司的法人财产权，造成原告公司财产的损害，应当承担相应的赔偿责任。另被告李某某作为原告公司的董事、总经理，对原告公司负有忠实和勤勉义务，不得挪用公司资金。被告李某某在从肇州县某×劳务分包有限公司领取退还的 155538 元后，应当返还给原告公司，而被告却使用该款直接为其父亲购买房屋，已构成挪用公司资金的情形。因此，被告应当将该款返还给原告公司。

综上所述，被告李某某在作为原告公司股东，及董事、总经理期间，滥用股东权利和公司管理人员的地位，使用原告公司资金为父亲李某购买房屋的行为，已侵害了原告公司的法人财产权，并给原告公司资产造成实际损失，应当承担相应的赔偿责任。因此，原告公司要求被告返还 155538 元并支付利息的诉讼请求，法院予以支持，最终判决被告李某某向原告深圳市某×数控技术有限公司返还 155538 元，并支付利息。

第二节　股东权利的转让

股东权利的转让，简称股权转让，是公司股东依法将自己的股东权益有偿转让给他人，使他人取得股权的民事法律行为。股权转让既能促进财富流转，又能促进财富的创造；既能确保老股东顺利退出公司，又能促进新股东平稳加盟；既能降低公司资源的交易成本，又不妨碍公司的正常经营。

一、有限责任公司的股东转让股权

有限责任公司股东转让股权，包括以下五种情形：

（一）股东之间转让股权

有限责任公司的股东转让股权又称转让出资，股东转让出资受到较为严格的条件限制。因为有限责任公司是资合与人合的统一体，因此股东之间的相互信任要求要大于股份有限公司。

我国《公司法》第七十一条第一款规定："有限责任公司的股东之间可以相互转让其

全部或者部分股权。"《公司法》对股东之间转让股权没有做任何限制，因为公司股东之间的股权转让，无论是转让全部股权还是转让部分股权，都不会有新股东的产生，不会影响到其他股东之间已有的合作伙伴关系。

（二）股东向股东以外的人转让股权

根据我国《公司法》第七十一条第二款至第四款规定："股东向股东以外的人转让股权，应当经其他股东过半数同意。股东应就其股权转让事项书面通知其他股东征求同意，其他股东自接到书面通知之日起满三十日未答复的，视为同意转让。其他股东半数以上不同意转让的，不同意的股东应当购买该转让的股权；不购买的，视为同意转让。经股东同意转让的股权，在同等条件下，其他股东有优先购买权。两个以上股东主张行使优先购买权的，协商确定各自的购买比例；协商不成的，按照转让时各自的出资比例行使优先购买权。公司章程对股权转让另有规定的，从其规定。"这意味着公司章程可以对股东之间的股权转让以及股东向股东以外的人转让股权作出与《公司法》不同的规定。一旦公司章程对股权转让作出了与《公司法》不同的规定，就应当依照公司章程的规定执行。

（三）人民法院强制转让股东权利

人民法院依照法律强制转让股东的股权，是指人民法院依照民事诉讼法等法律规定的执行程序，强制执行生效的法律文书时，以拍卖、变卖或者其他方式转让有限责任公司股东的股权。我国《公司法》第七十二条规定："人民法院依照法律不规定的强制执行程序转让股东的股权时，应当通知公司及全体股东，其他股东在同等条件下有优先购买权。其他股东自人民法院通知之日起满二十日不行使优先购买权的，视为放弃优先购买权。"

同时，我国《公司法》第七十四条规定："依照本法第七十一条、第七十二条转让股权后，公司应当注销原股东的出资证明书，向新股东签发出资证明书，并相应修改公司章程和股东名册中有关股东及其出资额的记载。对公司章程的该项修改不需再由股东会表决。"

（四）股东的股权收购请求权

收购股权是指股东向该公司出售股权。该规则仍然是法律为股东提供合理的救济渠道，保障股东退出公司的正当自由，但股东以向公司出售股权的方式退出公司需要满足法定的前提条件，我国《公司法》第七十四条规定："有下列情形之一的，对股东会该项决议投反对票的股东可以请求公司按照合理的价格收购其股权：（一）公司连续五年不向股东分配利润，而公司该五年连续盈利，并且符合本法规定的分配利润条件的；（二）公司合并、分立、转让主要财产的；（三）公司章程规定的营业期限届满或者章程规定的其他解散事由出现，股东会会议通过决议修改章程使公司存续的。自股东会会议决议通过之日起六十日内，股东与公司不能达成股权收购协议的，股东可以自股东会会议决议通过之日起九十日内向人民法院提起诉讼。"这一点与股东向第三人转让股权是依据当事人协商不同。

（五）自然人股东资格的继承

有限责任公司的股东通过股权继承方式也可达到股权流转的目的，但这是一种非常特殊的股权转让。我国《公司法》第七十五条规定："自然人股东死亡后，其合法继承人可以继承股东资格；但是，公司章程另有规定的除外。"从该规定可以看出股权继承仅限定于自然人股东，股东的继承人不仅可以继承股权，而且股东资格也一并继承。此外，股权继承采取公司章程优先于法律的原则。

二、股份有限公司的股东权利转让

股份有限公司的股东转让股权，是股东依照一定程序把自己的股份转让给他人，使取得该股份的人成为该公司股东的行为。股份有限公司与有限责任公司不同，它是一个纯粹资合的公司，股东与股东之间的人身约束力很小，股份转让实行的是自由转让原则，即任何股东都有权自由转让自己的股份，当然这种转让也不是无任何条件限制的。我国《公司法》第一百三十七条规定："股东持有的股份可以依法转让。"但是，《公司法》对股份转让权利的场所和方式进行了限制，第一百三十八条规定："股东转让其股份，应当在依法设立的证券交易场所进行或者按照国务院规定的其他方式进行。"

三、工商登记对股份转让的作用

为了规范公司的登记行为，保护市场公平交易，大多数国家对公司的基本情况实行政府登记制度。我国的公司登记由工商行政管理机关负责，公司登记的事项包括名称、住所、法定代表人、注册资本、企业类型、有限责任公司股东或者股份有限公司发起人的姓名或名称等。

公司的股权转让，作为公司的重要事项之一，也必须经过工商行政管理部门的登记。股权转让协议是否要向工商行政管理机关办理股东变更登记，成为判断股权转让协议有效性问题的焦点。结合我国《合同法》对合同有效性问题的规定，我们可以看到，无论是作为法律的《公司法》，还是作为行政法规的《公司登记管理条例》，二者都没有规定我国的股权转让必须经过工商部门的登记才生效，因此，我国采取的是登记对抗主义，即工商行政机关的登记不是股权转让的生效条件，它对协议当事人有约束力，但不能对抗善意第三人。

❧ 案例引导

股权转让协议应该符合法定的要件①

2014 年 1 月 16 日，滢露鸿公司与蝶莱雅公司签订《转让协议》约定：转让总价为人

民币 780000 元（下同）。工厂现所有固定资产全部归滢露鸿公司所有。转让之前所有负债归蝶莱雅公司承担。正式交接时间为 2014 年 4 月 1 日。由受让方 2014 年 1 月 16 日付定金 50000 元，法人变更好之后三个工作日内支付蝶莱雅公司 250000 元；所有设备等移交手续全部办完之后三个工作日内支付蝶莱雅公司 400000 元；待滢露鸿公司装修审证完毕后三个工作日内支付蝶莱雅公司 80000 元。如蝶莱雅公司无法如期交付滢露鸿公司或不能转让于滢露鸿公司，蝶莱雅公司应一次性支付滢露鸿公司 100000 元。该协议由蝶莱雅公司盖章并由股东吉海成、李清早签字。协议签订后，滢露鸿公司向蝶莱雅公司支付了定金 50000 元。但由于蝶莱雅公司系由吉海成、李清早、张志群三人设立的有限公司，签订该协议书时，其中一位股东张志群在外地，并且没有在该协议上签字。2014 年 3 月 31 日，滢露鸿公司发函给蝶莱雅公司要求公司提供股东会决议的原件，以便按照协议内容开展相关事宜。4 月 1 日，双方未就股权转让等事宜进行磋商。2014 年 4 月 2 日，蝶莱雅公司又发函要求滢露鸿公司办理交接手续。4 月 8 日，双方就股权转让等事宜进行了磋商，并由滢露鸿公司起草了蝶莱雅公司关于股权转让的股东会决议，但因细节原因双方未能就办理股权变更手续等达成一致。后滢露鸿公司因股权转让协议履行的问题将蝶莱雅公司、吉海成和李清早诉至法院。

【案例分析】 本案的主要问题是滢露鸿公司与蝶莱雅公司签订的《转让协议》是否有效。法院认为，当事人签订的《转让协议》仅是双方就收购蝶莱雅公司全部股权及资产的一份意向书，双方应当就股权转让、资产收购签订更详细及可操作的协议，包括相应的股权转让协议等，且签订《转让协议》时，尚未得到蝶莱雅公司全体股东的同意。本案涉及股权转让行为的有效性，法院判定时的依据是当事人之间是否存在有效的股权转让协议，在股权转让协议中应该明确转让股权的双方主体、转让的股份、履行的程序等内容。有效的股权转让协议要件应该符合中国合同法对合同有效要件的要求。在实务中最容易产生纠纷的情形，包括转让股权主体出错，非个人转让主体忽略了转让主体的资格等。所以，建议在处理时除了掌握相关法律规定以外，转让股权协议完整性仍然是避免和解决该纠纷的重点。

第三节　股东代表诉讼

一、股东代表诉讼概述

股东代表诉讼又称股东间接诉讼，是指当公司利益受到损害或侵害而公司法定诉讼机关不能、拒绝或怠于追究损害人或侵害人责任时，具备法定资格的股东为了公司利益，以自己的名义对损害人或侵害人提起诉讼，追究其法律责任的诉讼制度。作为现代公司法的一项重要内容，股东代表诉讼制度成为弥补公司治理结构缺陷及其他救济方法不足的必要手段，在保护中小股东权益等方面发挥着重要的作用。

我国《公司法》第一百五十一条对股东代表诉讼制度作了详细的规定："董事、高级管理人员有本法第一百四十九条规定的情形的，有限责任公司的股东、股份有限公司连续一百八十日以上单独或者合计持有公司百分之一以上股份的股东，可以书面请求监事会或者不设监事会的有限责任公司的监事向人民法院提起诉讼；监事有本法第一百四十九条规定的情形的，前述股东可以书面请求董事会或者不设董事会的有限责任公司的执行董事向人民法院提起诉讼。监事会、不设监事会的有限责任公司的监事，或者董事会、执行董事收到前款规定的股东书面请求后拒绝提起诉讼，或者自收到请求之日起三十日内未提起诉讼，或者情况紧急、不立即提起诉讼将会使公司利益受到难以弥补的损害的，前款规定的股东有权为了公司的利益以自己的名义直接向人民法院提起诉讼。他人侵犯公司合法权益，给公司造成损失的，本条第一款规定的股东可以依照前两款的规定向人民法院提起诉讼。"

上述规定涉及股东代表诉讼的诉讼主体资格、有关诉讼提起的必要程序两个方面的内容。代表诉讼提起权在有限责任公司属于单独股东权，而在股份有限公司属于少数股东权。有限责任公司的任何股东，不论持股多长时间、持股比例几何，均具备原告股东资格。立法者之所以如此设计，主要是为了鼓励小股东监督公司正常运营、维护公司整体利益。至于股份有限公司的股东，原告股东必须是连续 180 日以上单独或合计持有公司 1% 以上股份的股东，立法者之所以如此设计，主要是为了防止个别居心不良的投机股东滥用权利。

二、股东代表诉讼的当事人

(一) 原告股东的适格条件

股东代表诉讼是只有股东才有资格提起的诉讼，出于防止股东滥诉的需要，股东要成为适格的原告，必须具备一定资格。美国的同期股权规则要求原告必须是在公司发生错误行为以及诉讼期间的股东[①]；日本和我国台湾地区"公司法"规定只有起诉之前一段时间内持续持有股份的股东才有权提起代表诉讼；英国和韩国公司法仅要求股东在起诉时持有一定数量股份即可。相比之下，同期所有权规则过于严格，如果只有行为时的股东才可以提起诉讼，股权结构的变动以及股份持有人的变化可能会导致以往发生的重大问题得不到有效的追究。我国立法采纳了后两种立法模式，规定有限责任公司的股东、股份有限公司连续一百八十日以上单独或者合计持有公司百分之一以上股份的股东才可以提起代表诉讼。

(二) 被告的范围

依据我国《公司法》第一百五十二条的规定："股东代表诉讼的适格被告既包括董事，也包括监事、经理和其他公司经营者；既包括公司内部人，也包括公司外的第三人；既包括民事主体，也包括行政机构。"

---

① 宋玉莲. 公司法原论 [M]. 北京：清华大学出版社，2001.

原告股东提起的股东代表诉讼既包括民事诉讼，也包括行政诉讼。当原告股东对侵害公司合法权益的民事主体提起代表诉讼时，该诉讼属于民事诉讼的范围，适用民事诉讼程序；而当原告股东对侵害公司合法权益的行政机关提起代表诉讼时，该诉讼属行政诉讼的范畴，适用行政诉讼程序。

（三）股东代表诉讼中其他股东的法律地位

提起股东代表诉讼之后，诉讼的进行及其结果便与其他股东的利益息息相关，在股东代表诉讼中与原告股东处于相同地位的其他股东的地位自然成为股东代表诉讼制度的重要问题，但公司法对此并未明确规定。

就我国股东代表诉讼而言，在第一次开庭审理之前，如果有其他股东要求参加股东代表诉讼，应予准许，因为这样既可以使股东更具有代表性，分摊原告的诉讼风险，也有助于查明案件事实。而在第一次开庭审理之后，法院一般不应准许其他股东再加入诉讼，因为股东代表诉讼的结果涉及原告股东与其他众股东的切身利益，且诉讼结果对其他股东均产生既判力，公司各股东之间不是必要的共同诉讼当事人，公司其他股东是否参加诉讼不影响案件的审理。

所以，人民法院既不应主动把其他股东列为共同原告，也不宜将其列为无独立请求权的第三人，以避免诉讼时间的无理拖延或者诉讼成本的增加。

（四）股东代表诉讼中公司的法律地位

1. 由公司自主选择是否参加股东代表诉讼

在股东代表诉讼中，由于原告股东具有代表性和代位性，事实上其行使的是公司的诉权，故而公司并无参加诉讼之必要。但鉴于民事诉讼的意思自治之品质，可以由公司自主选择是否参加股东代表诉讼。另外，在强调意思自治的同时，不能损害公共利益。若股东代表诉讼没有公司的参与，将无法查明案件事实或者原告股东和被告恶意串通损害公司和其他股东利益的，公司则应参加诉讼。

2. 根据实际情况界定公司的诉讼地位

公司参加股东代表诉讼后，对于公司在股东代表诉讼中的地位不能简单套用现行的当事人制度加以界定，其地位具有综合性质，应当根据实际情况来具体界定其诉讼地位。

（1）公司可以是形式被告。例如在股东代表诉讼的前置程序中，原告股东要证明公司应当诉讼而拒绝诉讼的事由存在，此时公司即处于形式上的被告地位。

（2）公司可以是实质原告。股东代表公司进行诉讼后，人民法院作出的裁判对公司自然具有拘束力，胜诉利益亦归属于公司，公司无疑是实体利益的享有者和归属者。

（3）公司可以是第三人。如果公司认为已经进行的股东代表诉讼中，原告股东与被告有恶意串通损害公司利益之情形，自然可以主动申请加入诉讼。此时，公司即处于第三人的地位。但鉴于公司参加诉讼并未提出独立的诉讼请求，其参加诉讼仅仅是为了防止诉讼产生对其不利的结果，因而其属于无独立请求权的第三人。

（4）公司可以是证人。在股东提起股东代表诉讼后，公司没有参加诉讼，但若人民法院认为，公司不参加诉讼将导致案件事实无法查明且可能危害公共利益的，则可通知公司参加诉讼。此时，公司的权利义务主要是向法院提供证据材料，其诉讼地位类似于证人。

综上，公司在股东代表诉讼中具有颇为复杂的诉讼地位，但无论其是形式被告还是实质原告，也不论其是第三人抑或是证人，均不是完整意义上的当事人，其只有当事人的局部地位。公司可以对原告的主张或诉讼行为提出异议，请求法院审查，但不能提出新的诉讼主张，不能请求撤诉，不能请求和解，亦无上诉权。

三、股东代表诉讼的前置程序

由于股东代表诉讼是一种代位诉讼，是为公司内部监督体制失灵设计的补充救济，因此必须规定前置程序，具体如下：

（一）"竭尽公司内部救济"规则

股东具备了提起股东代表诉讼的原告资格，并不等于股东在公司遭受不正当行为损害时可径行代表公司提起诉讼。股东提起代表诉讼的前提条件是公司拒绝或怠于由自己直接向实施不正当行为的当事人提起诉讼，股东未征求公司是否就该行为提起诉讼的意思前，不应该也不可能提起代表诉讼。

只有在股东请求监事会、董事会等采取必要措施行使公司的诉讼请求，而公司明确拒绝股东请求或者对股东请求置之不理时，股东才能向法院提起代表诉讼。这就是各国公司法通常都规定的"竭尽公司内部救济"规则，也称前置请求规则。我国《公司法》第一百五十一条即规定了该规则，要求股东在提起代表诉讼之前，应该请求公司的监事会或者不设监事会的有限责任公司的监事，或者董事会或者不设董事会的执行董事向人民法院提起起诉。如果其请求得不到满足，公司没有合理的理由却最终拒绝或怠于起诉，股东则可以提起代表诉讼。但在诸如有关财产即将被转移、有关权利的行使期间或者诉讼时效即将超过等紧急情况下，股东有权立即提起代表诉讼。可见，前置程序的设置能够减少不必要的诉讼，也能够促使公司提起诉讼，避免滥诉。

（二）股东代表诉讼的和解与撤诉之司法审查

一般的民事诉讼中原告可以处分自己的实体权利，可以和被告和解。通过和解的方式来解决股东代表诉讼的实体问题，是符合诉讼经济原则的。然而，股东代表诉讼的和解与一般的民事和解不甚相同，由于股东个人的利益有可能与代表诉讼中被代表的公司利益发生冲突，若原告股东在代表诉讼中与被告达成和解或自动撤诉，从而在诉讼之外得到个人的不正当利益，则完全背离了股东代表诉讼的制度目的。

鉴于此，为防止股东滥用诉权而损害公司利益，确保其和解内容的公正性和合理性，人民法院应当以是否损害公司和其他股东的利益为标准，严格审查股东与被告公司签订的案外和解协议或者撤诉请求。凡未经法院批准的和解协议或者撤诉均不具有约束力。以后公司仍然可以间接诉讼中的同一事实和理由向人民法院提起直接诉讼，或者公司其他股东以同一事实和理由而提起代表诉讼。

案例引导

股东代表诉讼需要完成前置程序①

海博公司设立于 2007 年 11 月 2 日，注册资本 200 万元，王存棉、王海军、王海燕缴纳的出资额分别为 120 万元、40 万元、40 万元，王存棉系王海军、王海燕之父，王海军任海博公司法定代表人。2010 年 4 月 3 日，海博公司与绿地建设公司徐州绿地世纪城项目部签订钢材购销合同，约定海博公司向绿地建设公司供应钢材，绿地建设公司在工程封顶后三个月内付清全部货款（最迟 2010 年 11 月底），如绿地建设公司未在约定期限内付清货款，海博公司有权按未付货款的 30% 向绿地建设公司收取违约金。海博公司共计向绿地建设公司供应钢材 721.994 吨，货款合计 3498891.39 元。至 2011 年底，绿地建设公司尚欠货款 378891.39 元。经海博公司催要，绿地建设公司于 2012 年 1 月 18 日给海博公司办理了一份金额为 378000 元的转账支票，海博公司派业务员何静去取时，绿地建设公司会计要求何静在收条上写明双方货款已结清的字据，经王海军同意，海博公司业务员何静在出具给绿地建设公司的收据上注明"账款结清"字样，并收取转账支票。王存棉作为股东认为，绿地建设公司的上述行为构成侵权，何静出具的有关货款两清的字据属于可撤销的合同。2012 年 9 月 19 日，王存棉以海博公司股东的名义给公司法定代表人王海军写报告，要求起诉绿地建设公司。

2012 年 12 月 21 日，王存棉以自己的名义向江苏省徐州市云龙区人民法院提起诉讼，公司法定代表人王海军软弱无能，反对用公司名义起诉，他只有用公司股东的名义起诉，请求撤销绿地建设公司会计要求海博公司业务员何静写的有关双方货款已结清的字据，并判令绿地建设公司偿还海博公司货款及违约金 99985.93 元。

【案例分析】本案的主要问题是王存棉是否有资格提起股东代表诉讼。根据我国《公司法》第一百四十九条和第一百五十一条的规定，由股东提起派生诉讼的前提有二，一是公司董事、高级管理人员执行公司职务时违反法律、行政法规或公司章程的规定，或者他人侵犯公司合法权益，给公司造成损失；二是拟被诉的公司董事、高级管理人员控制公司，或者拟被诉的民事主体与公司之间存在某种利害关系，公司甘愿承受此不利益。股东派生诉讼旨在对公司的上述错误进行纠正，从而保护股东尤其是中小股东的利益，该制度不应滥用，以免危害公司治理结构。该案中的股东王存棉作为海博公司股东，有代表公司诉讼的法定身份。但是，王存棉在本案诉前并未用尽公司内部救济，不能提起股东代表诉讼。但根据案情，在王存棉请求下公司法定代表人已经同意其以公司名义提起诉讼并提供公章供其使用，之后，王存棉应选择以公司名义进行诉讼。所以只有在其请求已落空或注

---

① 中国裁判文书网 . http：//wenshu. court. gov. cn/content/content? DocID = 3a24eb91-15b5-4ad3-84b0-3c8c4cd4427d&KeyWord = %BA%A3%B2%A9%B9%AB%CB%BE%C9%E8%C1%A2%D3%DA2007%C4%EA11%D4%C22%C8%D5%A3%AC，访问日期：2016 年 5 月 14 日。

定落空、救济已失败或注定失败时，王存棉作为公司股东才可以代表公司提起诉讼。另外，提起股东代表诉讼的股东必须证明公司的利益受到侵害，在本案中，海博公司业务员何静系经公司法定代表人王海军同意后才给绿地建设公司出具了账款结清的收据，该行为在日常买卖合同关系中较普遍，通常系合同双方合理处分权利。通过现有证据，对此行为是否侵害了公司股东的权益尚无法评判。综上，王存棉以股东名义提起诉讼，主体不适格。

本章小结

股东权利与义务是厘清公司内部之间以及公司对外法律关系的前提。本章节在介绍公司股东的权利与义务的理论内涵，股权转让的相关法律规定，以及股东代表诉讼等相关内容，结合案例对实践中出现的相关问题进行分析，对理论知识和应用方法有更充分的认识。

本章练习

一、判断题

1. 公司向其他企业投资或者为他人提供担保，按照公司章程的规定由董事会或者股东会、股东大会决议。（　　）

2. 公司股东滥用公司法人独立地位和股东有限责任，逃避债务，严重损害公司债权人利益的，也不对公司债务承担连带责任。（　　）

3. 股东会或者股东大会、董事会的会议召集程序、表决方式违反法律、行政法规或者公司章程，或者决议内容违反公司章程的，股东可以自决议作出之日起三十日内，请求人民法院撤销。（　　）

4. 有限责任公司由 200 个以下股东出资设立。（　　）

5. 记载于股东名册的股东，可以依股东名册主张行使股东权利。（　　）

6. 对作为出资的非货币财产应当评估作价，核实财产，不得高估或者低估作价。法律、行政法规对评估作价有规定的，从其规定。（　　）

7. 股东应当按期足额缴纳公司章程中规定的各自所认缴的出资额。（　　）

8. 有限责任公司成立后，发现作为设立公司出资的非货币财产的实际价额显著低于公司章程所定价额的，应当由交付该出资的股东补足其差额。（　　）

9. 股东按照实缴的出资比例分取红利。但是，全体股东约定不按照出资比例分取红利或者不按照出资比例优先认缴出资的除外。（　　）

10. 首次股东会会议由工商局召集和主持，依照我国《公司法》规定行使职权。（　　）

二、单项选择题

1. （司法考试真题 2006）关于企业法人对其法定代表人行为承担民事责任的下列哪一表述是正确的？（　　）

A. 仅对其合法的经营行为承担民事责任

B. 仅对其符合法人章程的经营行为承担民事责任

C. 仅对其以法人名义从事的经营行为承担民事责任

D. 仅对其符合法人登记经营范围的经营行为承担民事责任

2. （司法考试真题 2006）杨某持有甲有限责任公司 10% 的股权，该公司未设立董事会和监事会。杨某发现公司执行董事何某（持有该公司 90% 股权）将公司产品低价出售给其妻开办的公司，遂书面向公司监事姜某反映。姜某出于私情未予过问。杨某应当如何保护公司和自己的合法利益？

A. 提请召开临时股东会，解除何某的执行董事职务

B. 请求公司以合理的价格收回自己的股份

C. 以公司的名义对何某提起民事诉讼要求赔偿损失

D. 以自己的名义对何某提起民事诉讼要求赔偿损失

3. 下列不属于对少数股东实现保护的救济手段的是（　　）

A. 股东代表诉讼

B. 要求恢复原状

C. 要求多数股东以公平价格取得少数股东的股份

D. 如果少数股东愿意留在公司，则给予少数股东以赔偿

4. 根据《公司法》，公司董事持有的本公司股份（　　）

A. 在公司成立后 3 年内不得转让　　　　B. 在其任职后 2 年内不得转让

C. 在其任职后 3 年内不得转让　　　　　D. 在其任职期间不得转让

5. 甲有限责任公司的董事 A 违反公司章程的规定进行的行为损害了公司股东 B 的利益，那么 B（　　）。

A. 可以直接向法院提起诉讼　　　　　　B. 必须通过董事会提起诉讼

C. 必须通过监事会提起诉讼　　　　　　D. 必须通过股东会提起诉讼

三、多项选择题

1. （司法考试真题 2005）下列关于法人机关的表述哪些是正确的？（　　）

A. 法人机关无独立人格

B. 财团法人没有自己的意思机关

C. 法人的分支机构为法人机关的一种

D. 监督机关不是法人的必设机关

2. 依据《公司法》规定，公司董事应当履行的义务有（　　）。

A. 不得利用职权侵占公司财产

B. 不得泄露公司秘密

C. 不得担任其他企业的负责人

D. 不得将公司资产以其个人名义开立账户存储

E. 必须出席股东大会

3. 依照我国《公司法》规定，股份有限公司设立可以采取的方式有（　　）。

A. 国家授权投资的机构单独投资设立　　B. 募集设立

C. 定向募集设立　　　　　　　　　　　D. 发起设立

E. 国家授权的部门单独投资设立

4. 股份有限公司董事长的职权包括( )。
    A. 召集、主持董事会会议　　　　B. 检查董事会决议的实施情况
    C. 主持股东大会　　　　　　　　D. 聘任或者解聘公司经理
    E. 签署公司股票、公司债券
5. 根据我国《公司法》规定，可以发行公司债券的主体有( )。
    A. 股份有限公司
    B. 有限责任公司
    C. 国有独资公司
    D. 两个以上的国有企业投资设立的有限责任公司
    E. 中外合资有限责任公司

四、问答题

1. 如何理解股东权利平等？
2. 公司董事会有什么权利？
3. 公司股东会有什么权利？
4. 什么是股东代表诉讼？
5. 什么情况下可以提起股东代表诉讼？

五、案例分析题

（司法考试真题 2012）2009 年 1 月，甲、乙、丙、丁、戊共同投资设立鑫荣新材料有限公司（以下简称鑫荣公司），从事保温隔热高新建材的研发与生产。该公司注册资本2000 万元，各股东认缴的出资比例分别为 44%、32%、13%、6%、5%。其中，丙将其对大都房地产开发有限公司所持股权折价成 260 万元作为出资方式，经验资后办理了股权转让手续。甲任鑫荣公司董事长与法定代表人，乙任公司总经理。

鑫荣公司成立后业绩不佳，股东之间的分歧日益加剧。当年 12 月 18 日，该公司召开股东会，在乙的策动下，乙、丙、丁、戊一致同意，限制甲对外签约合同金额在 100 万元以下，如超出 100 万元，甲须事先取得股东会同意。甲拒绝在决议上签字。此后公司再也没有召开股东会。2010 年 12 月，甲认为产品研发要想取得实质进展，必须引进隆泰公司的一项新技术。甲未与其他股东商量，即以鑫荣公司法定代表人的身份，与隆泰公司签订了金额为 20 万元的技术转让合同。2011 年 5 月，乙为资助其女赴美留学，向朋友张三借款 50 万元，以其对鑫荣公司的股权作为担保，并办理了股权质权登记手续。2011 年 9 月，大都房地产公司资金链断裂，难以继续支撑，不得不向法院提出破产申请。经审查，该公司尚有资产 3000 万元，但负债已高达 3 亿元，各股东包括丙的股权价值几乎为零。2012 年 1 月，鉴于鑫荣公司经营状况不佳及大股东与管理层间的矛盾，小股东丁与戊欲退出公司，以避免更大损失。

问题：

1. 2009 年 12 月 18 日股东大会决议的效力如何？为什么？
2. 甲以鑫荣公司名义与隆泰公司签订的技术转让合同效力如何？为什么？
3. 乙为张三设定的股权质押效力如何？为什么？
4. 大都房地产公司陷入破产，丙是否仍然对鑫荣公司享有股权？为什么？
5. 丁与戊可以通过何种途径保护自己的权益？

第六章

公司治理结构

学习目标

知识要求：

了解公司治理的概念、公司治理的原则和类型、公司治理与公司组织机构的关系；掌握作为公司最高权力机关的股东（大）会的概念、特征和职权，股东会会议的召集和表决程序及原则；董事会的概念、特征、职权、董事的产生、董事会会议的召集和表决程序；监事会的概念、特征、职权、监事的产生和任职资格、监事会会议的召集和表决程序；经理的概念和职权等内容。

技能要求：

能够分析、比较不同公司的公司治理结构；设计公司的治理结构；理解董事、监事、经理的产生及其义务；重点关注公司治理结构的方案设计和磋商过程。

案例引导

雷士照明控制权之争①

上市公司雷士照明控股有限公司（简称雷士照明）（02222.HK）成立于1998年，最初由吴长江、胡永宏、杜刚三人合伙创办。2006年，吴长江斥资1.6亿元人民币，收购胡永宏、杜刚所持股权，雷士照明进入吴长江全面掌权时期。

为了获得收购资金，吴长江四处融资，吴长江以稀释自身股权为代价，先后引入战略投资者软银赛富、高盛和施耐德电气。2012年，吴长江被董事会罢免董事长、CEO等一切职务。为了夺回雷士照明的控制权，吴长江引入王冬雷掌控的德豪润达入股雷士照明成为第一大股东，由王冬雷担任董事长，协助吴长江重回董事会担任CEO，并将"死对头"软银赛富阎焱驱逐出局。根据雷士照明2013年年报，其股权结构为：德豪润达持股20.24%，软银赛富投资持股18.50%，吴长江通过控股公司以及个人持股占股10.36%，施耐德持股9.22%。

---

① 吴长江逾10亿元德豪股权遭冻结 涉雷士照明借款纠纷. http://stock.10jqka.com.cn/20141009/c567637209.shtml.2015-7-23.

不过王冬雷入局后，对吴长江的信任迅速瓦解，由此激发雷士照明的第三次控制权风波。2014 年 8 月 8 日，雷士照明发布公告称，罢免吴长江的 CEO 职务，任命王冬雷担任临时 CEO。随后雷士照明在香港召开的临时股东大会，吴长江的董事以及附属公司的所有职务被全部罢免。吴长江被逐出他亲手创建的公司，雷士照明的控制权再次易手。

【案例分析】本案中，在股份有限公司的公司组织机构中，股东大会是最高权力机关，董事会是经营决策机关，监事会是权力监督机关，总经理是业务执行机关，通过这些机关建立起权责分明、各司其职、有效制衡、科学决策、协调运作的法人治理结构。其中，股东大会拥有重大经营事项决策权、选择管理者和监督权、重大财产处分权、公司"生死攸关"大事的决策权、公司内部"立法"权等一系列重大的根本性权利，股东大会遵循"资本多数决"的原则议决事项。因此，在我国公司法的双层并列制的公司治理结构下，公司控制权取决于"资本的力量"即由控股股东主导。

第一节　公司治理结构概述

一、公司治理结构的概念

公司治理结构（corporate governance），也称公司治理机制、公司治理或法人治理结构，这一概念最早出现于 20 世纪 80 年代的经济学文献之中。当今各国较有影响的经济学家从不同的角度提出了不同的界说，主要有制度安排说、相互作用说、组织结构说和决策机制说等。①

公司治理结构的含义有狭义和广义之分。通常狭义的公司治理结构主要是在公司所有权与控制权相分离的前提下，处理公司的股东与董事及高级管理人员之间的委托代理关系问题，实现所有者和经营者之间的权利与义务关系调整；广义的公司治理则被理解为关于公司组织方式、控制机制、利益分配的一系列法律、文化和制度性安排，这些安排最终决定了公司发展目标、如何控制公司风险和收益、如何均衡协调公司与一系列相关方，包括股东、雇员、债权人、债务人、上下游供应商及客户、政府监管部门等之间的利益关系问题。

在法学研究视域下，公司治理结构是指法律和公司章程规定的关于公司组织机构的架构及其相互之间的权力分配与制约的制度体系，旨在保证公司的正常有序运营，以维护股东、公司债权人以及社会公众的利益。

由此可见，公司治理结构既是一种经济关系、契约关系，又是一种制度安排、制衡机制，还是一种经济民主形式。公司治理结构既关系到公司运营决策的效率及其股东和债权人权利的保障，关系到公司是否可以从集体决策机制中实现不受任何其他主体直接控制的独立意志，以及独立人格的维系，又对整个社会经济的健康发展有着举足轻重的作用，其核心通过公司权力在公司内部不同组织机构之间的分配和制衡，实现公司运营决策效率

① 参见：彭群，何玉长．公司治理结构简论［J］．南昌大学学报（社会科学版），1998（2）：55-59.

与公司意志独立的协调发展。现阶段我国公司治理水平普遍不高，主要体现在缺乏公司良治的透明性、问责性、诚实性及股东平等性等。股权结构高度集中，信息披露不透明、中小股东权利保护制度欠缺、公司缺乏社会责任等情况普遍存在。

二、公司治理机构的主要类型

公司作为独立的法人格者，其具有独立的法律拟制人格的主要基础，即独立的财产和独立的意志。公司财产独立主要通过公司资本制度得以保障，而公司如何拥有不受任何个别股东、董事或高级管理人员操控的独立意志，则主要依靠公司治理结构来保障。公司意志独立于公司个别股东、董事或高级管理人员，主要通过确保公司意志来源于集体决策而实现，即将公司的各类经营决策权按照一定的原则分配给不同的公司内部组织机构来行使，不同组织机构分别按照集体讨论和集体投票的方式行使各自决策权，同时不同的组织机构之间又通过相互监督和权力交叉来实现彼此制衡，从而最终达到任何一个组织或个人都无法操控公司意志，从而实现公司意志独立的目标。然而，集体决策和分权制衡的机制虽然有利于保障公司意志独立，却很容易对公司经营决策效率造成减损，如何在提高公司运营决策效率和保障公司意志独立之间寻求协调发展的道路，是世界各国公司治理研究面临的共同难题。在努力应对这一难题的过程中，不同国家在不同的历史时期都曾有过不同的尝试和探索。

在公司治理结构的设置和选择上，不同的国家在不同的历史时期进行过大量的探索和尝试，在这些尝试和探索的基础上，各国逐渐摸索和形成了一些路径迥异、各具特点的公司治理结构类型。虽然各国公司组织机构设置的模式虽有所不同，但普遍遵循分权与制衡的思想，将公司权力在不同组织机构之间进行分配并建立不同组织机构彼此之间的制衡机制，以实现公司运用效率和公司独立意志的全面保障。比较有代表性的公司治理结构类型主要包括以下三种：

（一）单层委员会制度

单层委员会制，也称单层制或一元制，主要特点是公司只设股东会和董事会，不设监事会，董事会由股东会产生并向股东会负责，股东会是公司的权力机关，董事会是股东选任的经营者，董事会集执行职能与监督职能于一身，其中监督职能主要通过独立董事制度实现。典型代表国家是美国。

（二）双层委员会制

双层委员会制，也称双层制或二元制，其主要特征是股东会选任监事会，监事会选任董事会，董事会向监事会负责，监事会向股东会负责两层委员会关系，并且劳方（职工）代表直接进入监事会参与公司管理。该模式以德国最为典型，其董事会独立负责公司经营管理，董事会由监事会产生并向监事会负责，监事会由股东产生并向股东会负责，股东会和职工民主选举形成监事会，再由监事会选举形成董事会，从而形成双层结构。再者，该模式强调资方和劳方对公司的共同治理，要求公司必须在监事会中保留一定比例的职工监事，由此形成了共同决策制或者共同参与制。这将职工利益与公司利益结合在一起，在客观上强化了监事会的职权。

（三）单层二元委员会制

单层二元委员会制，又称折中制或并列制，其主要特征是董事会和监事会是平行的，均对公司的最高权力机关——股东大会负责。该模式以日本为代表，《日本公司法》在双层制的基础上，创设了董事会和监事会处于并列地位的折中模式。在该模式下，监事会和董事会皆由股东大会选举产生，二者相互独立并处于并列地位。该模式由日本传入我国和韩国，现仍被我国（包括我国台湾地区）、韩国所采行。然而，在第二次世界大战后，日本借鉴英美的董事会制度，在董事会内部实行经营决策与业务执行的分离，此举削弱了监事会的职权。在2002年的商法改革和2005年新颁布的《日本公司法》中，公司法允许其本国公司选择适用一元制模式或者二元制模式。①

我国《公司法》所选择的公司治理模式类似于日本的双层委员会制。根据我国《公司法》的规定，公司的股东会是权力机构和决策机构；董事会是执行机构和经营机构；监事会是监督机构。股东组成股东大会，股东大会定期或者临时地就公司经营中的基本事项作出决议；为实施股东大会的决定，股东大会选任董事组成董事会，董事会就基本事项之外的其他经营事项作出决议，董事会选举董事长作为公司的法定代表人，聘任经理负责实施董事会决议，董事会还负责监督董事、经理的业务执行行为；股东大会还选任监事组成监事会，监督董事和经理的业务执行行为。虽然，我国现有的公司治理模式类似双层委员会制，但也明显带有一些英美国家单层委员会制的影子。例如，从2002年中国证监会和国家经贸委颁布的《上市公司治理准则》的相关规定来看，我国上市公司治理既引入了英美单层委员会制中的独立董事制度，又在制度上继续保留监事会的形式，形成了独立董事与监事会都行使监督职能的局面。

第二节　股　东　会

我国现行《公司法》经过20多年的发展，历经4次修改，充实了有关股东（大）会召集和议事规则的规定，增加了股东尤其是中小股东的相关权力，限制了大股东的权力滥用，在一定程度上完善了股东（大）会制度，从而完善了公司治理结构。

一、股东会的概念和特征

股东会，亦称股东大会，指依法由公司全体股东组成的公司最高权力机关。根据我国《公司法》的规定，有限责任公司设立股东会，股份有限公司设立股东大会。作为公司的最高权力机关，具有如下特征：

（一）股东会是公司的权力机关

我国《公司法》明确规定了股东大会或股东会的公司权力机关地位，同时也规定了

---

① 参见：范健，王建文. 公司法. 北京：法律出版社，2011：379-380.

例外情况。我国《公司法》第三十六条规定："有限责任公司股东会由全体股东组成。股东会是公司的权力机构，依照本法行使职权。"第九十八条规定："股份有限公司股东大会由全体股东组成。股东大会是公司的权力机构，依照本法行使职权。"

（二）股东会是公司依法必须设立的公司组织机构

各国公司法立法普遍规定了股东会作为必设机关，我国《公司法》确立了股东会最高权力机关的地位，其设立也以立法形式进行强制规定。但考虑到有些公司的特殊性，在特定公司中，法律也允许不设股东会。《公司法》第六十一条规定："一人有限责任公司不设股东会。"第六十六条规定："国有独资公司不设股东会，由国有资产监督管理机构行使股东会职权。"

（三）股东会由全体股东组成

自然人或法人均有资格成为公司股东，且无论是何种性质的法人，一旦持有任何数量的公司股份或股权即为公司股东会当然的成员。

作为公司机关的股东会和作为股东会议的股东会，在实践中都称股东会，但两者内涵有差异，作为公司机关的股东会是由全体股东组成的权力机关，作为会议的股东会，是作为权力机关的股东会行使权力并形成统一意志的方式，根据我国《公司法》规定，分为年度股东会和临时股东会，股东可以缺席，后面内容会着重介绍。

二、股东会的职权

（一）股东会中心主义

在公司治理概念提出、形成、完善、发展的不同时期，股东会在公司治理结构中所处的位置与职权也随之发生变化。公司股东大会最早的定位与职权是涵盖了与公司经营有关事务的方方面面，是所有公司机关中最高也是职权范围最广的机关，股东会可以就公司内部、外部任何事务作出决策，由其他机关执行，即股东大会中心主义。

股东大会中心主义于十七八世纪形成雏形，19世纪发达国家在确立公司设立准则时，股东大会作为公司最高权力机关也被确定下来。公司章程被类比国家宪法的地位而尊奉为公司内部的宪章，公司治理的概念引进了公司的经营者应受股东大会监督的经济理念。公司立法则普遍注意规定公司股东的权限，特别是体现股东意志的股东会的权力，而董事会则是股东大会决议的消极、机械的执行者。

到19世纪末至20世纪初，随着科学技术进步带来的生产力水平的提高，市场竞争的加剧和全球市场一体化趋势的显现，大规模甚至超大规模的现代公司不断涌现，公司治理不仅要继续完成保障公司意志独立和不受操控的功能，更面临提高公司经营决策效率和降低企业内部交易成本的迫切需要。随着公司规模在纵向（同一行业不同生产层次的扩张）和横向（相似行业甚至跨行业、跨领域的扩张）两个方向上的不断扩张，公司经营管理活动越来越呈现出高度复杂化和专业化倾向。随着现代融资方式越来越多样化，公司股东逐步又逐渐显现出分散化甚至高度分散化的倾向。在这两种倾向的影响下，股东大会中心主义开始严重束缚经营者的手脚。如果股东会不但要对公司所有经营活动事无巨细地作出决策，而且还会随时插手和干预董事会的公司中观决策权，那将会严重影响公司经营管理的效率，增加公司内部交易成本。为了适应上述公司发展的新情况，公司经营决策权的重心开始表现出由股东大会转向董事会的倾向。有学者认为这种倾向标志着股东会中心主义向董事会中心主义的变迁。① 但纵观世界各国公司法的变革，绝大多数国家只是强调董事会在公司日常经营管理中的核心地位，但涉及公司生存和发展的重大事项仍然必须由股东会形成集体决策，股东会作为公司实际所有者机关的地位并未改变，只是适应公司日常运营管理的需要而将部分日常事务决策权移交给了董事会。从这个意义上讲，股东会中心主义并未动摇，只是股东会的部分机能和职权范围发生了变化。

从我国《公司法》对股东大会和董事会职权的规定来看，公司重大事项决策权仍然归属于公司股东会，董事会也并未享有有关发行新股、公司分立合并等重大事项的决策权，因此我国《公司法》保持了股东大会中心主义的主流基调，尚未采行董事会中心主义。但是，在实际操作层面，我国规范股东大会的各种制度并不完善，出现了股东会权力行使流于形式等问题。

（二）股东会的职权

股东会的职权指股东会作为公司权力机关，有权且应当决议或审议的公司事项的范围，因此股东会的职权是由其在公司的地位所决定的。股东会的职权除了法定职权外，还可以由股东协商在章程中约定。我国《公司法》中，关于有限责任公司股东会行使的职权具体规定在第三十七条，包括：（1）决定公司的经营方针和投资计划；（2）选举和更换非由职工代表担任的董事、监事，决定有关董事、监事的报酬事项；（3）审议批准董事会的报告；（4）审议批准监事会或者监事的报告；（5）审议批准公司的年度财务预算方案、决算方案；（6）审议批准公司的利润分配方案和弥补亏损方案；（7）对公司增加或者减少注册资本作出决议；（8）对发行公司债券作出决议；（9）对公司合并、分立、解散、清算或者变更公司形式作出决议；（10）修改公司章程；（11）公司章程规定的其他职权。

我国《公司法》关于股份有限公司股东大会的职权具体规定在第九十九条，其内容与有限责任公司的规定相同。我国公司法规定允许公司章程规定股东会拥有法定职权外的其他职权，原则是章程中由股东商定的股东会职权不得与公司法规定的法定职权相矛盾，不得违反法律、法规的规定，不得剥夺股东的权利。

三、股东会会议

（一）股东会会议类型

我国《公司法》第三十九条第一款规定，股东会会议分为定期会议和临时会议两种类型。

---

① 参见：刘俊海. 现代公司法（第三版）. 北京：法律出版社，2015：584-585.

定期会议是指依据法律和公司章程规定在一定时间内必须召开的股东会议,定期会议主要审议决议股东会职权范围内例行的重大事项。定期会议具体召开时间由公司章程规定,通常情况下,有限责任公司年度股东会于每个会计年度结束之后召开;股份有限公司的年度股东大会一般于会计年度结束后6个月内召开。

临时会议是指在定期会议之外的必要时候,由于发生法定事项或由法定人员或机关提议而召开的股东会议。临时股东会因为通常决定公司的特殊事项,因此也被称为特别股东(大)会。我国《公司法》第三十九条规定了有限责任公司召开临时股东会的情形为:代表十分之一以上表决权的股东,三分之一以上的董事,监事会或者不设监事会的公司的监事提议召开临时会议的,应当召开临时会议。对于股份有限公司召开临时股东会的法定情形,《公司法》第一百条规定,有下列情形之一的,应当在两个月内召开临时股东大会:(1)董事人数不足本法规定人数或者公司章程所定人数的三分之二时;(2)公司未弥补的亏损达实收股本总额三分之一时;(3)单独或者合计持有公司百分之十以上股份的股东请求时;(4)董事会认为必要时;(5)监事会提议召开时;(6)公司章程规定的其他情形。

(二)股东会会议的召集和召开

1. 召集和主持

关于股东会的召集,我国公司法的规定和各国公司法的一般规定相同,股东会、股东大会原则上无论定期会议还是临时会议都由董事会召集。但在董事会不能召集或者无正当理由不召集的情况下,也可以由监事会或满足条件的股东召集。

就有限责任公司而言,《公司法》第三十八条和第四十条对会议召集和主持分类做了如下规定:

(1)首次股东会会议由出资最多的股东召集和主持,依照公司法规定行使职权。

(2)有限责任公司设立董事会的,股东会会议由董事会召集,董事长主持;董事长不能履行职务或者不履行职务的,由副董事长主持;副董事长不能履行职务或者不履行职务的,由半数以上董事共同推举一名董事主持。有限责任公司不设董事会的,股东会会议由执行董事召集和主持。

(3)董事会或者执行董事不能履行或者不履行召集股东会会议职责的,由监事会或者不设监事会的公司的监事召集和主持;监事会或者监事不召集和主持的,代表十分之一以上表决权的股东可以自行召集和主持。

对股份有限公司而言,《公司法》第一百零一条规定:"股东大会会议由董事会召集,董事长主持;董事长不能履行职务或者不履行职务的,由副董事长主持;副董事长不能履行职务或者不履行职务的,由半数以上董事共同推举一名董事主持。"

董事会不能履行或者不履行召集股东大会会议职责的,监事会应当及时召集和主持;监事会不召集和主持的,连续九十日以上单独或者合计持有公司百分之十以上股份的股东可以自行召集和主持。

2. 召集程序

有限责任公司根据《公司法》第四十一条规定:"召开股东会会议,应当于会议召开十五日前通知全体股东；但是，公司章程另有规定或者全体股东另有约定的除外。"

股份有限公司根据《公司法》第一百零二条规定，"召开股东大会会议，应当将会议召开的时间、地点和审议的事项于会议召开二十日前通知各股东；临时股东大会应当于会议召开十五日前通知各股东；发行无记名股票的，应当于会议召开三十日前公告会议召开的时间、地点和审议事项。"

3. 股东和监事提案

股东会原则上由董事会召集，通常情况下股东会需审议的事项由董事会准备，我国现行公司法还赋予了股东和监事的提案权。《公司法》第五十三条第五项规定有限责任公司的监事会或不设监事会的监事有权向股东会会议提出提案。同时我国公司法对股份有限公司的股东权利予以保护，根据《公司法》第一百零二条规定："单独或者合计持有公司百分之三以上股份的股东，可以在股东大会召开十日前提出临时提案并书面提交董事会；董事会应当在收到提案后二日内通知其他股东，并将该临时提案提交股东大会审议。"增加股东提案权有利于中小股东自由地通过股东大会表达自己对公司发展的意见和建议，从而在强化股东大会职能的同时使公司治理结构更为完善。

对于临时提案的内容，法律也做了规定，股东大会临时提案内容应当属于股东大会职权范围，并有明确议题和具体决议事项。

（三）股东表决和股东会决议的种类

股东行使表决权是股东体现自己意思，从而最终形成公司决议的最基本方式。股东享有的权利平等，但是决议的形成需要在投票方式、程序、持股份数、决议通过的比例等方面满足法定条件。

（1）资本是公司基础，按照资本平等原则，股东权利按资分配，股东行使表决权的一般原则即为"一股一票"和"资本多数决"。

①一股一票即股东会表决时，股东按照其出资或持股比例进行表决。

就有限责任公司而言，一般按照出资单位或出资比例行使表决权。《公司法》第四十二条规定："股东会会议由股东按照出资比例行使表决权；但是，章程另有规定的除外。"

股份有限公司，股份作为资本的计量单位，也是计量股东权利的基本单位，《公司法》第一百零三条规定："股东出席股东大会会议，所持每一股份有一票表决权。但是，公司持有的本公司股份没有表决权。"

②资本多数决是指股东会决议原则上由出资比例或持股比例达到多数以上的股东们的同意才能作出决议。资本多数决是"少数服从多数"的民主原则的体现，能够提高公司决策的效率，避免议而不决的情况发生。但这种行使也会削弱了少数股东对公司事务的管理权利，进而引发了股东（大）会的形式化。当少数股股东的意志与多数股股东的意志一致时，则被多数股股东的意志所吸收；而当少数股股东的意志与多数股股东的意志不一致时，则被多数股股东的意志所征服，所以，少数股股东的意志对公司的决策难以产生有效的影响。因此根据股东会决议事项的重要程度不同，公司法对资本多数决的具体要求也有所不同。例如，对公司特别重大的事项，特别重要的决策必须以绝对资本多数的意见作出决策，重要性低的事项以简单资本多数决的方式决策即可。

（2）决议的种类。如上所述，股东会决议事项的重要程度不同，则法律规定通过决议的具体要求也有所不同。根据决议事项的内容、通过决议的表决数的比例，股东会决议可以分为普通决议和特别决议。

①普通决议，即简单多数的原则，指在公司审议普通事项时，要求简单多数通过即可的决议方式。有限责任公司是指代表二分之一以上表决权的股东，股份有限公司是指代表出席股东大会的股东持有的二分之一以上表决权的股东。根据我国公司法的规定，只要法律规定的特别事项以外的事项，基本通过普通决议表决即可。

例如，我国《公司法》第一百零三条规定："股东大会作出决议，必须经出席会议的股东所持表决权过半数通过。"

②特别决议，指在股东（大）会审议特别事项时，须获得绝对多数同意通过的决议。我国公司法规定的特别决议通常指有表决权的三分之二以上的股东通过。

我国《公司法》第四十三条规定："股东会会议作出修改公司章程、增加或者减少注册资本的决议，以及公司合并、分立、解散或者变更公司形式的决议，必须经代表三分之二以上表决权的股东通过。"第一百零三条规定："股东大会作出修改公司章程、增加或者减少注册资本的决议，以及公司合并、分立、解散或者变更公司形式的决议，必须经出席会议的股东所持表决权的三分之二以上通过。"

（四）投票方式

我国股东（大）会的投票方式，在《公司法》第二章"有限责任公司的设立和组织机构"这一章节里没有特别的说明，但是在第四章"股份有限公司的设立和组织机构"里关于股份公司股东大会的投票方式，法律做了比较多的规定，特别是在第一百零五条还规定的累积投票制。公司法做出这样的规定和股份公司资合的特征密不可分，通常情况下，股份公司股东的人数会多于有限责任公司，特别是公众公司不仅股东数量众多，且分布广阔，股东之间相互陌生，因此非常有必要就股东的投票方式做出适当的规定。这里的投票方式主要是对股份公司的规定，虽然有限责任公司没有特别规定，但如有需要也可以参考借鉴一些投票规则，规定在公司章程或议事规则中。

根据不同的分类原则，股东大会的投票方式可以分为以下三种：

1. 本人投票和委托投票

股东有权利亲自出席股东大会并表决投票，也可以委托代理人代为出席和表决。我国《公司法》第一百零六条规定："股东可以委托代理人出席股东大会会议，代理人应当向公司提交股东授权委托书，并在授权范围内行使表决权。"

股东委托代理人的原因可以是时间安排的冲突、身体情况，也可以是参会的成本。代理行使表决权已成为股东行使权利的常见方式。关于代理人资格范围的问题，目前我国公司法没有明确规定，通常情况下股东的代理人可以是公司的其他股东，也可以是其他持有授权委托书的自然人。表决权的权利范围需要通过书面的授权委托书进行约定和限制。

2. 现场投票和通信投票

我国《公司法》没有明确规定股东的通信表决方式，但是随着科技发展，现代通信方式不断涌现，为了降低投票成本，提高中小股东参与管理公司的积极性，我国《上市公司治理准则》中对上市公司通讯表决做了规定。

3. 直接投票和累积投票

直接投票指股东在行使表决权时，股东只能将其表决权一次性投在一项议案中，直接投票的结果体现了资本多数决的表决结果。

为了避免董事会成为大股东的代言人，避免资本多数决造成大股东滥用股权，首先从英美起源了累积投票制，用于对大股东在重大事项上表决权的限制。累积投票制，指公司股东大会选举董事或者监事，有表决权的每一股份拥有与所选出的董事或者监事人数相同的表决权，股东拥有的表决权已经集中使用。

我国《公司法》第一百零六条规定："股东大会选举董事、监事，可以依照公司章程的规定或者股东大会的决议，实行累积投票制。本法所称累积投票制，是指股东大会选举董事或者监事时，每一股份拥有与应选董事或者监事人数相同的表决权，股东拥有的表决权可以集中使用。"

累积投票的引入是我国股份公司董事、监事选任制度的突破，其设立与实施旨在防止控股股东操纵董、监事人选，平衡中小股东与大股东之间的利益关系，使得原来由大股东把持和操纵股东大会和董事会进而形成内部人控制的现象得到适度改观。由于董事、监事选举本身属于公司自治的范畴，所以公司法采取了选择性的态度由股份公司视自身实际情况适用，但我国《上市公司治理准则》对控股股东持股比例在30%以上的上市公司规定，必须采取累积投票制。累积投票制的规定及适用将确保中小股东能够集中使用自己的表决权，选出对自己负责的董事或监事，从而使股份有限公司的董事会或监事会结构更趋合理。

（五）股东会决议的无效和撤销

公司的意志主要体现在公司的股东会决议，股东会决议一旦有效作出，即对公司的全体股东、董事、监事、高管人员乃至未来公司的股东和经营者都将产生约束力。所以如果股东会决议产生瑕疵，相关的利益主体采取何种救济手段修改、撤销有瑕疵的决议是法律应当赋予当事人的一项重要的权利。我国《公司法》第二十二条对公司股东决议的无效和可撤销的情形进行了规定，同时规定了相应的救济手段。学理上通常称为股东决议的无效之诉和可撤销之诉。

1. 股东会决议的无效

我国《公司法》第二十二条第一款规定："公司股东会或者股东大会、董事会的决议内容违反法律、行政法规的无效。"

（1）决议无效的条件。依法经营、管理应该是公司的存续、运营的基本法则之一，违反强制性法律规定的股东会决议，当然属于无效决议。股东可以提起无效确认之诉，通过人民法院判决宣布该项决议的无效。通常情况下，法律、行政法规中的强制性规定往往是清晰明了的，因此法院在判决公司股东会决议是否存在法律瑕疵时比较容易。

（2）决议无效的后果。公司股东会决议无效，意即当然无效、自始不发生效力，因而股东会决议无效确认之诉的判决效力具有对世性，其效力及于第三人，且具有溯及力。

（3）提起无效之诉的主体。我国公司法规定了股东有权提起决议无效之诉。在学理界有观点认为监事会为公司的监督机构，对于股东的无效之诉，从监事会设置的目的来看，与其监督职责相适应，也应该有权利以自己的名义提起诉讼。

（4）判决的效力

公司股东会决议的无效后果为当然、自始无效，因此判决的效力同样具有对世性，其效力及于第三人，且具有溯及力，不受除斥期间的限制。

2. 股东会决议的撤销

我国《公司法》第二十二条第二款规定："股东会或者股东大会、董事会的会议召集程序、表决方式违反法律、行政法规或者公司章程，或者决议内容违反公司章程的，股东可以自决议作出之日起六十日内，请求人民法院撤销。"

（1）股东会、董事会决议内容违反公司章程，是对公司内部自治规则的违背，未被纳入无效的法律后果，而是在决议内容瑕疵范围内，属于可撤销的法律后果；会议召集程序、表决方式违反法律、行政法规或者章程，为违反程序性规范，属于程序瑕疵，也为可撤销的法律后果。比如会议召集、召开，会议通知时间，表决程序、议事规则等都可作为程序瑕疵。

（2）撤销之诉的原告和被告

根据《公司法》的规定，公司股东可以请求人民法院撤销有瑕疵的决议，即股东可以提起撤销之诉。股东适格的问题有待讨论：首先作为原告，股东身份必须在撤销之诉整个期间内始终具备；其次，在股东会或董事会召集程序和决议时，未当场表示异议的股东是否有权利作为原告，我国公司法并未明确规定，在学理界还有争议。一部分学者认为，当场未表示异议的股东不得提起决议撤销之诉，原因是如果这些股东在当场不提异议，而之后起诉，这将使股东可以反复自己的观点，影响公司的稳定，法律禁止这样的股东拥有提起诉讼的资格，利于提倡股东对存在瑕疵的决议当场提出意见，提高公司决议的效率和稳定性；另有学者认为，允许这部分股东提起撤销之诉，可以保护那些尽管在表决中同意议案，但并在召集程序或其他方面存在瑕疵的股东会中的股东利益。笔者更赞同前一种的观点，即禁止已经参与决策的股东提起撤销之诉，一方面要促使股东切实履行股东义务，熟悉作为股东参与表决的议事规则程序，严肃认真地对待法律、公司章程赋予股东的表决权利；另一方面禁止股东意思来回摇摆，不利于公司经营的稳定。

关于决议之诉的被告，普遍观点认为即为公司，这是因为资本多数决原则将股东的意思拟制为公司的意思，既然决议体现了公司的意思，所以可以将公司列为决议撤销之诉的被告。

（3）提起撤销之诉的时间。鉴于撤销之诉的瑕疵较轻，我国《公司法》对撤销之诉规定了除斥期间，即自决议作出之日起 60 日，股东可以请求人民法院撤销。如果在法律规定的期间内，没有提起诉讼的，则不可再以该事由提起诉讼，有瑕疵的决议也会成为具有确定法律效力的决议。这样的规定，能有效提高诉讼效率，节约司法资源。

（4）判决的效力。根据一般的法律行为原理，被撤销的法律行为自行为开始时即无效，即判决效力溯及决议作出时。同理，被撤销的公司决议的判决效力不仅涉及原告与被告而且原则上也涉及当事人之外的其他人，但董事在判决撤销前根据该决议内容或惯常的代理权限而从事的各种交易行为、签订的各类合同，应适用表见董事、表见代理的法理，否定撤销之诉判决的溯及力用以保护善意第三人。

（5）提起撤销之诉的担保。《公司法》第二十二条第三款规定："股东依照前款规定提起诉讼的，人民法院可以应公司的请求，要求股东提供相应担保。"目的在于防止股东滥用决议撤销之诉，加大对没有正当理由影响公司经营而滥用诉权的成本。

（6）撤销之诉的法律后果。根据《公司法》第二十二条第四款规定："公司根据股东会或者股东大会、董事会决议已办理变更登记的，人民法院宣告该决议无效或者撤销该决议后，公司应当向公司登记机关申请撤销变更登记。"

第三节　董　事　会

一、董事会的概念和特点

董事会是由股东选举产生的，行使公司经营决策权的公司常设机关。除一人公司和"股东人数较少或者规模较小的有限责任公司"外，根据我国《公司法》规定，有限责任公司和股份有限公司都必须设立董事会。

作为公司治理结构中重要的一个公司机关，公司董事会具有如下特征：

（1）董事会由股东会选举产生，向股东会负责，执行股东会关于公司的重大事项的决议。

（2）董事会是公司的常设机关，作为公司法规定的公司机关不能撤销。董事会组成及人数一经公司章程确定，除非通过股东（大）会审议修改，否则不能变化，当然作为董事会成员可以依法更换。

（3）董事会是公司的经营决策机关，董事会执行股东会的决议，在自己的职权范围内对公司的经营管理事项行使权力，通过对公司高管的任免执行日常经营事务。

（4）董事会是集体决策执行公司事务的机关，董事会决策事项须通过召开董事会议，按一人一票的表决权设定形成决议，因此董事会组成人数为单数。

二、董事会的职权

我国《公司法》第四十六条和第一百零八条规定，有限责任公司及股份有限公司董事会主要行使下列职权：（1）召集股东会会议，并向股东会报告工作；（2）执行股东会的决议；（3）决定公司的经营计划和投资方案；（4）制定公司的年度财务预算方案、决算方案；（5）制定公司的利润分配方案和弥补亏损方案；（6）制定公司增加或者减少注册资本以及发行公司债券的方案；（7）制定公司合并、分立、解散或者变更公司形式的方案；（8）决定公司内部管理机构的设置；（9）决定聘任或者解聘公司经理及其报酬事项，并根据经理的提名决定聘任或者解聘公司副经理、财务负责人及其报酬事项；（10）制定公司的基本管理制度；（11）公司章程规定的其他职权。

通过对比前一章节股东（大）会的职权，我们也能清晰地看到股东会和董事会在职权上的分层、分工：董事会向股东会提交各种公司经营中重大事项的执行或计划方案，比如公司财务预决算方案、利润分配或弥补亏损方案，而最终在股东（大）会会议上作出决策；股东（大）会享有对董事、监事的人事任免及薪酬确定，而董事会的人事任免权限定在公司经理、副经理及财务负责人一级范围内。

现行《公司法》第三十七条和第四十六条在分别列举股东会、董事会职权时，均以"章程规定的其他职权"兜底，授予股东会、董事会自由协商确定职权范围的权力，体现出公司自治的精神，但在实践中如何使用好法律授予董事会权力的空间，中国公司法下公司治理从股东会中心主义向董事会中心主义过渡还有待时日。

三、董事

（一）董事会董事人数

公司董事会由全体董事组成，鉴于公司组织形式的不同，我国公司法对有限责任公司和股份公司规定的董事会构成人数亦有差异：有限责任公司设董事会，其成员为三人至十三人；股东人数较少或者规模较小的有限责任公司，可以设一名执行董事，不设董事会；股份有限公司设董事会，其成员为五人至十九人。

（二）董事任职资格

我国《公司法》对能够担任董事的任职资格并没有作出积极资格的规定，但《公司法》第一百四十六条规定：有下列情形之一的，不得担任公司的董事：（1）无民事行为能力或者限制民事行为能力；（2）因贪污、贿赂、侵占财产、挪用财产或者破坏社会主义市场经济秩序，被判处刑罚，执行期满未逾五年，或者因犯罪被剥夺政治权利，执行期满未逾五年；（3）担任破产清算的公司、企业的董事或者厂长、经理，对该公司、企业的破产负有个人责任的，自该公司、企业破产清算完结之日起未逾三年；（4）担任因违法被吊销营业执照、责令关闭的公司、企业的法定代表人，并负有个人责任的，自该公司、企业被吊销营业执照之日起未逾三年；（5）个人所负数额较大的债务到期未清偿。这样的规定已经将年龄、行为能力、品行等个人声誉等因素列举在内。

关于董事兼职的情形，公司法里除了禁止监事兼任同一公司董事外，没有其他明确规定，而是散落在我国其他法律法规的规定中，例如对公务员，政党领导班子成员、党的机关、人大机关、行政机关、政协机关、审判机关、检察机关中县（处）级以上党员领导干部；人民团体、事业单位中相当于县（处）级以上党员领导干部；县（市、区、旗）直属机关、审判机关、检察机关的科级党员负责人，乡镇（街道）党员负责人，基层站所的党员负责人等法律法规就有禁止兼职的规定。

（三）董事的任免及董事会的组成

我国《公司法》第四十四条、第六十七条规定，两个以上的国有企业或者两个以上的其他国有投资主体投资设立的有限责任公司，或国有独资公司，其董事会成员中应当有公司职工代表。对于其他有限责任公司和股份有限公司的董事会成员，法律不再强制性规定，可以由公司自行选择是否为职工代表董事留有名额。由此可以看出，我国公司的董事会由职工代表董事和非职工代表董事组成。

职工代表董事,指董事会中由公司职工通过职工代表大会、职工大会或者其他形式民主选举产生的董事。非职工代表担任的董事由股东(大)会选举和更换。

（四）董事长

1. 董事长的产生

公司董事会设董事长一人,可以设副董事长。但是有限责任公司和股份公司董事长、副董事长的产生办法,根据我国《公司法》规定有所不同。依据《公司法》第四十四条第三款和第一百零九条的规定,有限责任公司董事长、副董事长的产生办法由公司章程规定,股份公司董事长和副董事长由董事会以全体过半数选举产生,而且在董事选任方式上,股份公司股东可以采取累积投票制选举。

对于国有独资公司,董事长、副董事长由国有资产监督管理机构从董事会成员中指定。

2. 董事长的职权

（1）召集和主持董事会。依据《公司法》第四十七条和第一百零九条的规定,董事会会议由董事长召集和主持;董事长不能履行职务或者不履行职务的,由副董事长召集和主持。

（2）检查董事会决议的实施情况。依据《公司法》第一百零九条第二款的规定,董事长检查董事会决议的实施情况。副董事长协助董事长工作,董事长不能履行职务或者不履行职务的,由副董事长履行职务。

（五）董事的任期

关于董事的任期,我国《公司法》规定了一个任期内的最长时限,同时也赋予章程可以在上限范围内自主决定的期限,即董事任期由公司章程规定,但每届任期不得超过三年。董事任期届满,连选可以连任。董事任期届满未及时改选,或者董事在任期内辞职导致董事会成员低于法定人数的,在改选出的董事就任前,原董事仍应当依照法律、行政法规和公司章程的规定,履行董事职务。

四、董事会会议

（一）董事会议事规则

在董事会议事规则的问题上,我国公司法对有限责任公司和股份有限公司采取了不同的规制方式。对于有限责任公司,《公司法》第四十八条规定:"有限责任公司董事会的议事方式和表决程序,除本法有规定的外,由公司章程规定。董事会应当对所议事项的决定作成会议记录,出席会议的董事应当在会议记录上签名。董事会决议的表决,实行一人一票。"因此,有限责任公司董事会的议事规则,章程优先,章程没有规定的,依照我国《公司法》的具体规定处理。对于股份有限公司,我国《公司法》第一百一十二条规定:"董事会会议应有过半数的董事出席方可举行。董事会作出决议,必须经全体董事的过半数通过。董事会决议的表决,实行一人一票。"因此,股份有限公司董事会的议事规则采用法定原则，公司不能够自主决定议事规则。

（二）董事会会议的召集

关于董事会会议的召集，我国《公司法》有明确的规定，公司需要按其规定执行，不能够在章程中另行约定。依据我国《公司法》第四十七条和第一百一十一条第一款的规定，董事会会议由董事长召集和主持；董事长不能履行职务或者不履行职务的，由副董事长召集和主持；副董事长不能履行职务或者不履行职务的，由半数以上董事共同推举一名董事召集和主持。董事会会议应有过半数的董事出席方可举行。

（三）董事会会议的召开

关于公司董事会是否应该定期召开董事会会议，临时召开董事会会议需要满足什么条件，我国公司法对有限责任公司和股份有限公司依然采取了不同的规制方式。

对于有限责任公司，我国公司法并没有限制性规定，因而可以由有限责任公司公司章程或其他公司内部规则自行确定。

对于股份有限公司，我国《公司法》则明确将董事会会议分为定期会议与临时会议。董事会定期会议的召开，我国《公司法》第一百一十条第一款规定："股份有限责任公司董事会每年至少召开两次会议，每次会议应当于会议召开十日前通知全体董事和监事。"此外，上述规定还限制了股份有限责任公司每年定期会议的数量。董事会临时会议的召开，我国《公司法》第一百一十条第二款和第三款规定："十分之一以上表决权的股东、三分之一以上董事或者监事会，可以提议召开董事会临时会议。董事长应当自接到提议后十日内，召集和主持董事会会议。董事会召开临时会议，可以另定召集董事会的通知方式和通知时限。"

（四）董事会会议决议

董事会会议，应由董事本人出席；董事因故不能出席，可以书面委托其他董事代为出席，委托书中应载明授权范围。董事会应当对会议所议事项的决定作成会议记录，出席会议的董事应当在会议记录上签名。董事应当对董事会的决议承担责任。董事会的决议违反法律、行政法规或者公司章程、股东（大）会决议，致使公司遭受严重损失的，参与决议的董事对公司负赔偿责任。但经证明在表决时曾表明异议并记载于会议记录的，该董事可以免除责任。

🎐 案例引导

董事会决议无效①

2001 年 12 月 25 日，中国进出口银行与四通集团公司签订《出口卖方信贷借款合

---

① 案例来源：《中国进出口银行与光彩事业投资集团有限公司、四通集团公司借款担保合同纠纷案》http：//www.110.com/panli/panli_ 27814. html，访问日期 2016 年 10 月 18 日。

同》，合同约定进出口银行向四通集团提供出口信贷额度1.8亿元，期限13个月，由光彩集团公司提供连带保证。同日，进出口银行与光彩集团签订《保证合同》，约定：光彩集团为四通集团在上述借款合同项下的一切债务提供连带责任保证；保证期间为贷款本息全部到期后两年。如贷款展期，保证期间随之变更。光彩集团董事会于2001年10月23日作出的为四通集团提供担保的董事会决议，其中5名董事（不足董事会人数2/3），1名股东单位代表在决议上签字。四通集团董事长段永基作为光彩集团的董事在该决议上签字。依据光彩集团的公司章程：光彩集团董事会由11名董事组成，每次召开董事会会议，应当于会议召开10日以前通知全体董事，并通告会议议程、地点和时间；董事会会议须有2/3以上董事参加方能召开；董事会按出资比例行使表决权；董事因故不能参加，可以书面形式委托其他董事参加会议并行使表决权；董事会决议须经持有2/3以上股权的董事表决通过方能生效。《出口卖方信贷借款合同》到期后，四通集团未完全履行债务，进出口银行要求光彩集团履行担保责任，光彩集团以董事会决议无效拒绝履行。

【案例分析】本案涉及的理论问题是董事会决议的有效性问题。按照我国公司法的规定，董事、经理不得以公司财产为本公司股东及其他个人债务提供担保。董事在以公司资产为股东提供担保事项上无决定权，董事会作为公司董事集体行使权力的法人机关，在法律对董事会对外提供担保上无授权性规定，公司章程或股东（大）会对董事会无授权时，亦因法律对各个董事的禁止性规定而无权作出以公司资产对股东提供担保的决定。禁止性规定既针对公司董事，也针对公司董事会。因此，光彩集团通过形成董事会决议的形式为股东四通集团提供连带责任保证的行为，因违反修订前公司法的强制性规定而无效。故光彩集团对《保证合同》无效的行为，应承担过错责任。

第四节 经 理

一、经理的概念和地位

"经理"一词在当代人们的日常生活中经常出现，我们经常看到在企业或者公司中的工作的自然人冠以某某经理的头衔，比如部门经理、前台经理、客服经理等。然而，公司法视域内的经理，则有其特定的内涵。公司法中的经理，是指由董事会聘任的、负责组织公司日常经营管理活动的公司常设业务机关，是董事会的执行机构。不过同为公司业务机关，经理与股东会、董事会和监事会存在很大差别。首先，经理由董事会聘任，向董事会负责，相对于公司董事会和监事会属于下级机关；其次，作为公司日常经营管理活动的业务执行机关，经理的权限范围远远小于公司董事会；最后，公司经理的意志不需要通过集体决策，即会议表决的方式形成，而由董事会所聘任的经理人一人意志所决定，而公司其他机关，包括股东会、董事会、监事会则都必须通过集体讨论，经过集体表决，并最终形成会议决议的集体决策机制来形成。

依据我国《公司法》的相关规定，经理的法律地位表现在以下几方面：（1）经理为公司的代理人，经理的代理人身份由公司法确定，代理范围由公司法及公司章程规定。

（2）经理为公司高级员工，由董事会聘任，与公司签署劳动合同，与公司之间形成劳动法律关系。（3）经理是公司日常经营管理事务的总负责人，根据我国现行《公司法》规定，经公司章程约定，可以担任公司法定代表人。

二、经理的职权

经理作为公司经营的常设业务机关，其权利来源，不同的法系观点不尽相同。大陆法系关于经理权利主要以法律规定为原则，同时又通过章程或其他契约形式协商确定经理具体的经营管理权限。英美法系对经理权限设置主要尊重公司意志，由公司章程或董事会审议确定，法律除为保护善意第三人利益而对经理的对外代理权及其效力进行一定规制外，并没有其他限制性规定。

根据我国《公司法》，公司经理的职权倾向于采取大陆法系的做法，主要由法律规定，此外法律赋予公司章程可以做更多细节的规定，还允许董事会对经理进行特别授权。概括起来，我国现行《公司法》对经理职权的规定主要包括：（1）公司日常业务的组织经营权，执行董事会的各项决议与计划；（2）公司内部规章的拟订、制定权，包括公司内部机构设置方案、公司基本管理制度的拟订权和公司的其他具体规章的制定权。（3）部分人事任免权，经理可以向董事会提出公司副经理、财务负责人的人选，由董事会决定聘任或者解聘。

《公司法》第四十九条第一款和第二款规定，有限责任公司可以设经理，由董事会决定聘任或者解聘。经理对董事会负责，行使下列职权：（1）主持公司的生产经营管理工作，组织实施董事会决议；（2）组织实施公司年度经营计划和投资方案；（3）拟订公司内部管理机构设置方案；（4）拟订公司的基本管理制度；（5）制定公司的具体规章；（6）提请聘任或者解聘公司副经理、财务负责人；（7）决定聘任或者解聘除应由董事会决定聘任或者解聘以外的负责管理人员；（8）董事会授予的其他职权。公司章程对经理职权另有规定的，从其规定。《公司法》第一百一十三条规定，上述规定对于股份有限公司的经理也是适用的。

第五节　监　事　会

一、监事会的概念和特征

（一）概念

监事会是由股东推荐和公司职工民主选举的监事组成的对公司财务、董事、高管人员业务活动进行监督和检查的法定和常设机构。

在本章第一节公司法人治理结构概述里，我们曾经提到公司治理结构的主要模式包括单层委员会制、双层委员会制、单层二元委员会制，这些公司治理结构模式的主要区别之一即发挥公司监督管职能的机构设置和定位标准，简言之，即是否设置监事会以及如何设置监事会。我国公司法目前采用的是单层二元委员会制，即股东会下设监事会和董事会，董事会和监事会处于同等地位，分别向股东会负责。

（二）特征

依据我国《公司法》规定，我国监事会具有如下特征：

（1）监事会是依法设立的公司组织机关之一，在我国《公司法》第二章、第四章均对监事会的组成、职权等作出了法律规定。

（2）监事会是对公司的监督管理机关。监事会的监督管理职能主要体现在对公司财务的检查，对董事、高管人员履职行为的监督、纠正等。

（3）监事会独立行使职权。保持监事会的独立性是保证监事会充分发挥职能的重要手段，如果监事会行使职权不独立，受其他机构影响，那么监事会的设置则失去了实质意义。

二、监事会的组成

（一）人数

根据我国《公司法》关于监事会人数下限的规定，根据公司类型和性质不同主要规定了以下三种情形：（1）有限责任公司设监事会，其成员不得少于三人。股东人数较少或者规模较小的有限责任公司，可以设一至二名监事，不设监事会。（2）国有独资公司监事会成员不得少于五人。（3）股份有限公司设监事会，其成员不得少于三人。现行监事人数下限的规定，也体现了立法者尊重公司治理机构设置自由，避免不必要的干预，减少公司不必要的经济负担的意图。

（二）任期

《公司法》第五十二条规定了监事的任职期限，且无论有限责任公司还是股份有限公司均可适用，即监事的任期每届为三年，监事任期届满，连选可以连任。监事任期届满未及时改选，或者监事在任期内辞职导致监事会成员低于法定人数的，在改选出的监事就任前，原监事仍应当依照法律、行政法规和公司章程的规定，履行监事职务。

（三）监事的分类

目前根据我国《公司法》的规定，公司监事主要分为股东代表监事和职工代表监事，且两种不同的分类在监事会席位的占比上也有具体的规定。

《公司法》第五十一条和第一百一十七条对有限责任和股份公司均作了相同规定，即监事会应当包括股东代表和适当比例的公司职工代表，其中职工代表的比例不得低于三分之一，具体比例由公司章程规定。监事会中的职工代表由公司职工通过职工代表大会、职工大会或者其他形式民主选举产生。

关于国有独资公司，《公司法》第七十条规定："监事会成员由国有资产监督管理机构委派；但是，监事会成员中的职工代表由公司职工代表大会选举产生"。

（四）监事会主席

（1）有限责任公司，监事会设主席一人，由全体监事过半数选举产生。监事会主席召集和主持监事会会议；监事会主席不能履行职务或者不履行职务的，由半数以上监事共同推举一名监事召集和主持监事会会议。

（2）股份有限公司与有限责任公司相比较，因为公司类型的特征，我国公司法对股份有限公司关于监事会主席相关规定主要区别在，法律对股份有限公司的规定多了监事会副主席的规定，即股份公司可以设副主席，副主席由全体监事过半数选举产生。

（3）国有独资公司监事会主席由国有资产监督管理机构从监事会成员中指定。

（五）监事任职的禁止性规定

我国对监事任职的没有积极的条件，但我国《公司法》第五十一条第三款规定董事、高级管理人员不得兼任监事。为充分发挥监事会的监督功能，各国公司法大多禁止公司的董事、高级管理人员兼任监事。我国《公司法》也做出了类似禁止性规定。除此之外，我国《公司法》第一百四十六条对公司的监事任职条件做了与董事、高管相同的规定，具有下列情形的不得担任股份有限责任公司的监事：（1）无民事行为能力或者限制民事行为能力；（2）因贪污、贿赂、侵占财产、挪用财产或者破坏社会主义市场经济秩序，被判处刑罚，执行期满未逾五年，或者因犯罪被剥夺政治权利，执行期满未逾五年；（3）担任破产清算的公司、企业的董事或者厂长、经理，对该公司、企业的破产负有个人责任的，自该公司、企业破产清算完结之日起未逾三年；（4）担任因违法被吊销营业执照、责令关闭的公司、企业的法定代表人，并负有个人责任的，自该公司、企业被吊销营业执照之日起未逾三年；（5）个人所负数额较大的债务到期未清偿。公司违反前款规定选举、委派监事的，该选举、委派无效。监事在任职期间出现上述情形的，公司应当解除其职务。

三、监事会召集召开与会议规则

（一）监事会会议的召集召开

关于监事会会议的召开，我国公司法对有限责任公司和股份公司的规定略有不同，《公司法》第五十五条规定："有限责任公司监事会每年度至少召开一次会议。"股份有限公司则有更加严格的要求，《公司法》第一百一十九条规定："监事会每六个月至少召开一次会议。"但无论哪种形式的公司，监事都可以提议召开临时监事会会议。对于临时监事会会议，只需要有监事提出即可，监事人数没有限制，与临时股东会（大会）、临时董事会的规定不一致，注意区分。

此外，我国《公司法》规定，股份有限责任公司的监事会主席召集和主持监事会会议；监事会主席不能履行职务或者不履行职务的，由监事会副主席召集和主持监事会会议；监事会副主席不能履行职务或者不履行职务的，由半数以上监事共同推举一名监事召集和主持监事会会议。

（二）会议议事方式、表决及会议记录

我国《公司法》第五十五条规定，监事会的议事方式和表决程序，除本法有规定的外，由公司章程规定。监事会决议应当经半数以上监事通过。监事会应当对所议事项的决定作成会议记录，出席会议的监事应当在会议记录上签名。我国《公司法》对股份有限责任公司会议议事方式、表决及会议记录与有限责任公司的规定一致，不再详述。

四、监事会的职权及行使

案例引导

监事会的职权及行使①

2004年7月24日，玉溪百货大楼有限责任公司改制，并召开第一次股东大会，会议批准了公司章程。该章程规定，因为违法、犯罪被刑事拘留或被判处刑罚，执行期满未逾五年的；因犯罪被剥夺政治权利，执行期满未逾五年的不得担任公司董事。同日，股东大会任命可为峰为公司的董事长。2010年5月28日，可为峰因挪用该公司资金34.2万元归个人使用及借贷给他人，被依法判处有期徒刑三年，缓刑五年。公司监事会通过监事会决议，以监事会的名义向法院起诉，请求确认可为峰不能担任董事及董事长，并返还挪用的资金及其利息。

【案例分析】本案涉及的理论问题是监事会的职权及行使问题。按照我国公司法的规定，监事会有权依照公司法的相关规定，对董事、高级管理人员提起诉讼。本案中，公司章程规定因为违法、犯罪被刑事拘留或被判处刑罚，执行期满未逾五年的；因犯罪被剥夺政治权利，执行期满未逾五年的不得担任公司董事。可为峰因挪用公司资金，被判处有期徒刑3年，缓刑5年，符合公司章程中规定的不能担任董事的情形。公司监事会依据《公司法》的相关规定向法院提起诉讼，请求确认可为峰不能担任公司的董事及董事长，该行为是监事会具体行使《公司法》及公司章程赋予监事的权利。同时，诉讼方式也是监事会行使权利的一种方式。

（一）监事会职权

监事会的职权从其在公司治理结构中的定位来看，主要是发挥监督、检查、纠正等职能，我国《公司法》第五十三条规定具体职权内容：（1）检查公司财务；（2）对董事、高级管理人员执行公司职务的行为进行监督，对违反法律、行政法规、公司章程或者股东会决议的董事、高级管理人员提出罢免的建议；（3）当董事、高级管理人员的行为损害

---

① 案例来源：《云南省高级人民法院民事判决书（2010）》云高民二终字第205号. http://www. gy. yn. gov. cn/Article/cpws/msws/201106/23358. html，2016-10-18.

公司的利益时，要求董事、高级管理人员予以纠正；（4）提议召开临时股东会会议，在董事会不履行本法规定的召集和主持股东会会议职责时召集和主持股东会会议；（5）向股东会会议提出提案；（6）依照《公司法》的相关规定，对董事、高级管理人员提起诉讼；（7）公司章程规定的其他职权。

（二）监事会职权的行使

我国公司法不仅对监事会的具体职权作了规定，对监事会行使职权的具体方式也有规定，例如：行使质询建议权和调查权规定在《公司法》第五十四条，监事可以列席董事会会议，并对董事会决议事项提出质询或者建议。监事会、不设监事会的公司的监事发现公司经营情况异常，可以进行调查；必要时，可以聘请会计师事务所等协助其工作，费用由公司承担；第五十六条规定了监事行使职权所必需的费用由公司承担。

第六节　董事、监事、高级管理人员的义务

一、董事、监事、高级管理人员的义务概述

董事、监事、高管在公司管理经营中发挥着重要的职能，他们拥有公司的执行权、监督权以及一些事项的决策权，在发挥不同角色职能的同时，相应的承担一定的义务，而他们对公司承担的义务来源或依据主要是和公司之间的关系及他们在公司中所处的法律地位相关。

关于公司董事、高管和公司之间的关系，大陆法系和英美法系有不同的观点，普遍存在委任关系说、代理与信托兼有说等。大陆法系国家认为董事是公司的被委任人，董事与公司之间的委任关系是通过董事与公司前述的合同体现。英美法系公司法理论则认为董事与公司兼具了受托人和代理人的双重身份。公司的实际经营活动是通过董事或高管人员的行为完成，因此他们是公司的代理人，董事的义务是基于公司代理人身份而产生，其活动应该在法律和公司章程授权的范围内进行，超出此范围的行为或以个人名义产生的行为由个人承担。董事可以被视为公司财产的受益人对公司财产赋予权力的受托人。因董事必须管理此项财产，并为公司的利益而履行其职责，如果董事为了自身的利益或者其行为超越了公司章程的规定和法律的禁止规定，就违背了信托关系中受托人之义务，对此，董事应归还公司所丧失的任何财产或赔偿公司所遭受的任何损失。

我国《公司法》并没有明确董事、高管与公司的法律关系，但是大部分学者的观点，从我国公司法中关于董事、监事和经理的义务规定来看，倾向于按照委任说来明确董事和公司之间的法律关系。

二、董事、监事、高级管理人员的义务

我国《公司法》第一百四十七条规定："董事、监事、高级管理人员应当遵守法律、行政法规和公司章程，对公司负有忠实义务和勤勉义务。董事、监事、高级管理人员不得利用职权收受贿赂或者其他非法收入，不得侵占公司的财产。"

（一）忠实义务

忠实义务即指董事、监事、高级管理人员在执行公司业务时应以公司利益作为自己行为和行动的最高准则，当自身利益与公司利益发生冲突时，以公司利益为先。简单讲，忠实义务即为对董事、监事、高管人员的诚信要求，要求他们个人利益服从公司利益。

我国《公司法》第一百四十八条列举了董事、高级管理人员违反忠实义务的具体行为表现：

1. 挪用公司资金

挪用公司资金，是指董事、高级管理人员利用分管、负责或者办理某项业务的权利或职权所形成的便利条件，擅自将公司所有或公司有支配权的资金挪作他用，主要是为其个人使用或者为与其有利害关系的他人使用。挪用公司资金，必然会影响公司资金的正常使用，从而影响公司正常的投资经营活动，同时这种行为也给公司的经营带来了不可预测的风险，对公司利益造成危害。

2. 将公司资金以其个人名义或者以其他个人名义开立账户存储

在公司与个人没有发生正常交易的情况下，将公司资金以个人名义存储，极易造成公司财产的流失，《公司法》明确禁止将公司资金以其个人名义或者以其他个人名义开立账户存储。

3. 违反公司章程的规定，未经股东会、股东大会或者董事会同意，将公司资金借贷给他人或者以公司财产为他人提供担保

该行为也属于利用职权擅自将公司资金挪作他用，因为这种使用公司资产的行为通常缺乏担保措施，使公司资产变为或然负债，与挪用公司资金行为的性质基本相同，为公司法所禁止。

4. 违反公司章程的规定或者未经股东会、股东大会同意，与本公司订立合同或者进行交易

这种行为也被称为"自我交易"。董事、高级管理人员与本公司订立合同或者进行交易时，董事、高级管理人员个人在交易中处于与公司利益相冲突的地位，为了保护公司利益，这种交易应当按照公司章程的规定或者经股东会同意，方可进行。而且在实践中，会把"自我交易"的范围扩大到董事、高管人员的配偶、子女或其他利益相关方。董事、高级管理人员如果违反公司章程的规定或者未经股东会同意，擅自与本公司订立合同或者进行交易，就是违反了对公司的忠实义务，应当禁止这种行为。

5. 未经股东会或者股东大会同意，利用职务便利为自己或者他人谋取属于公司的商业机会，自营或者为他人经营与所任职公司同类的业务

所谓商业机会，是赢得客户、获取商业利润的机会。在竞争日趋激烈的市场中，能否获得商业机会对公司的发展至关重要，如果公司董事、高级管理人员利用职务便利抢占本属于公司的商业机会为自己或为他人牟取利益，无疑会给公司的利益造成损害。董事、高级管理人员自营或者为他人经营与所任职公司同类的业务，发生与公司争夺商业机会的道德风险会大大增加。因此，从事这类业务，应当经股东会或者股东大会同意，未经股东会或者股东大会同意，自营或者为他人经营与所任职公司同类的业务，是违反忠实义务的行

为，应当予以禁止。

目前我国公司法的规定仅限于任职期间，对高管离职后是否继续负有竞业禁止义务没有明确的规定，实践中，很多公司可以在公司章程或公司与高管人员签署的劳动合同中进行约定。

6. 接受他人与公司交易的佣金归为己有

董事、高级管理人员执行公司职务，应当代表公司的利益，不能收取他人支付的佣金。接受他人与公司交易的佣金归为己有，就是利用职务为自己牟取利益，这种行为违背了忠实义务，应当禁止。在实践中，许多公司高管在公司发生业务时收受上下游客户或任何产生业务往来的相对方包括折扣费、中介费、佣金、礼金等费用，这种行为不仅为公司法所禁止，严重的可能会承担刑事责任。

7. 擅自披露公司秘密

公司秘密一般是具有商业价值的，公司秘密的披露往往会对公司的市场地位产生影响，有些公司秘密的披露甚至会使公司丧失竞争优势，从而给公司的利益造成重大损害。因此，董事、高级管理人员擅自披露公司秘密是违反忠实义务的，应当禁止这种行为。

8. 违反对公司忠实义务的其他行为

实践中，可能还会有违反对公司忠实义务的其他行为，但法律中难以一一列举。因此，作为违反忠实义务兜底的原则性规定，《公司法》概括的规定禁止违反对公司忠实义务的其他行为是必要的，同时也是提示董事、高管时刻谨记自己对公司的忠实义务。

（二）勤勉义务

勤勉义务指董事、监事、高级管理人员应当诚信地履行对公司的职责，在管理公司事务时应当勤勉、谨慎，大陆法系被称为"善良管理人的注意义务"，因此也称善管义务。与忠实义务相比较，勤勉义务的标准很难确定，各国公司法对勤勉义务的履行确定了不同的行为准则，但能够达成共同观点的原则是在判断标准上采取以客观标准为主、兼顾主观方面的综合性标准，即董事、监事、高管人员在诚实信用的基础上应尽到与其具有相应知识、经验、技能的人所应达到的最基本的注意程度，采取合理的措施，防止公司利益受损，为实现公司最大利益努力工作。

根据勤勉义务的要求，董事、监事、高管人员应当在法律、章程规定的职权范围内履行职责，具体说来应该遵守法律、法规和公司章程，出席或列席与公司经营相关的会议，接受质询并如实提供资料等等。比如《公司法》第一百五十条规定："股东会或者股东大会要求董事、监事、高级管理人员列席会议的，董事、监事、高级管理人员应当列席并接受股东的质询。董事、高级管理人员应当如实向监事会或者不设监事会的有限责任公司的监事提供有关情况和资料，不得妨碍监事会或者监事行使职权。"

三、董事、监事、高级管理人员的法律责任

公司董事、监事、高管人员如果未尽忠实、勤勉之义务，根据其行为本身的危害程度不同及我国现有的法律体系，可能会承担刑事责任、行政责任和民事责任，《公司法》主要对董事、监事、高管人员应承担的民事法律责任作了规定。

（一）公司归入权

《公司法》第一百四十八条第二款规定："董事、高级管理人员违反前款（关于忠实义务与勤勉义务的）规定所得的收入应当归公司所有。"《企业国有资产法》第七十一条第二款同样规定："国家出资企业的董事、监事、高级管理人员因其行为违反法律规定职责、违反忠实与勤勉义务而取得的收入，依法予以追缴或者归国家出资企业所有。所以，公司董事、高管人员只要违反了忠实义务，无论所得收入高低，其收入均应归为公司所有。"

在实践中还会遇到归入权行使的问题，通常情况下，如果是公司董事违反了上述法定义务，对其进行处理的机构为公司股东会；如果是公司高级管理人员违反了上述法定义务，对其进行处理的机构为公司董事会。

（二）损害赔偿请求权

《公司法》第二十一条规定，董事、监事、高管人员利用其关联关系损害公司利益，给公司造成损失的；应当承担赔偿责任。《公司法》第一百四十九条规定，董事、监事、高级管理人员执行公司职务时违反法律、行政法规或者公司章程的规定，给公司造成损失的，应当承担赔偿责任。《公司法》第一百一十二条第三款同时规定，董事应当对董事会的决议承担责任。董事会的决议违反法律、行政法规或者公司章程、股东大会决议，致使公司遭受严重损失的，参与决议的董事对公司负赔偿责任。但经证明在表决时曾表明异议并记载于会议记录的，该董事可以免除责任。

对于公司而言，如果董事、高管等人违反了忠实、勤勉的义务，公司有权同时行使损害赔偿请求权和归入权，因为这两种权利性质不同，可以并行。

（三）追究失信董事、监事、高管人员的法律程序

我国《公司法》在对追究失信董事、监事、高管法律责任的程序中，规定了股东代表诉讼和直接诉讼两种方式：

1. 直接诉讼

《公司法》第一百五十一条第一款规定，董事、高级管理人员有违反忠实、勤勉义务情形的，有限责任公司的股东、股份有限公司连续一百八十日以上单独或者合计持有公司百分之一以上股份的股东，可以书面请求监事会或者不设监事会的有限责任公司的监事向人民法院提起诉讼；监事有违反忠实、勤勉义务情形的，前述股东可以书面请求董事会或者不设董事会的有限责任公司的执行董事向人民法院提起诉讼。

2. 代表诉讼

代表诉讼指董事、高管的行为侵害了公司利益时，股东可以代表公司对董事、高管向法院提起诉讼。

🎯 本章小结

公司治理结构是公司制的核心。本章节需要重点掌握公司治理的原则、公司治理与公

司组织机构的关系、股东会会议的召集和表决程序及原则、董事的产生、董事会会议的召集和表决程序、监事的产生和任职资格、监事会会议的召集和表决程序、经理的概念和职权等内容。本章的理论知识较多，应在相关案例的指导下学习。

🏹 本章练习

一、判断题

1. 董事会是有限责任公司的最高权力机构。（　　）

2. 根据《中华人民共和国公司法》的规定，董事长是有限责任公司的法定代表人。（　　）

3. 有限责任公司设立董事会的，股东会会议由董事长召集，经理主持；经理不能履行职务或者不履行职务的，由副经理主持。（　　）

4. 我国的有限责任公司和股份有限公司其董事会成员中应当有公司职工代表。（　　）

5. 监事会的职权从其在公司治理结构中的定位来看，主要是发挥监督、检查、纠正等职能，可以向股东会会议提出议案。（　　）

6. 代表十分之一以上表决权的股东，可以提议召开临时会议。（　　）

7. 有限责任公司和股份公司董事长和副董事长由董事会以全体过半数选举产生。（　　）

8. 董事会决议内容违反公司章程的，董事可以自决议作出之日起六十日内，请求人民法院撤销。（　　）

9. 董事、高级管理人员违反忠实义务与勤勉义务的，所得的收入应当归公司所有。（　　）

10. 监事会决议应当经出席监事会会议的半数以上监事通过。（　　）

二、单项选择题

1. 关于有限责任公司的下列说法中，那一项是正确的？（　　）

　　A. 有限责任公司可以没有监事　　　　B. 有限责任公司可以没有股东

　　C. 有限责任公司可以没有章程　　　　D. 有限责任公司可以没有董事会

2. （司法考试真题2009）关于股东的表述，下列哪一选项是正确的？（　　）

　　A. 股东应当具有完全民事行为能力　　B. 股东资格可以作为遗产继承

　　C. 非法人组织不能成为公司的股东　　D. 外国自然人不能成为我国公司的股东

3. 甲、乙、丙共同设立A有限责任公司。甲任公司执行董事、乙任公司监事，甲有违反忠实、勤勉义务的情形，以下列哪一情况提起的诉讼法院应予受理？（　　）

　　A. 丙作为公司股东以自己的名义向人民法院提起损害赔偿诉讼

　　B. 丙作为公司发起人以自己的名义向人民法院提起损害赔偿诉讼

　　C. 丙书面请求公司监事乙向人民法院提起损害赔偿诉讼

　　D. 丙书面请求公司经理向人民法院提起损害赔偿诉讼

4. 下列关于有限责任公司法定代表人的说法哪一项是正确的？（　　）

　　A. 根据我国《公司法》的规定，公司法定代表人是董事长

B. 根据我国《公司法》的规定，公司法定代表人是经理

C. 根据我国《公司法》的规定，公司法定代表人是董事长和经理

D. 根据我国《公司法》的规定，公司法定代表人是董事长或经理

5. 下列关于职工代表董事的说法正确的是（　　　）。

A. 两个以上的国有企业或者两个以上的其他国有投资主体投资设立的有限责任公司，或国有独资公司，其董事会成员中应当有公司职工代表

B. 职工代表董事由国有投资机构在公司职工中指定

C. 职工代表董事由股东大会选举和更换

D. 我国公司的董事会均由职工代表董事和非职工代表董事组成

三、多项选择题

1. 根据我国《公司法》的规定，股份有限公司发生下列情形时，应当召开临时股东大会的有（　　　）。

A. 董事人数不足公司章程所定人数的 1/2 时

B. 公司未弥补的亏损达到股本总额的 1/3 时

C. 持有公司股份 5% 的股东请求时

D. 监事会提议召开时

2. 股东大会的职权包括哪些？（　　　）

A. 修改公司章程 　　　　　　　B. 决定公司分立

C. 聘任经理 　　　　　　　　　D. 制定发行公司债的方案

3. 《公司法》对国有独资公司的组织机构，有特别规定（　　　）。

A. 不设股东会

B. 不设监事会

C. 董事会和经理只能由国家授权投资的机构或者国家授权的部门任命

D. 公司重大事项只能由国家授权的机构或者国家授权的部门决定

4. 下列关于股份有限公司股东大会会议召集的说法哪些是正确的？（　　　）

A. 股东大会会议由董事会召集

B. 股东大会会议由董事长召集

C. 董事长不能履行职务或者不履行职务的，由副董事长召集；副董事长不能履行职务或者不履行职务的，由半数以上董事共同推举一名董事召集

D. 董事会不能履行或者不履行职责的，监事会应当及时召集，监事会不召集的，连续九十日以上单独或者合计持有公司百分之十以上股份的股东可以自行召集

5. 下列有关公司股东（大）会表决的说法哪些是不正确？（　　　）

A. 股东会会议一律由股东按照出资比例行使表决权

B. 章程另有规定的，股东会会议股东可以不按出资比例行使表决权

C. 股东出席股东大会会议，包括公司持有的本公司股份在内的每一股份均有表决权

D. 公司持有的本公司股份没有表决权

四、问答题

1. 简述公司组织结构的类型。
2. 试述资本多数决规则。
3. 试述董事、高级管理人员违反忠实义务的具体行为。

五、案例分析题

张某、王某和李某作为发起人共同成立韩煤能源投资股份有限公司。为了能高效管理公司，公司决定聘请有管理经验的赵某担任公司董事。赵某曾在某国有企业担任厂长，该厂因厂长决策失误导致破产，并于去年完成破产清算程序。公司不设监事会，设一名监事，为节约人力资源成本，该监事由韩煤能源投资股份有限公司的财务总监段某兼任。公司如期成立，公司运行一段时间后准备上市，在上市准备阶段聘请你所在的律师事务所出具法律意见，请针对上述情况指出该公司在公司治理结构方面存在哪些问题。

问题：

1. 赵某能否担任公司董事？为什么？
2. 段某能否担任公司监事？为什么？
3. 公司治理结构是否合理？

公 司 债

学习目标

知识要求:

公司债是公司法的重要内容之一。作为公司融资的重要渠道,公司债法律制度是激励公司发展,维护公司债权人、股东和发行债券公司之间利益平衡的一项重要制度安排。了解和掌握公司债制度的一般原理和规定;理解公司债券与股票等相关概念的联系和区别。

技能要求:

能够熟知公司债发行的条件和程序,进而对公司债券发行行为的合法性进行判断;掌握公司债转让与转换的基本规定。

案例引导

债券发行需要符合法定条件

某市某食品有限责任公司为筹集资金,于 2013 年 2 月向国务院相关部门报送文件申请发行 5000 万元债券,该食品有限责任公司与某证券公司签订了承销协议,后因承销人的原因导致剩余 500 万元公司债券尚未发行。2015 年 2 月,该食品有限责任公司将已发行债券的本息付清。鉴于此时公司净资产已增加一倍,为了继续发展的需要,该食品有限责任公司欲申请再发行 5000 万元债券。该有限责任公司的申请可否获得批准?

【案例分析】本案的主要问题是某食品有限公司发行公司债券的申请是否应该得到批准。对于公司而言,发行公司债可以筹集到生产经营所需的资金;对于投资者而言,公司债是一种备受青睐的金融投资商品。在"大力发展债券市场"的思路指导下,公司债市场日益发展成为证券市场的重中之重。规范繁荣的公司债市场必能促进企业发展,增进投资者利益,进而助力经济发展。但是法律需要对这一融资手段实施必要的监管,因此,根据《证券法》第十八条的规定:"有下列情形之一的,不得再次公开发行公司债券:(一)前一次公开发行的公司债券尚未募足的……"本案中的有限责任公司两年前发行的 5000 万元债券,因承销人原因剩余 500 万元尚未发行完,因此符合债券发行禁止条件中"前一次发行的公司债券尚未募足"的要件,所以其不得再次发行公司债券,申请不应批准。

第一节 公司债概述

一、公司债的概念

关于公司债的概念，中外学者及立法中有多种表述。例如：公司债，系股份有限公司将其债务分割为多数部分，向公众举债而发行有价证券[①]。公司债是在同一次发行中赋予同等面值以同等债券的可转让证券[②]。公司债者，系股份有限公司因需用资金，以发行债券之方法，依法定募集程序，向公众募集金钱之债[③]。公司债特指公司、企业依照法定的条件和程序，以发行具有流通性的公司或企业债券的方式，向社会公众募集资金而发生的金钱债权债务关系，而与公司、企业的一般债券、债务包括一般金钱之债相区别[④]。公司债，是公司依照法定的条件及程序，并通过法定形式，以债务人身份与不特定的社会公众之间所形成的一种金钱债务[⑤]。综上所述，尽管对公司债的定义各有侧重，但仍然存在许多共性。我们认为，公司债，是公司依照法定的条件及程序，以筹措资金为目的，通过法定形式向社会公众公开发行债券而形成的一种金钱债权债务关系。公司成立后，要保持其在激烈市场中的竞争地位，往往需要筹措资金以维持和扩大生产经营规模。公司筹措资金的方式主要有两种：一是增资。即通过追加投资或发行新股等方式增加公司自有资本。通过这种方式筹集资金的成本较高，因其手续繁琐，耗时较长，受到诸多法律程序的限制。二是借债，又可分为向银行等金融机构借债和依法向不特定的社会公众发行债券两类。相对而言，前一种方式往往会面临银行审核程序严格、贷款期限较短、贷款数额有限等不利问题，还会受到利率等因素的影响。而后一种方式即通过发行公司债进行筹资则相对比较便利，可以避免前述不利因素，因而受到公司青睐。所以，在现代公司的发展中，发行公司债成为公司融资的主要手段之一。

公司债的本质是一种以有价证券的方式来表现的债权债务的法律关系，这种有价证券就是公司债券，即公司债的书面表现形式是公司债券。我国《公司法》并未对"公司债"的概念做出规定，在其第七章专章规定了"公司债券"。公司债与公司债券是内容和形式的关系，如同股份与股票的关系一样。按照《公司法》第一百五十三条的规定，公司债券是指公司依照法定程序发行、约定在一定期限还本付息的有价证券。

二、公司债的特征

公司债作为一种直接融资手段，是资本市场的重要组成部分。其特征主要有：

---

① 梁宇贤. 商事法论 [M]. 北京：中国人民大学出版社，2003：129.
② 法国《商事公司法》第 284 条。
③ [日] 鸿常夫. 社债法，有斐阁，法律学全集，1968 年 6 月版，第 1 页。
④ 史际春. 企业和公司法（第三版）[M]. 北京：中国人民大学出版社，2013：287.
⑤ 顾功耘. 商法教程 [M]. 上海：上海人民出版社，2001：94.

（一）公司债的发行主体具有特定性，发行对象具有不特定性

公司债的发行主体仅限于公司。在我国，公司包括依法设立的有限责任公司和股份有限公司两类。除此以外，自然人、合伙及其他组织均不得发行公司债。

公司债的发行对象是不特定的社会公众，任何人都可以购买公司债或通过继受他人转让的公司债而成为公司债权人。

（二）公司债的发行必须符合法定的程序和条件

我国《公司法》对可发行公司债的种类、公司债券的形式、公司债券的登记管理、公司债券发行行为的公示性等问题均作出了规定。《证券法》还对公司债券的公开发行规定了明确的具体条件，包括一般公司债券的发行条件、上市公司发行可转换公司债的条件以及不得再次公开发行公司债券的情形等。此外，还有一系列行政规章及证券交易所发布的自律性规则也对公司债的发行程序或条件作出了规范。

（三）公司债券是一种要式性有价证券

公司债券是一种要式证券，通常采用书面形式。公司以实物券方式发行公司债券的，还必须在债券上载明公司名称、债券票面金额、利率、偿还期限等事项，并由法定代表人签名，公司盖章。公司债券是代表一定财产权利的有价证券，能为债券持有人带来券面所标明的预期收益，当债券所规定的还本付息的期限到来之时，公司作为债务人有义务依债券规定向债权人还本付息。

（四）公司债券具有流通性和可转换性

公司债券作为一种有价证券，具有流通性的特征。它无须征得发行人同意即可以自由流通和转让，也可以在特定情况下与现金或实物资产进行交换。《公司法》第一百五十九条规定："公司债券可以转让，转让价格由转让人与受让人约定。公司债券在证券交易所上市交易的，按照证券交易所的交易规则转让。"公司债券还具有可转换性，即依法可以转换成公司股份。《公司法》第一百六十一条规定，上市公司经股东大会决议可以发行可转换为股票的公司债券。上市公司发行可转换为股票的公司债券，应当报国务院证券监督管理机构核准，应当在债券上标明可转换公司债券字样，并在公司债券存根簿上载明可转换公司债券的数额。

三、公司债与相关概念的区别

公司债既是发行人的融资工具，也是持有人的投资工具，因其具备诸多优势而具有强大的吸引力。同时，它易与公司的一般债务和公司股票等近似概念相混淆。厘清公司债与相关概念的区别，有助于更好地理解公司债作为一种重要的信用工具对于公司发展的意义。

（一）公司债与公司股份的区别

公司债与公司股份都是公司筹集资金的手段，公司债券和股票都向不特定的社会公众公开发行，二者都是要式有价证券，都具有流通性。但是它们之间也有实质上的区别，主要表现在以下几个方面：

1. 权利的性质与主体间的法律地位不同

公司债的债权人与公司之间是一种债权债务关系，作为一般的债权人，其有权在公司债券到期时，要求公司还本付息，但没有参与公司决策及经营的权利；公司的股份持有人与公司之间是一种因财产所有权转化而形成的股权关系，作为公司的股东，其享有基于股东地位而产生的股东权和获取股利的收益权，有权参与公司的决策和经营管理。

2. 主体的收益和利益分配的顺序不同

公司债的债权人不论公司是否盈利或者盈利多少，都有权要求公司按照债券的规定还本付息。同时，公司债的利率是事先约定好并保持不变的；而公司股票持有人作为公司的股东，无权要求公司返还本金，一般只有在公司有盈余的情况下才能要求分配利润，并且该利润是随着公司业绩的实际情况而处于变动中的，即公司盈利多，分配就会超过债券水平，公司盈利少，分配就可能低于债券水平。公司无盈利则无分配或借用上年盈余分配。正因如此，股票可以溢价发行，而债券虽然法律允许浮动价格发行，但很难溢价发行。[①]另外，因公司债券记载的权利优于公司股票记载的权利，所以在利益分配的顺序上债券优于股票。公司在分配盈余或清盘时，应当先清偿公司债券的本金和利息，再依法向持有公司股票的股东分配利润。

3. 投资主体承担的风险不同

总体而言，公司债券持有人的风险比公司股票持有人的风险要小。公司债的利息固定，只要公司债到期，公司不论是否有盈余均负有还本付息之义务，即便在公司债期限届满前公司发生解散或破产，公司债券也能优于股票清偿。因此，公司债券上所附的风险较小；反之，股票是一种永久性投资，只能转让，不能退股。既不能要求公司返还本金，也不能事先确定回报率，其投资回报直接与公司经营状况挂钩。只有在公司有盈余的情况下，才能获得股息和红利。当公司经营不善发生亏损甚至破产清算时，其清偿顺位劣于公司债券，不仅不能得到预期收益，更可能会损失本金。所以，公司债券投资人承担的风险较小，当然，相应的投资回报也可能低于股票投资。

此外，公司债和公司股份在期限、发行条件、发行价格等方面也存在一定区别。

（二）公司债与公司一般债务的区别

严格来说，公司债只是公司债务中的一种。公司在发展过程中，还可能因为向银行等金融机构借债而形成一般的公司债务。公司债和一般公司债务发生的目的都是为经营与发展而筹措资金，都反映了公司作为债务人与相对人之间形成的民法上之债权债务关系，公司都负有债务到期时的偿还义务，这是二者之间的共同之处。它们的区别则表现在以下几

---

① 甘培忠. 企业与公司法学（第七版）[M]. 北京：北京大学出版社，2014：280.

个方面：

1. 债务发生的原因不同

公司债，是公司为了筹措资金选择发行债券而发生的，它是一种特殊的合同之债；公司一般债务的发生则可能由很多原因造成，既可基于一般的合同而发生，亦可能由侵权行为、无因管理和不当得利等原因而发生。

2. 权利主体不同

公司债是面向社会公众公开发行的，并且公司债可以自由转让，因而公司债的权利主体的范围及其广泛，具有不特定性的特点；公司一般债务则是面向特定的机构、组织或个人而发生的，因而其主体具有特定性的特征。

3. 债权凭证的形式与所受限制不同

公司债的表现形式是公司债券，其发行要遵循严格的法定条件和程序。公司债券是有价、要式证券，具有可流通性，可以在证券市场上自由流通转让；而公司一般债务的表现形式多以契约或者契据等非证券化的形式存在（部分提单、支票、本票等除外），由双方当事人协商即可确定，没有严格的程序限制。由于其不是有价证券，因而也不具有流通性。

4. 适用的法律规范不同

公司债券必须依法发行，其主要由《公司法》《证券法》所规范和调整；而公司的一般债务主要是受《合同法》规范和调整。

四、公司债的主要种类

依照不同的标准，可以对公司债进行不同的划分①。由于我国现有立法已对公司债的分类作出了一定规范，因而本教材重点介绍《公司法》及相关立法中涉及的公司债的分类情况。一般来说，公司债可以分为以下几类：

（一）记名公司债券与无记名公司债券

以公司债券票面是否记载债权人的姓名或名称为标准，可以将公司债券分为记名公司债券和无记名公司债券。记名公司债券是将债权人的姓名或名称记载于债券票面上的公司债券。无记名公司债券则是指债券票面上不载明债权人姓名或名称的公司债券。我国《公司法》第一百五十六条规定："公司债券，可以为记名债券，也可以为无记名债券。"这种分类的意义在于：

1. 法律对两类债券的发行程序有不同规定

根据《公司法》第一百五十七条规定，公司发行公司债券应当置备公司债券存根簿。发行记名公司债券的，应当在公司债券存根簿上载明下列事项：（1）债券持有人的姓名或者名称及住所；（2）债券持有人取得债券的日期及债券的编号；（3）债券总额，债券的票面金额、利率、还本付息的期限和方式；（4）债券的发行日期。而发行无记名公司

---

① 公司债的表现形式是公司债券，因而对公司债所做的分类，实际上也可以理解为对公司债券的分类。

债券的，应当在公司债券存根簿上载明债券总额、利率、偿还期限和方式、发行日期及债券的编号。①

2. 法律对两类债券的转让方式有不同的规定

根据《公司法》第一百六十条的规定，记名公司债券，由债券持有人以背书方式或者法律、行政法规规定的其他方式转让；转让后由公司将受让人的姓名或者名称及住所记载于公司债券存根簿；否则，受让人不能对抗公司债务人。而无记名公司债券的转让，由债券持有人将该债券交付给受让人后即发生转让的效力。

3. 法律对两类债券的救济方式有不同的规定

根据《民事诉讼法》第二百一十八条的规定，可以背书转让的票据持有人，因票据被盗、遗失或者灭失，可以向票据支付地的基层人民法院申请公示催告。② 记名公司债券属于可以背书转让的有价证券，所以记名公司债券持有人可以在必要时通过公示催告程序申请法院宣告票据无效，由公司进行补发债券；而不记名公司债券发生被盗、遗失或灭失情形则无法补救。

（二）可转换公司债券和非转换公司债券

以公司债券是否可以转换成发行公司的股票为标准，可以将公司债券分为可转换公司债券与非转换公司债券。可转换公司债券是指依法可以转换成公司股票的公司债券。反之，不能转换成公司股票的公司债券就是非转换公司债券。可转换公司债券经过转换，其持有人的债权人资格就会被公司股东资格所替代，公司债券所代表的公司负债就转为公司股本。因而，公司发行可转换公司债券，是想通过增加股权资本的形式实现股权融资，从而降低公司的负债比率。而非转换公司债券持有人只享有到期得到还本付息的权利，其利率一般比可转换公司债券高。不过，如果遇到公司经营不善并且股票市场价格低落时，可转换公司债券持有人就要面临投资收益下降的高风险，因而，可转换公司债是一种高投资性伴随高风险性的证券。按照《公司法》第一百六十一条的规定，我国允许上市公司经股东大会决议发行可转换为股票的公司债券。上市公司发行可转换为股票的公司债券，应当报国务院证券监督管理机构核准。股票公开转让的非上市公司发行可转换成股票条款的公司债券，由中国证监会另行规定。

关于可转换公司债券的具体规定，将在本章第三节中继续讨论。

（三）有担保公司债券与无担保公司债券

以公司债券是否设置担保为标准，可以将公司债券分为有担保公司债券与无担保公司债券。有担保公司债券是指发行公司以其全部或部分财产作为偿还本息的担保或由其他第

---

① 当然，按照《公司法》第一百五十五条的规定，无论是记名公司债券还是无记名公司债券，公司以实物券方式发行公司债券的，都必须在债券上载明公司名称、债券票面金额、利率、偿还期限等事项，并由法定代表人签名，公司盖章。

② 申请人应当向人民法院递交申请书，写明票面金额、发票人、持票人、背书人等票据主要内容和申请的理由、事实。

三人作为保证人提供担保而发行的公司债券。无担保公司债券是指不设置任何担保而仅以公司自身信誉作为信用基础的公司债券。我国《公司法》并未对这种分类方式做出详细的规定，但第一百五十四条强调发行公司必须在公司债券募集办法中载明债券担保的情况。

区分有担保公司债券和无担保公司债券的意义在于：两种公司债券若遇不能按期受偿时的法律后果不同。即有担保公司债券在发行公司到期不能还本付息时，债权人有权请求保证人予以偿还，这种债券有助于投资者在投资之初控制和锁定投资风险，有助于强化投资者的投资信心，因而对投资者具有较强的吸引力①。无担保公司债券在发行公司到期不能还本付息时，债权人只能以普通债权人的身份提出偿债要求。

（四）公开发行公司债券和非公开发行公司债券

以发行方式是否公开为标准，可以将公司债券分为公开发行公司债券和非公开发行公司债券。公开发行公司债券是指依法报经国务院证券监督管理机构或者国务院授权的部门核准，向不特定对象或者向累计超过二百人的特定对象发行的债券；非公开发行公司债券是报经国务院证券监督管理机构或者国务院授权的部门核准，每次发行对象不超过二百人，并且不得采用广告、公开劝诱和变相公开方式发行的债券。

（五）其他类型的公司债

随着融资方式的多样化和我国债券市场的不断成长，为了适应公司的发展和满足市场投资主体的不同需求，还存在一些其他类型的公司债，例如：

1. 可交换公司债券

根据证监会 2008 年发布的《上市公司股东发行可交换公司债券试行规定》，可交换公司债券是指上市公司的股东依法发行、在一定期限内依据约定的条件可以交换成该股东所持有的上市公司股份的公司债券。与可转换公司债券相比，可交换公司债券的发行主体是上市公司股东，其作为发行人以所持有的上市公司股份作为担保及交换标的发行公司债券，投资者在一定期限内可依据约定的条件，将其持有的债券交换成上市公司股份，发行可交换债不影响标的上市公司总股本。

2. 附认股权公司债券

附认股权公司债券，是指公司发行的附有认购该公司股票权利的一种债券。这类债券的特殊性在于，债券购买者可以按预先规定的条件在公司新发股票时享有优先购买权。所谓预先规定的条件，主要是指股票的购买价格、认购比例和认购期间。附新股认股权公司债行使认股权后债券形态依然存在。

3. 附减记条款公司债券

按照法律规定，商业银行等金融机构可以依照有关规定发行附减记条款的公司债券。2013 年公布的《关于商业银行发行公司债券补充资本的指导意见》规定，在上海、深圳证券交易所上市的商业银行，或发行境外上市外资股的境内商业银行，或申请在境内首次

---

① 刘俊海. 公司法学 ［M］. 武汉：武汉大学出版社，2010：237.

公开发行股票的在审商业银行（以下简称上市或拟上市商业银行），可以按照《证券法》《公司法》《中国证监会公司债券发行管理办法》发行包含减记条款的公司债券（以下简称减记债）补充资本。所谓的附减记条款的公司债券就是商业银行为补充资本而发行的符合资本工具合格标准、经中国银监会认定可计入商业银行资本的公司债券。减记债在《商业银行资本管理办法（试行）》规定的触发事件发生时，能立即减记，投资者相应承担本金及利息损失的风险。减记债应符合商业银行资本工具合格标准，经中国银监会认定可计入商业银行二级资本①。此类公司债券的特殊性在于：一旦发行人无法兑付本息，则由债权人自行承担损失。而普通债券中，债权人的损失实质上是由股东承担并补足。因此，我国目前规定能够发行附减记条款公司债券的主体只能是商业银行等金融机构。

第二节 公司债的发行条件与程序

公司债的发行和交易涉及公众投资者的利益和安全，为了保护广大投资者的合法利益，维护社会公共利益，我国《公司法》对公司债的发行与程序作了原则性的规定，《证券法》以及《公司债券发行与交易管理办法》（以下简称《管理办法》)②，对公司债券的发行、交易和转让作出了进一步的规范。

一、公司债的发行条件

（一）公司债发行的一般条件

1. 主体条件

我国修改后的《公司法》和《证券法》放宽了发行主体的限制③，无论是股份有限公司还是有限责任公司，只要符合公司债券的法定发行条件，经过核准，履行相关程序后，都可以发行公司债券。要注意的是，某些特殊类型的公司债券如可转换公司债券、可交换公司债券等只有上市公司才可以依法发行。2015 年的《管理办法》更是放宽了公司债发行主体的范围，将原来限于境内证券交易所上市公司、发行境外上市外资股的境内股份有限公司、证券公司的发行范围扩大至所有公司制法人，大大降低了公司债原来的发行门槛。同时，《管理办法》第六十九条明确规定，发行人不包括地方政府融资平台公司。

2. 发行公司的资信条件

---

① 商业银行的资本工具可分为三类：核心一级资本工具、其他一级资本和二级资本，而合格的二级资本工具的条件之一是必须含有减记或转股的条款，即当恶性触发事件发生时能立即减记或者转为普通股。

② 2013 年 10 月 30 日，中国证券监督管理委员会、中国银行业监督管理委员会公告〔2013〕39 号公布《关于商业银行发行公司债券补充资本的指导意见》，共 15 条，自 2013 年 11 月 6 日起施行。

③ 《公司债券发行与交易管理办法》经 2014 年 11 月 15 日中国证券监督管理委员会第 65 次主席办公会议审议通过，2015 年 1 月 15 日中国证券监督管理委员会令第 113 号公布。《公司债券发行与交易管理办法》分总则、发行和交易转让、信息披露、债券持有人权益保护、监督管理和法律责任、附则 6 章程 73 条，自公布之日起施行。

公开发行公司债券，应当符合下列条件：（1）股份有限公司的净资产不低于人民币三千万元，有限责任公司的净资产不低于人民币六千万元；（2）累计债券余额不超过公司净资产的百分之四十；（3）最近三年平均可分配利润足以支付公司债券一年的利息；（4）筹集的资金投向符合国家产业政策；（5）债券的利率不超过国务院限定的利率水平；（6）国务院规定的其他条件。

同时，要注意公开发行公司债券筹集的资金，必须用于核准的用途，不得用于弥补亏损和非生产性支出；非公开发行公司债券募集的资金，必须用于约定的用途。除金融类企业外，募集资金不得转借他人。发行人应当指定专项账户，用于公司债券募集资金的接收、存储、划转与本息偿付。

上市公司发行可转换为股票的公司债券，除应当符合上述规定的条件外，还应当符合《证券法》关于公开发行股票的条件，并报国务院证券监督管理机构核准。

（二）公开发行公司债券的条件

（1）公开发行公司债券，应当符合《证券法》《公司法》的相关规定，向国务院授权的部门或者国务院证券监督管理机构报送相关文件，经中国证监会核准。

公司债券可以向公众投资者公开发行，也可以自主选择仅面向合格投资者公开发行，只要其资信状况符合以下标准：①发行人最近三年无债务违约或者迟延支付本息的事实；②发行人最近三个会计年度实现的年均可分配利润不少于债券一年利息的 1.5 倍；③债券信用评级达到 AAA 级；④中国证监会根据投资者保护的需要规定的其他条件。未达到上述标准的公司债券公开发行应当面向合格投资者；仅面向合格投资者公开发行的，中国证监会简化核准程序。

（2）公开发行公司债券，应当委托具有从事证券业务资格的资信评级机构进行信用评级。

（3）存在下列情形之一的，不得公开发行公司债券：①最近三十六个月内公司财务会计文件存在虚假记载，或公司存在其他重大违法行为；②本次发行申请文件存在虚假记载、误导性陈述或者重大遗漏；③对已发行的公司债券或者其他债务有违约或者迟延支付本息的事实，仍处于继续状态；④严重损害投资者合法权益和社会公共利益的其他情形。

（三）非公开发行公司债券的条件

（1）非公开发行的公司债券应当向合格投资者发行，不得采用广告、公开劝诱和变相公开方式，每次发行对象不得超过二百人。

（2）发行人应当按照中国证监会、证券自律组织规定的投资者适当性制度，了解和评估投资者对非公开发行公司债券的风险识别和承担能力，确认参与非公开发行公司债券认购的投资者为合格投资者，并充分揭示风险。

非公开发行公司债券是否进行信用评级由发行人确定，并在债券募集说明书中披露。

（四）上市公司发行附认股权、可转换成股票条款的公司债券的条件

上市公司发行附认股权、可转换成股票条款的公司债券，应当符合《上市公司证券

发行管理办法》《创业板上市公司证券发行管理暂行办法》的相关规定。股票公开转让的非上市公众公司发行附认股权、可转换成股票条款的公司债券，由中国证监会另行规定。

二、公司债的发行程序

按照相关法律规定，发行公司债应当履行以下程序：

（一）董事会制定发行公司债券的方案

按照《公司法》规定，由董事会负责制定增加或者减少公司资本以及发行公司债券的方案。

（二）股东会或股东大会作出决议

发行公司债涉及公司的未来发展和股东的重大利益，因而根据《公司法》《证券法》和《管理办法》的规定，发行公司债券的决定权属于股东会或股东大会，如果申请发行公司债券的，应当依法对以下具体事项作出决议：发行债券的数量；发行方式；债券期限；募集资金的用途；决议的有效期；其他按照法律法规及公司章程规定需要明确的事项。

发行公司债券，如果对增信机制、偿债保障措施作出安排的，也应当在决议事项中载明。

（三）进行信用评级

公开发行公司债券的，应当委托具有从事证券业务资格的资信评级机构进行信用评级。为公司债券发行提供服务的资信评级机构及相关人员应当勤勉尽责，严格遵守执业规范和监管规则，按规定和约定履行义务。

（四）向国务院授权部门或国务院证券监督管理机构申请核准

发行人应当按照中国证监会信息披露内容与格式的有关规定编制和报送公开发行公司债券的申请文件。这些申请文件包括：公司营业执照；公司章程；公司债券募集办法；资产评估报告和验资报告；国务院授权的部门或者国务院证券监督管理机构规定的其他文件。依照本法规定聘请保荐人的，还应当报送保荐人出具的发行保荐书。

（五）国务院证券监督管理机构核准

我国相关立法规定，由中国证监会依法对公司债的发行申请进行审核和监督。具体情况是：

（1）中国证监会受理申请文件后，依法审核公开发行公司债券的申请，自受理发行申请文件之日起三个月内，作出是否核准的决定，并出具相关文件。发行申请核准后，公司债券发行结束前，发行人发生重大事项，导致可能不再符合发行条件的，应当暂缓或者暂停发行，并及时报告中国证监会。影响发行条件的，应当重新履行核准程序。

（2）公开发行公司债券，可以申请一次核准，分期发行。自中国证监会核准发行之日起，发行人应当在十二个月内完成首期发行，剩余数量应当在二十四个月内发行完毕。公开发行公司债券的募集说明书自最后签署之日起六个月内有效。采用分期发行方式的，发行人应当在后续发行中及时披露更新后的债券募集说明书，并在每期发行完成后五个工作日内报中国证监会备案。

（六）依法披露债券募集说明书

根据《公司法》第一百五十四条的规定，发行公司债券的申请经国务院授权的部门核准后，应当公告公司债券募集办法。公司债券募集办法中应当载明下列主要事项：公司名称；债券募集资金的用途；债券总额和债券的票面金额；债券利率的确定方式；还本付息的期限和方式；债券担保情况；债券的发行价格、发行的起止日期；公司净资产额；已发行的尚未到期的公司债券总额；公司债券的承销机构。

另外，公开发行公司债券的发行人还应当在债券存续期内披露中期报告和经具有从事证券服务业务资格的会计师事务所审计的年度报告。非公开发行公司债券的发行人信息披露的时点、内容，应当按照募集说明书的约定履行，相关信息披露文件应当由受托管理人向中国证券业协会备案。

公开发行公司债券的发行人及其他信息披露义务人应当将披露的信息刊登在其债券交易场所的互联网网站，同时将披露的信息或信息摘要刊登在至少一种中国证监会指定的报刊，供公众查阅。

（七）公司债的承销

发行公司债券应当由具有证券承销业务资格的证券公司承销。

取得证券承销业务资格的证券公司、中国证券金融股份有限公司及中国证监会认可的其他机构非公开发行公司债券可以自行销售。非公开发行公司债券的，承销机构或依法自行销售的发行人应当在每次发行完成后五个工作日内向中国证券业协会备案。中国证券业协会在材料齐备时应当及时予以备案。备案不代表中国证券业协会实行合规性审查，不构成市场准入，也不豁免相关主体的违规责任。

承销机构承销公司债券，应当依照法律法规以及中国证监会、中国证券业协会有关尽职调查、风险控制和内部控制等相关规定，制定严格的风险管理制度和内部控制制度，加强定价和配售过程管理。

承销机构承销公司债券，应当依照《证券法》相关规定采用包销或者代销方式。发行人和主承销商应当签订承销协议，在承销协议中界定双方的权利义务关系，约定明确的承销基数。采用包销方式的，应当明确包销责任。公开发行公司债券，依照法律、行政法规的规定应由承销团承销的，组成承销团的承销机构应当签订承销团协议，由主承销商负责组织承销工作。公司债券发行由两家以上承销机构联合主承销的，所有担任主承销商的承销机构应当共同承担主承销责任，履行相关义务。承销团由三家以上承销机构组成的，可以设副主承销商，协助主承销商组织承销活动。承销团成员应当按照承销团协议及承销协议的约定进行承销活动，不得进行虚假承销。

（八）公司债的登记

公开发行公司债券，应当由中国证券登记结算有限责任公司统一登记。公开发行公司债券的结算业务及非公开发行公司债券的登记结算业务，应当由中国证券登记结算有限责任公司或中国证监会认可的其他机构办理。其他机构办理公司债券登记结算业务的，应当将登记、结算数据报送中国证券登记结算有限责任公司。

第三节　公司债的转让与转换

一、公司债的转让

公司债的转让，是指依据法定的条件和程序，将公司债券由债券持有人转让给受让人的一种法律行为。公司债作为有价证券的一种，具有流通性，公司债的转让可以丰富证券市场的交易品种，能够满足投资者日益增长的投资需求，激发市场的活力；对于现存的公司债券持有人，转让制度是一种退出机制，对于潜在的投资者，转让制度是一种进入制度，同时发行公司也可以通过在公开市场买回债券的方式实现提前偿还债券的目的。① 正是公司债的可转让特点，使其成为公司的重要融资手段，并受到投资者的青睐，成为证券市场不可或缺的重要交易产品。因而我国《公司法》明确规定，公司债券可以转让，转让应当依法进行。

（一）转让价格

按照《公司法》的规定，公司债券可以转让，转让价格由转让人与受让人约定。公司债券是一种有价债券，其价格受公司经营状况和市场行情波动的影响而具有变动性，因而形成了目前的转让中的价格协商的模式。转让的价格由债券转让人与受让人在公平、自愿、等价、有偿的原则上协商决定。一般而言，转让双方当事人在商定公司债的转让价格时，要考虑以下因素：发行公司的经营情况和资信状况；人民币储蓄利率的调整和通货膨胀率；公司债还本付息的期限；其他因素，例如：税收情况、是否是可转换公司债等情况。另外，对于法律规定应当在证券交易所上市交易的公司债的转让价格，应当遵守证券交易所的交易规则，采取集中竞价的方式转让。

（二）转让场所

关于公司债的转让场所，我国立法没有特别限定，只是规定公司债券在证券交易所上市交易的，按照证券交易所的交易规则转让。

依照我国《证券法》及《公司债券发行与交易管理办法》的相关规定，公司债的转让场所因公司债券是否为公开发行而有所不同：依法公开发行的公司债券，应当在依法设立的证券交易场所或在全国中小企业股份转让系统或者国务院批准的其他证券交易场所转

---

① 赵旭东. 商法学教程［M］. 北京：中国政法大学出版社，2004：288.

让；非公开发行的公司债券，可以申请在证券交易所、全国中小企业股份转让系统、机构间私募产品报价与服务系统、证券公司柜台转让。

证券交易所是为证券集中交易提供场所和设施，组织和监督证券交易，实行自律管理的法人，包括证券交易所和场外交易场所。在我国目前，证券交易所指上海证券交易所和深圳证券交易所；场外交易场所指证券交易公司、证券交易营业部、银行和其他金融机构的营业网点等场所。

（三）转让方式

公司债的转让方式因公司债的类型不同而有所区别。按照公司法的规定，记名公司债券，由债券持有人以背书方式或者法律、行政法规规定的其他方式转让。转让后由公司将受让人的姓名或者名称及住所记载于公司债券存根簿。否则，不能对抗公司和第三人，不具有法律效力。无记名公司债券的转让方式相对简单，通常不需要以背书方式进行，只需单纯的交付就可以完成，即由债券持有人将该债券交付给受让人后就发生转让的效力。还应注意，非公开发行的公司债券仅限于合格投资者范围内转让。转让后，持有同次发行债券的合格投资者合计不得超过二百人。

除了《公司法》的规定外，公司债券作为有价证券的一种，其转让方式还受到《证券法》的有关证券交易规则的约束。依《证券法》第四十、四十一以及四十二条的有关规定，证券在证券交易所上市交易，应当采用公开的集中交易方式或者国务院证券监督管理机构批准的其他方式；证券交易当事人买卖的证券可以采用纸面形式或者国务院证券监督管理机构规定的其他形式；证券交易以现货和国务院规定的其他方式进行交易。

二、公司债的转换

（一）公司债的转换的含义

公司债的转换是针对可转换公司债券而言的，是指债券持有人有权依照约定的条件将所持有的公司债券转换为发行公司股份的一种法律行为。

可转换公司债券是一种具有债券凭证和股权凭证双重性质的金融工具。首先，作为债券凭证，可转换债券有规定的利率和期限，债券持有人可以选择待债券到期时，收取本金和利息；其次，对于债券持有人来说，其享有是否将公司债转换为公司股份的选择权，即债券持有人有权根据公司经营状况决定公司债券是否转换为公司股份；最后，可转换债券在转换成股票之前是纯粹的债券，但在转换成股票之后，原债券持有人就由债权人变成了公司的股东，可以参与公司的经营管理和红利分配。

（二）公司债的转换规则

1. 发行主体

《公司法》第一百六十一条第一款规定："上市公司经股东大会决议可以发行可转换为股票的公司债券，并在公司债券募集办法中规定具体的转换办法。上市公司发行可转换为股票的公司债券，应当报国务院证券监督管理机构核准。"

另外，上市公司公开发行可转换公司债券的，除应当符合立法关于公司组织机构、盈利能力、财务状况等基本要求外，还应当符合下列规定：（1）三个会计年度加权平均净资产收益率平均不低于百分之六；（2）本次发行后累计公司债券余额不超过一期末净资产额的百分之四十；（3）三个会计年度实现的年均可分配利润不少于公司债券一年的利息。

2. 可转换公司债券的形式要求

发行可转换为股票的公司债券，应当在债券上标明可转换公司债券字样，并在公司债券存根簿上载明可转换公司债券的数额。

可转换公司债券的期限最短为一年，最长为六年。可转换公司债券每张面值一百元。可转换公司债券的利率由发行公司与主承销商协商确定，但必须符合国家的有关规定。

3. 转换期限

可转换公司债券自发行结束之日起六个月后方可转换为公司股票，转股期限由公司根据可转换公司债券的存续期限及公司财务状况确定。

债券持有人对转换股票或者不转换股票有选择权，并于转股的次日成为发行公司的股东。

4. 转股价格

转股价格，是指募集说明书事先约定的可转换公司债券转换为每股股份所支付的价格。按照《上市公司证券发行管理办法》第二十二条的规定，转股价格应不低于募集说明书公告日前二十个交易日该公司股票交易均价和前一交易日的均价。

5. 对债券持有人的保护

（1）公开发行可转换公司债券，应当委托具有资格的资信评级机构进行信用评级和跟踪评级。资信评级机构每年至少公告一次跟踪评级报告。

（2）上市公司应当在可转换公司债券期满后五个工作日内办理完毕偿还债券余额本息的事项。

（3）公开发行可转换公司债券，应当约定保护债券持有人权利的办法，以及债券持有人会议的权利、程序和决议生效条件。

（4）公开发行可转换公司债券，应当提供担保，但一期末经审计的净资产不低于人民币十五亿元的公司除外。提供担保的，应当为全额担保，担保范围包括债券的本金及利息、违约金、损害赔偿金和实现债权的费用。以保证方式提供担保的，应当为连带责任担保，且保证人一期经审计的净资产额应不低于其累计对外担保的金额。证券公司或上市公司不得作为发行可转债的担保人，但上市商业银行除外。设定抵押或质押的，抵押或质押财产的估值应不低于担保金额。估值应经有资格的资产评估机构评估。

✎ 本章小结

公司债是公司法律体系不可或缺的重要组成部分。随着我国市场经济发展的不断完善和证券市场监管的逐步规范，公司债券市场的发展对于市场经济的细胞——公司的经济促进作用以及满足投资者多元需求的功能也日益显现。重点掌握公司债的基本理论（概念、特征、公司债的主要种类）；公司债的发行条件与程序；公司债的转让与转换。本章内容与本教材其他章节的知识一脉相承，尤其是在研究公司资本制度、公司治理结构和公司财务会计制度时，必然涉及本章相关知识点。

本章练习

一、判断题

1. 公司债券，是指公司依照法定程序发行、约定在一定期限还本付息的有价证券。公司债券可以公开发行，也可以非公开发行。（　　）

2. 公司发行公司债券应当置备公司债券存根簿，并根据公司的实际情况在公司债券存根簿上载明相关事项。（　　）

3. 公司债券可以转让，但不能在证券交易所上市交易。（　　）

4. 公司公开发行公司债券时累计债券总额不得超过公司净资产的40%。（　　）

5. 公司以实物券方式发行公司债券的，只需要在债券上载明公司名称、债券票面金额、利率、偿还期限等事项即可。（　　）

6. 公司债券可以转让，转让价格由中国证监会统一规定。（　　）

7. 公开发行公司债券，可以委托具有从事证券服务业资格的资信评级机构进行信用评级。（　　）

8. 公开发行的公司债券，应当在依法设立的证券交易所上市交易，或在全国中小企业股份转让系统或者国务院批准的其他证券交易场所转让。（　　）

9. 非公开发行的公司债券仅限于合格投资者范围内转让。转让后，持有同次发行债券的合格投资者合计不得超过二百人。（　　）

10. 中国证监会受理申请文件后，依法审核公开发行公司债券的申请，自受理发行申请文件之日起两个月内，作出是否核准的决定，并出具相关文件。（　　）

二、单项选择题

1. 发行记名公司债券，应当在公司债券存根簿上载明的事项中不包括的是：（　　）。

    A. 债券持有人的姓名或者名称及住所

    B. 债券发行人的净资产总额及累计债券余额

    C. 债券总额，债券的票面金额、利率、还本付息的期限和方式

    D. 债券的发行日期

2. 关于公开发行公司债券的资信状况，符合法定标准的是：（　　）。

    A. 发行人最近一年无债务违约或者迟延支付本息的事实

    B. 发行人最近一个会计年度实现的年均可分配利润不少于债券一年利息的1.5倍

    C. 债券信用评级达到AAA级

    D. 国务院根据投资者保护的需要规定的其他条件

3. 关于非公开发行的公司债券，以下说法错误的是：（　　）。

    A. 非公开发行的公司债券应当向合格投资者发行

    B. 非公开发行的公司债券不得采用广告、公开劝诱和变相公开方式

    C. 非公开发行的公司债券，每次发行对象不得超过200人

    D. 非公开发行公司债券必须进行信用评级，并在债券募集说明书中披露

4. 以下关于发行公司债券承销管理的说法中，正确的是：（　　）。

    A. 发行公司债券应当由具有证券承销业务资格的证券公司承销

    B. 承销机构承销公司债券，自行制定风险管理制度和内部控制制度

    C. 承销机构承销公司债券，只能依照《证券法》相关规定采用包销方式

    D. 发行人和主承销商可以选择通过签订承销协议来界定双方的权利义务关系，约定明确的承销基数

5. 以下关于公司债券发行和交易的说法中，正确的是：（　　）。

    A. 发行公司债，由董事会负责制定和增加或者减少公司资本以及发行公司债券的方案，并最终决定是否发行公司债券

    B. 公开发行公司债券的发行人应当按照规定及时披露债券募集说明书，披露的内容根据公司实际情况自行决定

    C. 公开发行公司债券的发行人应当及时披露债券存续期内发生可能影响其偿债能力或债券价格的重大事项

    D. 公开发行公司债券的发行人及其他信息披露义务人应当将披露的信息刊登在其债券交易场所的互联网网站，同时将披露的信息或信息摘要刊登在至少一种发行地的报刊上，供公众查阅

三、多项选择题

1. 以下关于公司债券转让方式的说法中，错误的是：（　　）。

    A. 记名公司债券，由债券持有人以背书方式或者法律、行政法规规定的其他方式转让

    B. 无记名公司债券，由债券持有人以背书方式或者法律、行政法规规定的其他方式转让

    C. 无记名公司债券的转让，由债券持有人将该债券交付给受让人后即发生转让的效力

    D. 记名公司债券的转让，由债券持有人将该债券交付给受让人后即发生转让的效力

2. 依据《证券法》第十条的规定，符合下列哪些情形之一的，为公开发行：（　　）。

    A. 向不特定对象发行证券的

    B. 向特定对象发行证券累计超过一百人的

    C. 向特定对象发行证券累计超过二百人的

    D. 法律、行政法规规定的其他发行行为

3. 《证券法》规定，存在下列情形之一的，不得再次公开发行公司债券：（　　）。

    A. 发行公司的净资产减少百分之十的

    B. 前一次公开发行的公司债券尚未募足

    C. 对已公开发行的公司债券或者其他债务有违约或者延迟支付本息的事实，仍处于继续状态

    D. 违反本法规定，改变公开发行公司债券所募资金的用途

4. 存在下列哪些情形之一的，不得公开发行公司债券：（　　　）。

    A. 最近三十六个月内公司财务会计文件存在虚假记载，或公司存在其他重大违法行为

    B. 本次发行申请文件存在虚假记载、误导性陈述或者重大遗漏

    C. 对已发行的公司债券或者其他债务有违约或者迟延支付本息的事实，仍处于继续状态

    D. 严重损害投资者合法权益和社会公共利益的其他情形

5. 以下关于可转换公司债券的说法中，正确的是：（　　　）。

    A. 只有上市公司可以发行可转换为公司股票的公司债券

    B. 上市公司发行可转换为股票的公司债券，应当报国务院证券监督管理机构核准

    C. 发行可转换为股票的公司债券，可以不在债券上标明可转换公司债券字样，但必须在公司债券存根簿上载明可转换公司债券的数额

    D. 发行可转换为股票的公司债券的，公司应当按照其转换办法向债券持有人换发股票，但债券持有人对转换股票或者不转换股票有选择权

四、问答题

1. 简述公司债的概念和特征。

2. 比较公司债券与公司股份的区别。

3. 简述记名公司债券与无记名公司债券的区别。

4. 请根据法律规定，简述公开发行公司债的条件。

5. 简述可转换公司债的概念和发行主体的特殊要求。

五、案例分析题

2012 年 6 月，甲有限责任公司（以下简称甲公司）为了扩大经营规模经董事会决议拟发行可转换公司债券。甲公司提供相关财务证明文件显示公司连续 3 年盈利，净资产为 8000 万元。甲公司向当地政府提出申请经过同意后，向社会公众发行 5000 万元的可转换公司债券。2014 年 8 月，甲公司再次申请公开发行公司债券 3000 万元。经审查，甲公司提供的财务证明文件存在虚假记载，甲公司将前次筹集的资金中的 100 万元私自用于公司医务室的改造。

请根据相关立法规定，做以下单项选择题：

1. 甲公司决定发行公司债券的主体是否合法？（　　　）

    A. 合法，因为有限责任公司可以发行可转换公司债

    B. 合法，因为净资产不低于人民币六千万元的公司都可以发行可转换公司债

    C. 不合法，因为甲公司必须连续五年盈利才能发行可转换公司债

    D. 不合法，因为上市公司才能依法发行可转换公司债

2. 甲公司决定发行公司债券的程序是否合法？（　　　）

    A. 合法，因为发行公司债券由董事会决定即可

    B. 合法，因为发行公司债券向政府相关部门提出申请即可

    C. 不合法，因为发行公司债券必须经股东会同意决定，并依法报经国务院证券监督管理机构或者国务院授权的部门核准

D. 不合法，因为申请发行公司债券不能超过五千万元

3. 关于甲公司申请发行公司债券要具备的资信条件中，以下表述正确的是：（　　）。

    A. 甲公司最近三年无债务违约或者迟延支付本息的事实

    B. 甲公司最近一年无债务违约或者迟延支付本息的事实

    C. 甲公司最近一个会计年度实现的年均可分配利润不少于债券一年利息的 2 倍

    D. 债券信用评级达到 A 级

4. 甲公司如依法能够再次申请发行公司债券，其应具备的条件中不包括的是：（　　）

    A. 甲公司前一次公开发行的公司债券已经募足

    B. 甲公司最近 36 个月内公司财务会计文件不存在虚假记载

    C. 甲公司对已公开发行的公司债券或者其他债务没有违约或者延迟支付本息的事实

    D. 甲公司未改变公开发行公司债券所募资金的用途

第八章

公司财务会计制度

学习目标

知识要求：

了解会计发展史的基础上，理解公司财务会计制度的基本内涵和基本特征，掌握公司法对财务会计报告的制作、审计与披露的规定、公司法对公司利润分配规则的具体规定。

技能要求：

重点规范财务会计报告的内容、制作和公示。深刻体会财务会计制度与股东知情权实现的内在联系，并能够运用本章知识去分析和处理股东知情权纠纷和公司盈余分配纠纷。

案例引导

股东盈余分配请求权的基础证据与股东知情权的实现路径①

湖南金鹏新型建材有限公司成立于 2008 年 1 月 25 日，注册资本为 2500 万元。王雄鹰系该公司持股 30% 的股东。2013 年 1 月 4 日，王雄鹰向法院提起诉讼称，自公司成立起以来，其从未享受过股东权益，知情权也被剥夺，请求法院判令公司向其提供公司从 2008 年 1 月 25 日至 2013 年 1 月期间的与原始会计凭证一致的会计账簿供其查阅或复制，并按其持股比例分配盈利 500 万元。金鹏公司则认为，公司已经向王雄鹰提供公司财务会计报告，并未拒绝其查阅公司账目的要求；而对于王雄鹰提出的盈利分配的请求，因公司一直处于亏损状态，没有盈利，因而没有盈利分配，且是否进行盈利分配应由公司股东会决议，法院不能对该事项直接作出判决。最终经过常德市中级人民法院和湖南省高级人民法院两级法院的审理，认为王雄鹰诉请判令金鹏公司提供会计账簿及原始凭证，是为了核实金鹏公司会计账簿的真实和全面，以实现其股东知情权，并为其合法分配权提供依据，符合《公司法》第 33 条的规定，应予支持。但公司是否分配利润、分配多少属于公司自主决策的范畴，在公司未就分配利润作出决议前，王雄鹰以股东身份直接向人民法院起诉要求分配公司利润的请求，不能支持。

【案例分析】本案的主要问题是股东是否能够提请公司分配利润以及如何确定利润分

---

① 中国裁判文书网. http://www.court.gov.cn/zgcpwsw/hun/ms/201501/t20150116_ 6302101. htm，湖南省高级人民法院，2014，湘高法民二终字第 97 号。

配的额度，而该权利行使的基础证据支持就是公司的财务会计报告。所以，公司的财务会计制度作为规范公司财务管理和会计核算的规则，功能在于以货币价值形式及时准确地反映财务状况和经营成果，向经营者、投资者和管理者等相关各方提供可以依赖的会计信息。特别是股东在分配的环节，可据财务会计报告据以了解公司的经营成果及盈利情况，据以落实知情权及分红权等股东权利。

第一节　公司财务会计制度概述

一、财务会计与公司财务会计制度

（一）财务会计的概念

从会计的发展史来看，会计是商品经济的产物，并随着商品经济的发展不断完善和细化。伴随着商品经济的发展和经济管理要求的提高，产生了不同的会计信息使用者，他们对会计信息的需求呈现多样化的趋势，在这种客观要求的推动下，会计不断发展和演化，现代会计逐渐形成了政府会计（官厅会计）和企业会计两大分支，其中现代企业会计又由相互配合且相对独立的财务会计和管理会计所构成。

20 世纪 20 年代以后，股份有限公司逐渐成为占主导地位的企业组织制度，企业的所有权与经营权不断分离，企业的所有者把资源委托给经营者运用，经营者则承担资源的委托责任和获取相应的报酬。于是，一个现代企业就形成了以投资人、债权人为代表的企业外部利益关系集团和以管理当局为代表的企业内部利益关系集团，这两种不同类型的、同企业有经济利益关系的集团，基于不同的权益和责任，需要作出不同的决策，而不同的决策又需要不同的会计信息，于是，现代企业会计逐渐形成了相互配合又相对独立的两个分支——财务会计和管理会计。财务会计按企业会计准则确认、计量、记录和报告企业的财务状况、经营成果和现金流量，通过提供定期的财务报告，主要为企业的外部利益关系集团提供以财务信息为主的经济信息，帮助他们进行投资、信贷等理财决策；管理会计按管理学的理论与方法对企业的经营活动进行规划、决策、控制和业绩考核，为企业管理当局提供经济管理信息，帮助他们进行经营决策、长期投资和进行全面的预算管理。

对于公司财务会计，不同的教材在界定上有不同的角度。有的将公司财务和公司会计分开界定，如："公司财务，是指公司对有关资产的管理经营及资金的出纳及保管的事务。公司会计，是指以货币为主要计量单位，通过一系列专门方法，对公司的经济活动进行核算、监督和管理的工作。① 在这种定义模式下，亦非常强调公司财务对会计的依赖。正是基于公司财务、会计之间的密切联系，有的教材就直接将财务会计从一个整体进行考查，如："公司财务会计是指在会计法规、会计原则或者会计制度的指导下，以货币为主要计量形式，对公司的整个财务活动和经营状况进行记账、算账、报账，为公司管理者和其他利害关系人定期提供财务信息的活动。②。本章知识的介绍，倾向于第二种界定方式，

---

① 赵万一. 商法学（第四版）［M］. 北京：中国人民大学出版社，2013.
② 赵旭东. 公司法（第二版）［M］. 北京：高等教育出版社，2006.

并主要从管理会计与财务会计分野后财务会计分支的角度出发进行介绍。综上可将财务会计定义如下：财务会计是现代企业会计的一个重要分支，它是指在企业范围内建立的一个依据企业会计准则，运用确认、计量、记录和报告等专门程序与方法，着重向企业外部会计信息使用者提供以财务信息为主体的经济信息系统。在企业中，财务会计主要反映企业的财务状况、经营成果和现金流量，并对企业经营活动和财务收支进行监督。

（二）财务会计制度的概念和特点

1. 财务会计制度的概念

从财务会计的定义可以看出，虽然财务会计以外部利益主体为服务对象，但是作为该财务信息系统的载体——财务报表本身是在企业内部管理当局的领导下，由企业的会计人员具体编制的。由于企业管理层与外部的投资者、债权人等各利益主体之间存在着潜在的利益冲突，会计人员的会计行为很可能为管理层所干涉，从而损害外部主体的利益，或者造成外部利益主体之间，如股东之间、股东与债权人之间，或者他们与企业管理层之间，如股东与高管之间，不公正的利益分配。因此，公司的财务会计行为必须纳入法律调整的范畴，以确保财务报表取信于企业外部的利害关系人。事实上，财务会计一直也是法律的规范对象，尽管在不同的历史时期、不同的国家中，法律调整的方式不完全一致，但是许多国家的法律、特别是公司法都为企业的财务会计行为与方法确定了最基本的规范，这些规范的总称就是公司的财务会计制度。

2. 公司财务会计制度的特点

（1）强制性。所谓强制性，是指公司必须依照法律、法规和有关部门的规则建立本公司的财务、会计制度，编制各类财务会计报告，并将财务会计报告在相应范围内进行披露。《公司法》第一百六十三条规定："公司应当依照法律、行政法规和国务院财政部门的规定建立本公司的财务、会计制度。"根据《企业财务会计报告条例》的规定，财务会计报告分为年度、半年度、季度和月度财务会计报表。年度、半年度财务会计报告包括：会计报表、会计报表附注、财务情况说明书。会计报表应当包括资产负债表、利润表、现金流量表及相关附表。《公司法》第一百六十五条规定："有限责任公司应当依照公司章程规定的期限将财务会计报告送交各股东。股份有限公司的财务会计报告应当在召开股东大会年会的二十日前置备于本公司，供股东查阅；公开发行股票的股份有限公司必须公告其财务会计报告。"

（2）规范性。所谓规范性，是指公司的财务会计的组织工作和会计方法受到法律和其他规则的约束，公司必须按照通用的语言和规则进行会计核算。会计背后联结着企业、投资人、债权人和国家征税人的不同利益关系，为了保证会计信息的真实性、协调各方面的利益，法律上必须对会计行为以及会计系统的组织与运作进行有效的规范。国际会计准则委员会《国际会计准则公告》在前言中指出，企业的管理部门可以按照不同的会计方法，编制最适合自己内部管理使用的财务报表，但在财务报表发送给他人，如股东、债权人、雇员或一般公众时，则应符合国际会计标准。我国《会计法》第八条规定："国家实行统一的会计制度。国家统一的会计制度由国务院财政部门根据本法制定并公布。"而《企业会计准则——基本准则》也在第一条开宗明义，确定其立法目的在于规范企业会计确认、计量和报告行为，保证会计信息质量；第二条则明确该准则适用于在中华人民共和国境内设立的所有企业。

二、公司财务会计制度的法律意义

一般说来，财务会计信息的使用者，既包括企业外部信息使用者，也包括企业内部信息使用者，但企业外部的利害关系集团，特别是企业的投资人、债权人和其他类似的信息使用者是财务会计信息的主要使用者，向企业外部利害关系集团提供该企业整体的财务信息和其他经济信息。从会计信息的外部使用者的角度分析，财务会计制度主要具有以下几个方面的重要意义：

（一）利于股东利益的保护

公司作为股东经济手臂的延伸，获取利益是股东投资于公司的主要目的和动机，为股东谋利益是公司制度得以产生和存续的前提和目的。但在公司所有权与经营权相分离的治理模式下，股东除参加股东会外，通常不直接参与公司的经营管理，公司的业务主要掌握在董事及经理等高级管理人员手上，股东利益的有无以及大小很大程度上取决于公司管理层的经营业绩。科学的、健全的财务会计制度能够有效保证公司的财务会计报表正确反映公司的财务状况和经营业绩。股东根据这些财务信息，可以对董事、经理等管理人员作出及时准确的评价，实施有效的监督，督促他们为公司的利益忠诚勤勉，取得最佳的经营业绩，从而保障自己的利益。另外，健全的财务会计制度除了能够帮助股东在公司所有与经营分离模式下有效监督专业管理人员之外，也可以在股东群体内部实现小股东监督大股东从而避免大股东滥用控制权损害自身利益。

（二）利于公司债权人利益的保护

在公司法人人格独立和股东有限责任的制度设计下，公司资产成为公司债权人债权实现的最大保证。有限责任制度利于刺激股东进行投资，但是由于其责任的明确与有限，股东控制下的公司就会倾向于无节制举债经营，同时在交易中，也会使股东进行风险性投资的偏好增强，从而使公司财产处于较大的风险当中，导致负债规模大于偿债能力。若债权人不能有效地了解公司的财务状况，就可能陷入债务陷阱，无法实现债权。这必然破坏交易安全，造成信用危机。公司财产有多少、如何变动、能否即时变现以偿债，均为债权人至为关切的问题。而科学的、健全的财务会计制度，一方面，可以帮助债权人及时、准确地了解公司的资产构成、生产经营情况、信用情况等；另一方面，如公司法禁止公司在弥补亏损、提取公积金之前的利润分派，也保证了公司的资产不受侵犯。

（三）便于国家执法部门的监督管理

在市场经济的环境和商主体营业自由的价值理念下，政府的经济管理职能不再以对企业的直接干预为手段，而是依赖于宏观积极政策的间接调整。为了履行国家管理职能，税务、海关、统计、工商行政等主管部门需要用于决定税收政策、国民收入、统计、制定经济法规和方针等方面的资料。从微观上讲，企业的会计资料可以作为政府课税的基础资料。尽管税务部门在征税时不会完全按照企业提供的会计报表征税，但企业提供的会计资料仍然是征税的基本依据。从宏观上看，企业财务报告还可以成为政府宏观决策的依据。基层企业会计报表，通过有关部门的统计和汇总，可以反映国民经济运行的基本状况，可以作为政府检验宏观经济政策的效果，进一步实施某些经济政策的依据。

第二节　公司财务会计报告

一、财务会计报告的含义

根据《企业会计准则——基本准则》第四十四条的规定，财务会计报告是指企业对外提供的反映企业某一特定日期的财务状况和某一会计期间的经营成果、现金流量等会计信息的文件。企业在经营过程中，会进行日常的会计核算，企业所发生的各项经济业务都已经按照一定的会计程序，在有关的账簿中进行了"全面、连续、汇总地记录和计算。但是这些日常的会计核算记录极其纷繁，无法集中、概括地反映企业的财务状况和经营成果，更无法被企业管理者以及投资者、债权人及政府等外部利害关系人直接使用，以帮助他们做出决策。因此，为了向公司内外的利害关系人提供简洁、综合的会计信息，就需要对企业的账簿记录和其他日常核算资料按照一定的规则进行加工，并以特定的表格或文字的形式表现出来，这些对企业一定时期内的经济活动和财务收支情况进行综合的反映表格及文字说明就构成了企业的财务会计报告。财务会计报告是公司对外提供有关公司财务方面信息的最主要途径，《企业会计准则——基本准则》第四条规定，财务会计报告的目标是向投资者、债权人、政府及其有关部门和社会公众等财务会计报告使用者提供与企业财务状况、经营成果和现金流量等有关的会计信息，反映企业管理层受托责任履行情况，有助于财务会计报告使用者作出经济决策，因此，财务会计报告又称为对外报告会计，其主要目的是为企业外部的利害关系人提供有关企业经营活动的信息，必须定期编制、定期向有关部门提供或者向社会公开。

二、财务会计报告的组成

财务会计报告作为连接企业与企业外部使用人之间的信息纽带，将会直接影响到企业与外部各利害关系主体之间的利益分配。因此，各国对企业，特别是公司的财务会计行为的法律规制一般都直接体现在对财务报告的约束上。公司对外提供的财务会计报告的内容、会计报表的种类和格式等，通常都由公司法、证券法、会计法或者相关的行政规章加以规定。我国公司的财务报告行为也受到多层次的法律调整，如法律层面的公司法、会计法、证券法和刑法，行政法规层面的企业财务会计报告条例，部门规章一级的企业会计准则与具体会计制度等。现行《公司法》并没有对财务会计报告的内容作出明确的规定，仅在第一百六十四条第二款规定，公司的"财务会计报告应当依照法律、行政法规和国务院财政部门的规定制作"。《会计法》第二十条第二款规定，"财务会计报告由会计报表、会计报表附注和财务情况说明书组成。向不同的会计资料使用者提供的财务会计报告，其编制依据应当一致。有关法律、行政法规规定会计报表、会计报表附注和财务情况说明书须经注册会计师审计的，注册会计师及其所在的会计师事务所出具的审计报告应当随同财务会计报告一并提供。"《企业财务会计报告条例》第七条规定："年度、半年度财务会计报告应当包括：（一）会计报表；（二）会计报表附注；（三）财务情况说明书。会计报表应当包括资产负债表、利润表、现金流量表及相关附表。"《企业会计准则——基本准则》第四十四条规定，"财务会计报告是指企业对外提供的反映企业某一特定日期的财务状况和某一会计期间的经营成果、现金流量等会计信息的文件。财务会计报告包括会计报表及其附注和其他应当在财务会计报告中披露的相关信息和资料。会计报表至少应当包括资产负债表、利润表、现金流量表等报表。小企业编制的会计报表可以不包括现金流量表。"2014年7月1日起施行的《企业会计准则第30号——财务报表列报》则把会计报表中的具体种类在资产负债表、利润表、现金流量表三大历史最悠久的财务报表基础上增加了所有者权益（或股东权益，下同）变动表，依照其第二条的规定，财务报表是对企业财务状况、经营成果和现金流量的结构性表述。财务报表至少应当包括资产负债表、利润表、现金流量表、所有者权益（或股东权益）变动表、附注五个组成部分，且各组成部分具有同等的重要程度。综上可以看出，各个层次法律法规的描述虽然在表述上并不一致，但基本上可以讲我国的财务会计报告的构成组成部分界定为会计报表、会计报表附注和财务情况说明书三大部分，会计报表则包括资产负债表、利润表、现金流量表、所有者权益变动表，简述如下。

（一）会计报表

所谓会计报表是指根据会计账簿的日常核算资料，按照规定的格式，总括反映企业一定期间的财务状况、经营成果和现金流量的结构性表述。它是一种表格形式的财务报告，也是财务报告的主体部分。

1. 资产负债表

反映企业在某一特定时日的资产、负债和所有者权益构成情况的报表就是资产负债表，又称财务状况表。由于资产、负债、所有者权益的具体内容会随着企业经营活动的推进而不断变化，因此，会计报表上对上述会计要素的反映总是与一个特定的时点相关，所以，资产负债表属于反映企业财务状况的静态财务报表，它以企业的资产、负债和所有者权益的状况来说明企业某一特定日期的财务状况。资产负债表是以"资产＝负债＋所有者权益"的会计恒等式为基础来编制的，因此又被称为资产负债平衡表，按照资产、负债、所有者权益的排列方式不同，资产负债表就形成了账户式和报表式两种格式。

资产负债表作为三大财务报表中历史最悠久的报表，可以提供以下三个方面的信息：①反映公司某一特定时点的资产的规模和资产构成情况。一个公司的资产数量和构成情况是其盈利能力的基础，是其经济实力的最主要的决定因素之一。为评价企业资产构成、改善经营管理和提高管理水平提供依据。②反映公司的财务结构。所谓财务结构，即公司资金来源中借入资本与自有资本的比例关系。不同的财务结构下，公司所承受的风险不同。若借入资本比例高，反映出企业经营负债程度高，则风险较大；反之，则意味企业财务基础比较稳固，风险较小。③通过资产与负债的比重反映公司的偿债能力、支付能力；通过前后期资产负债表的对比，揭示企业财务状况的变化。具体可参考表8.1。

表8.1　　　　　　　　　　**资产负债表样表**
（适用执行企业会计准则的一般企业）

年　月　日　　　　　　　　　　　　　　　　　　　会企01表
编制单位：　　　　　　　　　　　　　　　　　　　　单位：元

资　产	行次	年初数	期末数	负债及所有者权益	行次	年初数	期末数
流动资产：	1			流动负债：	24		
库存现金	2			短期借款	25		
银行存款	3			应付账款	26		
应收账款	4			预收款项	27		
预付款项	5			应付职工薪酬	28		
应收利息	6			应付利息	29		
其他应收款	7			应交税费	30		
其他流动资产	8			其他应付款	31		
流动资产合计	9			其他流动负债	32		
非流动资产：	10			流动负债合计：	33		
长期应收款	11			非流动负债：	34		
长期股权投资	12			长期借款	35		
固定资产	13			长期应付款	36		
减：累计折旧	14			专项应付款	37		
固定资产净值	15			非流动负债合计：	38		
在建工程	16			负　债　合　计	39		
无形资产	17			所有者权益：	40		
工程物资	18			实收资本	41		
长期待摊费用	19			资本公积	42		
其他非流动资产	20			盈余公积	43		
非流动资产合计：	21			未分配利润	44		
	22			所有者权益合计：	45		
资产总计	23			负债和所有者权益总计	46		

单位负责人：　　财务负责人：　　　　主管会计：　　　　　　　　制表人：

2. 利润表

利润表，也即损益表是反映公司在一定期间的经营成果及其分配情况的报表。利润表把一定期间的营业收入与其同一会计期间相关的营业费用进行配比，以计算出企业一定期间的净收益或者净亏损，是动态会计报表。利润表是建立在"收入-费用=利润"的基础上的，不同于资产负债表主要提供偿债能力方面的信息，利润表则主要提供公司盈利能力方面的信息。主要表现在如下两个方面：（1）通过损益表中的"净利润"数据直观反映公司经营活动的成果；②通过前后各期损益表的对比，分析利润的增减原因，评估公司的经营管理水平和企业未来一定时期的盈利趋势。也就是说，利用损益表揭示的信息，投资人可以分析投资的价值和回报，管理层可以据以审视经营思路和改善经营管理，故而，其在20世纪30年代以后重要性日益凸显，呈现出逐渐取代资产负债表成为第一会计报表的趋势。具体参考表8.2。

表8.2　　　　　　　　　　　　**利润表样表①**

（适用执行企业会计准则的一般企业）

会企02表

编制单位：　　　　　　　　　　　年　月　　　　　　　　　　　单位：元

项　目	行次	本期金额	上期金额
一、营业收入	1		
减：营业成本	2		
营业税金及附加	3		
销售费用	4		
管理费用	5		
财务费用	6		
资产减值损失	7		
加：公允价值变动收益（损失以"-"号填列）	8		
投资收益（损失以"-"号填列）	9		
其中：对联营企业和合营企业的投资收益	10		
二、营业利润（亏损以"-"号填列）	11		
加：营业外收入	12		
减：营业外支出	13		
其中：非流动资产处置损失	14		
三、利润总额（亏损总额以"-"号填列）	15		
减：所得税费用	16		
四、净利润（净亏损以"-"号填列）	17		
五、每股收益：	18		
（一）基本每股收益	19		
（二）稀释每股收益	20		

财务负责人：　　　　　　　　会计主管：　　　　　　　　　　制表人：

---

　①　说明：利润分配的有关内容可归为利润表的一部分，也可单独编制利润分配表，该表不包含利润分配部分，利润与利润分配统一制表的模式可参见后文公司利润分配部分中的"利润及利润分配表"。

3. 现金流量表

现金流量表是以现金为基础编制的、反映公司在特定期间内现金流入和流出信息的动态会计报表。所谓现金流量，是指企业现金和现金等价物的流入与流出。在现代企业经营中，现金流量被视为与企业成功最相关的因素，实践中也常常出现因现金枯竭而导致经营失败的案例。因此，现金流量表成为资产负债表和损益表之外的第三张现代企业对外报送的基本报表。通过对现金流量表的分析，首先，能够说明公司一定时期内现金流入和流出的原因，从而有助于报表使用人分析和评价公司经营、投资和筹资的有效性；能够说明公司的偿债能力和支付能力，从而为投资者和债权人做出决策提供重要参考；有助于评价企业特定期间现金和非现金投资对公司财务的影响，评价公司收益质量。具体可参考表8.3。

表8.3 **现金流量表样表**
（适用执行企业会计准则的一般企业）

会企03表

编制单位： 年度 货币单位:元

项 目	行次	金额	项 目	行次	金额
一、经营活动产生的现金流量：	1		取得投资收益所收到的现金	14	
销售商品、提供劳务收到的现金	2		处置固定资产、无形资产和其他长期资产而收到的现金净额	15	
收到的税费返还	3		收到的其他与投资活动有关的现金	16	
收到的其他经营活动有关的现金	4		现金流入小计	17	–
现金流入小计	5	–	购建固定资产、无形资产和其他长期资产所支付的现金	18	
购买商品、接受劳务支付的现金	6		投资所支付的现金	19	
支付给职工以及为职工支付的现金	7		支付的其他与投资活动有关的现金	20	
支付的各项税费	8		现金流出小计	21	–
支付的其他与经营活动有关的现金	9		投资活动产生的现金流量净额	22	–
现金流出小计	10	–	三、筹资活动产生的现金流量：	23	
经营活动产生的现金流量净额	11		吸收投资所收到的现金	24	
二、投资活动产生的现金流量	12		借款所收到的现金	25	
收回投资所收到的现金	13		收到的其他与筹资活动有关的现金	26	
现金流入小计	27	–	递延税款贷项(减:借项)	48	
偿还债务所支付的现金	28		存货的减少(减:增加)	49	
分配股利,利润和偿付利息所支付的现金	29		经营性应收项目的减少(减:增加)	50	

续表

项 目	行次	金额	项 目	行次	金额
支付的其他与筹资活动有关的现金	30		经营性应付项目的增加(减:减少)	51	
现金流出小计	31	−	其他	52	
筹资活动产生的现金流量净额	32	−		53	
四、汇率变动对现金的影响额	33			54	
五、现金及现金等价物净增加额	34		经营活动产生的现金流量净额	55	−
补充资料	35		2. 不涉及现金收支的投资和筹资活动:	56	
1. 将净利润调节为经营活动的现金流量:	36		债务转为资本	57	
净利润	37		一年内到期的可转换公司债券	58	
加:计提的资产损失准备	38		融资租入固定资产	59	
固定资产折旧	39			60	
无形资产摊销	40			61	
长期待摊费用摊销	41			62	
待摊费用减少(减:增加)	42		3. 现金及现金等价物净增加情况:	63	
预提费用增加(减:减少)	43		现金的期末余额	64	
处置固定资产、无形资产和其他长期资产的损失(减:收益)	44		减:现金的期初余额	65	
固定资产报废损失	45		加:现金等价物的期末余额	66	
财务费用	46		减:现金等价物的期初余额	67	
投资损失(减:收益)	47		现金及现金等价物净增加额	68	

单位负责人:　　　　　　　　　财务负责人:　　　　　　　　　制表人:

4. 所有者权益变动表

所有者权益也称为股东权益,是指股东在企业资产中所享有的经济利益,从数量上说,所有者权益为资产减去负债后的余额,从内容上说,则包括实收资本(或者股本)、资本公积、盈余公积和未分配利润等内容。所有者权益变动表是指反映构成所有者权益各组成部分当期增减变动情况的报表。所有者权益变动表以矩阵的形式列示:一方面,列示导致所有者权益变动的交易或事项,即所有者权益变动的来源对一定时期所有者权益的变动情况进行全面反映;另一方面,按照所有者权益各组成部分,列示交易或事项对所有者权益各部分的影响。因此,所有者权益变动表能够为企业利益相关者了解企业过去、评价企业现状、预测企业未来,做出正确决策提供信息或依据。具体可参考表8.4。

表 8.4

所有者权益变动表样表

（适用执行企业会计准则的一般企业）

编制单位：　　　　　　　　年度：　　　　　　　　　　　　　　　　　　单位：元

项　目	本年金额						上年金额					
	实收资本（或股本）	资本公积	减：库存股	盈余公积	未分配利润	所有者权益合计	实收资本（或股本）	资本公积	减：库存股	盈余公积	未分配利润	所有者权益合计
一、上年年末余额												
加：会计政策变更												
前期差错更正												
二、本年年初余额												
三、本年增减变动金额（减少以"-"号填列）												
（一）净利润												
（二）直接计入所有者权益的利得和损失												
1.可供出售金融资产公允价值变动净额												
2.权益法下被投资单位其他所有者权益变动的影响												
3.与计入所有者权益项目相关的所得税影响												
4.其他												
上述（一）和（二）小计												
（三）所有者投入和减少资本												

续表

项　目	本年金额						上年金额					
	实收资本（或股本）	资本公积	减：库存股	盈余公积	未分配利润	所有者权益合计	实收资本（或股本）	资本公积	减：库存股	盈余公积	未分配利润	所有者权益合计
1. 所有者投入资本												
2. 股份支付计入所有者权益的金额												
3. 其他												
（四）利润分配												
1. 提取盈余公积												
2. 对所有者（或股东）的分配												
3. 其他												
（五）所有者权益内部结转												
1. 资本公积转增资本（或股本）												
2. 盈余公积转增资本（或股本）												
3. 盈余公积弥补亏损												
4. 其他												
四、本年年末余额												

单位负责人：　　　　　　财务负责人：　　　　　　制表人：

（二）会计报表附注

会计报表附注是对资产负债表、利润表、现金流量表和所有者权益变动表等报表中列示项目的文字描述或明细资料，以及对未能在这些报表中列示项目的说明等。附注是财务报表的重要组成部分。通过附注与资产负债表、利润表、现金流量表和所有者权益变动表列示项目的相互参照关系，以及对未能在报表中列示项目的说明，可以使报表使用者从整体上更好的理解财务报表，全面了解企业的财务状况、经营成果和现金流量。

执行《企业会计准则》及执行《小企业会计准则》的公司编制的附注内容会有所不同，执行企业会计准则的公司附注中一般会包括但不限于如下内容：对企业的基本情况；财务报表的编制基础；遵循企业会计准则的声明；重要的会计政策和会计估计说明；会计政策及会计估计变更以及差错更正的说明；重要报表项目的说明。

（三）财务状况说明书

财务状况说明书是对会计报表的有关项目进行解释，使之易于理解的文件。它主要说明：企业的生产经营状况、利润实现和分配情况、资金增减和周转情况、税金缴纳情况、各项财产物资变动情况；对本期或者下期财务状况发生重大影响的事项；资产负债表编制日至报出财务报告前发生的对企业财务状况变动有重大影响的事项及需要说明的其他事项；会计处理方法及其变更情况、变更原因；会计处理方法变更对财务状况和经营成果的影响；非经常性项目的说明；会计报表中有关项目的明细资料。

三、公司财务会计报告的编制、审计和披露

（一）强制编制

按照《公司法》第一百六十四条规定，公司应当在每一会计年度终了时编制财务会计报告，财务会计报告应当依照法律、行政法规和国务院财政部门的规定制作。根据《会计法》第十一条的规定，我国的会计年度统一自公历 1 月 1 日起至 12 月 31 日止。除了常态化的年度财务会计报告的编制外，公司法还对公司处于特殊状态下财务会计报表的编制做出了规定。《公司法》第一百七十三条、第一百七十五条、第一百七十七条和第一百八十六条规定，公司发生合并、分立、减少注册资本、公司终止营业或清算等情形时应当编制资产负债表及财产清单。此外，按照《企业财务会计报告条例》第二十八条的规定，企业集团、母公司除编制其个别会计报表外，还应当编制企业集团的合并会计报表，以反映企业集团整体财务状况、经营成果和现金流量。

（二）法定审计

《公司法》第一百六十五条规定，公司财务会计报告应依法经会计师事务所审计。该条规定确立了我国公司财务会计报告的法定审计制度，并将公司财务报告的审计主体确定为会计师事务所。《公司法》第一百六十四条规定："一人有限责任公司应当在每一会计

年度终了时编制财务会计报告，并经会计师事务所审计。"为了保障会计事务所审计工作的顺利开展，《公司法》第一百七十条明确要求："公司应当向聘用的会计师事务所提供真实、完整的会计凭证、会计账簿、财务会计报告及其他会计资料，不得拒绝、隐匿、谎报。"另外，公司聘用、解聘承办公司审计业务的会计师事务所，依照公司章程的规定，由股东会、股东大会或者董事会决定。公司股东会、股东大会或者董事会就解聘会计师事务所进行表决时，应当允许会计师事务所陈述意见。

（三）依法披露

《公司法》第一百六十五条规定："有限责任公司应当依照公司章程规定的期限将财务会计报告送交各股东。股份有限公司的财务会计报告应当在召开股东大会年会的二十日前置备于本公司，供股东查阅；公开发行股票的股份有限公司必须公告其财务会计报告。"上述披露方式的差异源于公司的开放性程度不同以及股东人数的差异性所带来的操作上的便利要求。同时，披露公司财务会计报告还应符合以下要求：（1）财务会计报告反映的会计信息应当真实、完整；（2）及时提供；（3）向各方提供的报告，编制基础、编制依据、编制原则和方法应当一致；（4）须经注册会计师审计；（5）接受报告方在企业财务会计报告未正式对外披露前，应当对其内容保密。

📎 案例引导

股东查阅公司会计账簿的范围①

陈某与深圳迈瑞股权投资基金股份有限公司系北京普利生仪器有限公司的股东，前者持股49%，后者持股51%。2014年，陈某为维护己方的股东权益、规范普利生公司所涉关联交易、完善公司的治理状况，向普利生公司多次提出交涉，要求普利生公司提供其2013年度的财务会计报告和会计账簿，包括记账凭证和原始凭证等供其查阅。普利生公司认为，陈某无权查阅公司会计凭证和原始凭证，按照会计法的规定，两者并不包含在公司法规定的股东可行使查阅权的"会计账簿"之内，且陈某无权委托律师、会计师查阅会计凭证，而应由自己行使相关权利。双方多次交涉未果，陈某向北京市海淀区法院提起股东知情权诉讼，普利生公司不服一审判决提起上诉。

【案例分析】本案的主要问题是：什么是法律规定的公司会计账簿。规范的财务会计制度是股东等利益相关者对利益保护的基础，公司的财务会计制度与股东的财务知情权的实现具有密切的内在联系，对公司财务会计报告的查阅、复制以及对会计账簿的查阅是股东知情权的重要内容。虽然公司法未对"会计账簿"的范围作出明确界定，而按会计法的界定会计账簿与会计凭证应属不同层级的会计资料，司法实践中一般对《公司法》第

---

① 中国裁判文书网，http://www.court.gov.cn/zgcpwsw/bj/bjsdyzjrmfy/ms/201501/t20150126_6426373.htm，北京市第一中级人民法院，2014，一中民（商）终字第8222号.

三十三条中的"会计账簿"作扩展解释，将原始凭证和记账凭证纳入其中。① 本案一审法院认为，凡是能反映公司经营与财务状况的会计账簿和会计凭证（包括原始凭证和记账凭证），都应属于股东知情权的范围。二审法院支持了一审法院的观点，认为股东对公司的财务状况、营运状况是否具有充分的、真实的了解，关系着股东权益的实现，关系着股东投资参股公司的目的是否能够实现，但公司财务和营运状况并不能够通过会计账簿得到充分体现，其中可能出现虚假记载的情况，而会计凭证则具有原始性别、中立性和可核实性的特点，是公司收支活动的可靠性依据，故为了保障股东知情权的实现，应当允许股东查阅公司的会计账簿包活会计凭证和原始凭证，其符合《公司法》的立法本意。

第三节　公司税后利润分配制度

一、法定要求

公司的利润，是公司在一定会计期间的经营成果，主要由营业利润、投资净收益和营业外收入净额组成。公司税后利润则是公司当年利润减去应缴所得税后的差额。税后利润的分配关系到公司、股东、债权人、公司职工和国家等不同主体的切身利益。对股东而言，获得利润的分配是股东投资公司的最大动机和直接目的；对公司而言，会计年度是否分配、分配多少关系公司的生存和发展，又关涉公司管理的自治性；对于债权人来说，留存在公司的财产越多对公司的债权人则越有利。上述诉求并不一致，甚至是冲突，因此，利润分配并不完全是由公司自主决定的，而需要由公司法的介入和干预。

（一）"无利不分"原则

根据我国公司法的规定，利润分配的原则是，公司只有在弥补亏损及提取法定公积金后，才能进行分配。每一会计年度终了，公司的董事会应当以本公司当年盈余和上一年度有无亏损的具体情况，依照公司法有关税后利润分配规则的规定，制订本公司的利润分配方案和弥补亏损方案，经由股东会或者股东大会审议通过后，由董事会贯彻执行。公司如有历年累计的未弥补亏损时，公司应以当年盈余先行弥补，不得将亏损递延而先行分配股利；弥补亏损后若仍有剩余利润，则还需按照法律规定提取相应数量的法定公积金，用以防备公司遭受意外亏损、扩大生产经营规模、转增公司资本。如果股东会、股东大会或者董事会违反前款规定，在公司弥补亏损和提取法定公积金之前向股东分配利润的，股东必须将违反规定分配的利润退还公司。

（二）分配顺序

根据《公司法》第一百六十六条和《企业财务通则》第四十九条、第五十条的规定，

---

① 这种做法也在《最高人民法院关于适用〈中华人民共和国公司法〉若干问题的规定（四）》（征求意见稿）第十六条中得到确认，该条第一款规定："有限责任公司的股东起诉请求查阅公司会计账簿及与会计账簿记载内容有关的记账凭证或者原始凭证等材料的，应当依法受理。"

公司进行年度净利润的分配，应当依照如下顺序来进行：

1. 弥补亏损

根据《公司法》第一百六十六条的规定，公司的法定公积金不足以弥补以前年度亏损的，在依照公司法规定提取法定公积金之前，应当先用当年利润弥补亏损。《企业所得税法》第十八条规定："企业纳税年度发生的亏损，准予向以后年度结转，用以后年度的所得弥补，但结转年限最长不得超过五年。"如果在税法规定年限内的税前利润不足弥补的，用以后年度的税后利润弥补，或者经投资者审议后用盈余公积弥补。弥补亏损是公司利润分配时首先关注的，这是我国公司法资本维持原则在公司利润分配环节的体现，也是巩固企业的财务基础，维护交易安全的需要。

2. 依法缴纳所得税

公司以当年利润弥补以前纳税年度亏损后的余额为基数，按照法定比例缴纳所得税。要注意的是，过了税法允许的税前补亏期后，当年公司的全部利润都应当依法纳税。依法纳税后的税后利润，即为公司的净利润。

3. 提取法定公积金

公司分配当年税后利润时，应当提取利润的10%列入公司法定公积金。公司法定公积金累计额为公司注册资本的50%以上的，可以不再提取。

4. 提取任意公积金

公司提取法定公积金后，公司可以根据公司章程的规定或者经股东（大）会决议，提取任意公积金，提取比例依章程的规定或者由股东（大）会决议确定。

5. 支付股利

公司利润在提取弥补亏损、提取公积金之后仍有剩余的，才可向股东分配股利。所谓股利，是指公司依照法律或章程的规定，按期以一定的数额或方式分配给股东的利润，包括股息与红利。在分配比例上，有限责任公司如全体股东未有特殊约定，则按照实缴的出资比例分配；股份有限公司如章程没有特殊规定，则按照股东持有的股份比例分配。要注意的是，在股份有限公司里，若发行了优先股，则对优先股股利的支配应当在公司提取任意公积金之前进行。

利润分配表具体可参考表8.5。

表 8.5　　　　　　　　**利润及利润分配表**

（适用执行企业会计准则的一般企业）

会企 02 表

编制单位：　　　　　　　　　年度　　　　　　　　　　　　　　单位：元

项　　目	行次	本年累计数	上年同期数
一、主营业务收入	1		
减：主营业务成本	2		
主营业务税金及附加	3		
二、主营业务利润（亏损以"–"号填列）	4		

续表

项 目	行次	本年累计数	上年同期数
加：其他业务利润（亏损以"-"号填列）	5		
减：营业费用	6		
管理费用	7		
财务费用	8		
三、营业利润（亏损以"-"号填列）	9		
加：投资收益（亏损以"-"号填列）	10		
补贴收入	11		
营业外收入	12		
减：营业外支出	13		
四、利润总额（亏损总额以"-"号填列）	14		
减：所得税	15		
少数股东权益	16		
五、净利润	17		
加：年初未分配利润	18		
其他转入	19		
六、可供分配的利润	20		
减：提取法定盈余公积	21		
提取职工奖励及福利基金	22		
提取储备基金	23		
提取企业发展基金	24		
利润归还投资	25		
七、可供投资者分配的利润	26		
减：应付优先股股利	27		
提取任意盈余公积	28		
应付普通股股利	29		
转作资本（或股本）的普通股股利	30		
八、未分配利润	31		
	32		
补充资料：			
1. 出售、处置部门或被投资单位所得利益	1		
2. 自然灾害发生的损失	2		

续表

项　目	行次	本年累计数	上年同期数
3. 会计政策变更增加（或减少）利润总额	3		
4. 会计估计变更增加（或减少）利润总额	4		
5. 债务重组损失	5		
6. 其他	6		

企业负责人　　　　　　　　　　　　财务负责人　　　　　　　　　　制表人

二、公积金

（一）公积金的概念

公积金也称储备金、准备金，是公司出于预防亏损和增强财力、扩大营业规模的目的，依照法律和公司章程的规定或经股东（大）会决议而从公司盈余或公司资本收益中提取的不作为股利分配，而暂存于公司内部的特殊用途的累积基金。公积金虽然不属于公司资本，但其功能与公司资本相类似，本质上属于股东权益。公积金制度有利于促进公司的生存和发展，维护债权人等其他利益相关者的利益，进而维护社会秩序的稳定。如当公司需要扩大经营、增加资本时，相比借贷的高成本和增资的繁琐程序，公司利用公积金追加投资或者转增资本则相对便捷和低成本。所以，公积金制度成为国家干预经济组织的一种积极手段，各国公司法大多将公司从税后利润中提取法定公积金作为公司的一项强制性义务，我国也不例外。

（二）公积金的分类

首先，根据公积金的不同来源，公积金可分为盈余公积金和资本公积金。盈余公积金是指公司依照法律或公司章程的规定，从公司的利润中提取的公积金；资本公积金是公司非营业活动所产生的收益，根据《公司法》第一百六十七条的规定，资本公积金最主要的来源为股份有限公司以超过股票票面金额的发行价格发行股份所得的溢价款，除此之外，处置公司资产所得的收入、资产重估价值与账面净值的差额、公司所接受的捐赠等财产也属于资本公积金。

其次，根据公积金的提取是否为法律所强制规定，可将盈余公积金分为法定公积金和任意公积金。法定公积金，又称强制公积金，是指依照公司法的强制规定必须从税后利润中提取的公积金，对其提取及提取比例，公司不得以章程或股东（大）会决议的方式予以取消和变更。《公司法》第一百六十六条第一款规定："公司分配当年税后利润时，应当提取利润的百分之十列入公司法定公积金。公司法定公积金累计额为公司注册资本的百分之五十以上的，可以不再提取。"《公司法》第二百零三条规定："公司不依照本法规定提取法定公积金的，由县级以上人民政府财政部门责令如数补足应当提取的金额，可以对公司处以二十万元以下的罚款。"任意公积金是指非依法律的强制规定，而是依据公司章程的规定或股东（大）会的决议从公司当年盈利中提取的公积金。《公司法》第一百六十六条第三款规定："公司从税后利润中提取法定公积金后，经股东会或者股东大会决议，还可以从税后利润中提取任意公积金。"要注意的是，任意公积金的提取及用途一经确定，也不得随意变更，如需变更任意公积金，需要依法修改公司章程或变更股东（大）会决议。

（三）公积金的用途

根据《公司法》的规定，公积金的用途主要包括以下几个方面：

1. 弥补亏损

公司发生亏损时，根据《公司法》第一百六十六条和《企业财务通则》第四十九条的规定。公司发生亏损，首先应当用法定公积金弥补当年亏损；公司的法定公积金不足以弥补以前年度亏损的，应当先用当年利润弥补亏损。要注意的是，《公司法》第一百六十八条明确规定，资本公积金不得用于弥补公司的亏损。公司法作出该项禁止性规定，是基于资本公积金不同于盈余公积金的特殊来源，避免公司资产的流失从而损害公司、股东和债权人利益的行为发生。

2. 扩大公司生产经营规模

公司可以直接用公积金扩大生产经营规模，以增强公司的发展能力。用公积金追加投资是公司除了借贷、发行新股和债券之外的增加投资的一项重要途径。

3. 增加资本

公司可以根据生产经营的需要及公司的资本结构随时将法定盈余公积金、资本公积金转增为资本。为防止转增资本后公司留存的法定公积金过少，《公司法》第一百六十八条规定："法定公积金转为资本时，所留存的该项公积金不得少于转增前注册资本的百分之二十五"。

案例引导

公司分配利润必须满足法定条件和程序①

北京自由空间酒店管理有限公司（以下简称管理公司）成立于2009年，华荣青系该公司四个股东之一，持股占公司股本总额的15%。管理公司运营后，经营状况良好，且公司每年分红，其余股东均获分红，但华荣青自2012年起即未获公司任何分红，向法院起诉判令管理公司给付分红款及延期分红利息100万余元。一审法院查明，根据管理公司2012年1月至12月，2013年1月至12月，2014年1月、2月、3月的五份收支利润表显示，2012年1月至12月，该公司全年总收入6236064.7元，全年总支出为3802814.41元，全年总利润为2433250元；2013年1月至12月，该公司全年总收入6459400.3元，全年总支出为3926937.65元，全年总利润为2532462.65元；2014年1月、2月、3月，

---

① 中国裁判文书网. http://www.court.gov.cn/zgcpwsw/bj/bjsdydzjrmfy/ms/201503/t20150326_7130969.htm，北京市第一中级人民法院，2015，一中民（商）终字第437号.

195

该公司三个月总收入 1252727.2 元，总支出 481692.7，总利润为 771034.5 元。全部利润均已分配给华荣青之外的三个股东。管理公司抗辩称，其在向股东分红时，并未依法先行提取公积金，亦未弥补亏损，且没有制定分配方案并召开股东会对分配方案进行审议和通过，故华荣青不能直接起诉要求该公司向其支付分红款，否则将违反公司法的规定。

【案例分析】本案的主要问题是公司分配利润时是否符合法律要求。公司分配利润必须满足公司法关于盈余分配的条件，同时必须按照法定顺序进行。在此前提下，是否进行股利分红是公司自治的范畴，法律不应强行介入。但若公司已经过股东（大）会进行决议对利润分配，则应按照法定或者约定规则对所有股东进行利润分配，分红权是每一个股东的基本权利，任何人不得剥夺。本案一审法院认为：公司分配利润前为提取法定公积金或弥补亏损者，虽可能导致股东向公司退还所分取之红利，但其并不当然阻遏股东平等分取红利的权利。如果股东对管理公司的红利分取存在上述程序瑕疵，则可以通过其他途径予以整体性纠正或者补足，而在其他股东已经实际取得分红的情况下，并不得以此作为单独否定华荣青相应股东权利的正当性依据。故对管理公司收支利润表中已分取红利的总数额中华荣青根据持股比例应享有的部分支持。二审法院明确指出，提取法定公积金系公司的法定义务，管理公司内部财务会计制度混乱，管理公司应尽快按照法律规定补足法定公积金，弥补亏损，交清税款，依法进行企业运行，从而支持了一审法院的判决。

本章小结

公司的财务会计制度是公司立法中的一项重要的法律制度，建立规范的财务会计制度是对公司的法定要求，是保护公司股东、债权人及其他主体合法权益的必然要求。本章主要内容为公司财务会计制度的重要法律意义、公司财务会计报告的基本要求、基本内容及其公告与披露；公司利润分配的法定条件和程序、公积金的种类、提取和使用等。本章的知识因涉及会计学科的相关知识，相对其他章节而言，难度较高，对本章的深刻理解与全面掌握需要补充一些会计学的基本知识。

本章练习

一、判断题

1. 会计年度自公历 1 月 1 日至 12 月 31 日。（　　）

2. 财务会计报表是公司财务会计报告的主体部分。（　　）

3. 一人有限责任公司的年度财务会计报告，可以不经会计师事务所审计。（　　）

4. 公司的法定公积金转换为注册资本时，所留存的该项公积金不得少于注册资本的 25%。（　　）

5. 资本公积金是公积金公司转增资本时的重要来源。（　　）

二、单项选择题

1. （2013 年会计继续教育测试题）根据的规定《中华人民共和国会计法》的规定，财务会计报告不包括（　　）。

　　A. 会计报表　　　　　　　　　　　　B. 会计报表附注

    C. 财务报告分析　　　　　　　　　D. 财务情况说明书

2. （2015 年注册会计师考试）股东行使财务知情权的时候，可以查阅并复制(　　)

    A. 公司财务会计报告　　　　　　　B. 会计账簿

    C. 记账凭证　　　　　　　　　　　D. 原始凭证

3. 股份有限公司的财务会计报告应当在召开股东大会年会的(　　)日前置备于公司，供股东查阅。

    A. 15　　　　　　　　　　　　　　B. 20

    C. 25　　　　　　　　　　　　　　D. 30

4. 关于公司利润分配的描述，错误的是(　　)。

    A. 公司没有利润则不得进行分配

    B. 公司持有的本公司股份不得分配利润

    C. 有限责任公司的股东的股利分配必须按照实缴的出资比例进行

    D. 公司连续五年不向股东分配利润，而公司该五年连续盈利，并且符合公司法规定的分配利润条件的，异议股东可以请求公司回购其股权

5. 某股份有限公司注册资本为 5000 万元，已经提取法定公积金 1500 万元，2014 年实现利润总额 1 亿元，该公司 2014 年之前没有亏损，本期缴纳所得税为 2500 万元，按公司章程的规定，公司任意盈余公积的提取比例为 5%，股东张某持有该股份有限公司股票面额为 50 万元，那么张某可以分得的股利为(　　)。

    A. 52 万元　　　　　　　　　　　B. 63.75 万元

    C. 67.5 万元　　　　　　　　　　D. 70 万元

三、多项选择题

1. 下列各项中，属于财务会计制度的意义有(　　)。

    A. 帮助股东在公司所有与经营分离模式下有效监督董事及高级管理人员

    B. 健全的财务会计制度有利于股东知情权的落实

    C. 帮助债权人及时、准确地了解公司的资产构成、生产经营情况、信用情况

    D. 便于国家执法部门了解公司经营状况、开展监督管理工作

2. 下列各项中，属于企业会计报表的有(　　)。

    A. 资产负债表　　　　　　　　　　B 利润表

    C. 现金流量表　　　　　　　　　　D. 年度生产计划表

3. 下列关于资本公积金的来源和用途的说法正确的有(　　)。

    A. 股份有限公司以超过股票票面金额的发行价格发行股份所得的溢价款属于资本公积金

    B. 资产重估价值与账面净值的差额属于资本公积金

    C. 资本公积金不得用于转增公司资本

    D. 资本公积金可以用于弥补公司亏损

4. 依照我国《公司法》的规定，公司提取的法定公积金可以用于下列哪些项目？(　　)

    A. 扩大公司生产经营　　　　　　　B. 弥补公司亏损

C. 转增公司资本　　　　　　　　D. 改善职工福利

5. 甲股份有限公司注册资本为2000万元。公司现有法定公积金800万元，任意公积金400万元。现该公司拟以公积金700万元转为公司资本，进行增资派股。为此，公司股东提出以下几种建议，其中哪些不符合《公司法》的规定？（　　　）

A. 将法定公积金600万元，任意公积金100万元转为公司资本

B. 将法定公积金500万元，任意公积金200万元转为公司资本

C. 将法定公积金400万元，任意公积金300万元转为公司资本

D. 将法定公积金300万元，任意公积金400万元转为公司资本

四、问答题

1. 建立公司财务会计制度有哪些法律意义？

2. 简述公司财务报告的基本内容。

3. 我国公司法对公司财务会计报告的编制、审计和披露的要求有哪些？

4. 我国公司法关于公司利润分配的分配顺序是如何规定的？

5. 简述公积金的概念和基本种类。

五、案例分析题

A公司系由甲、乙、丙、丁四位自然人和B有限责任公司共同发起设立，于2008年组建的股份有限公司。该公司注册资本为5000万元，总股本5000万股，其中甲、乙、丙、丁各持有500万股，B公司持有3000万股。A公司2008年、2009年均为保本经营，2010年盈利500万元（税后利润）。

2011年初，公司董事会为2011年度股东大会拟定了以下两项议案：（1）决定将上一年度的500万元利润，全部用于股东分红；（2）为A公司取得银行贷款，拟以A公司全体股东所持股份质押给银行。股东大会的表决结果是，全体股东一致同意第（1）项议案；对于第（2）项议案，只有B公司赞成，甲、乙、丙、丁均投票反对。

试分析上述两项议案是否可以实施，并说明理由。

✍ 第九章

公司合并、公司分立与公司形式变更

🦅 **学习目标**

知识要求：

了解公司合并、公司分立及公司形式变更的概念界定以及在我国的发展情况；理解公司合并及公司分立的过程，掌握公司合并、公司分立的形式以及程序，公司组织形式变更的要件及程序等内容。

技能要求：

通过检索现实中发生的公司合并、分立及组织形式变更的实例，并分析该实例中，公司进行合并、分立或组织形式变更的内在动因和外在因素，认识到公司合并、分立及组织形式对公司发展的意义和影响。

🦅 **案例引导**

宝洁公司收购吉列案①

始创于 1837 年的宝洁公司，是世界最大的日用消费品公司之一，在全球 80 多个国家和地区设有工厂及分公司，员工总数近 11 万人，产品畅销 160 多个国家和地区。2010 年宝洁公司全球销售额约为 769.97 亿美元，在 2010 年《财富》全球 500 强排行榜上位居第 66 位。而在中国，近十年来都是中国日化用品行业翘首，其各类日化产品一直为中国消费者首选。吉列公司成立于 1901 年，总部位于马萨诸塞州的波士顿，销售一系列日用消费品包括 MACH3 及 VENUS 品牌在内的吉列剃须刀、刀片及其他剃须用品、金霸王电池及小家电等。在全球 14 个国家和 31 个地区设有生产基地，员工总数超 3 万，2004 年全球销售总额为 103 亿美元。

宝洁与吉列的谈判实际进行了好几个月，2005 年 1 月 27 日，双方公司董事会才达成一致，宝洁以约 570 亿美元的代价收购吉列旗下各种品牌产品和加工、技术以及设施在内的所有业务，并购完成后，吉列董事长、首席执行官兼总裁詹姆斯·基尔茨将加入宝洁董

---

① 天作之合，浴室联姻——宝洁公司并购吉列案例分析. http://www.docin.com/p-293350700.html，2015-4-28.

事会，任宝洁公司副董事长，负责吉列业务。合并后员工总数达 14 万人，企业高层裁员 4%，约 6000 人，但在吉列的总部波士顿仍保持较大规模。同时相关部门进行了整合，本次裁员和整合为合并后的公司每年节约 140 亿～160 亿美元的经营成本。对宝洁来说，合并使其宝洁的产品结构更加合理，产品种类更加多彩，丰富的产品线增强了竞争力，从而将竞争对手挤压到狭小的空间。同时每年为合并后的公司增加 90 亿美元的收入。通过重组消除管理上的重叠。对吉列来说，利用宝洁巨大海外市场和销售运作，加快了吉列品牌在中国和东欧国家的发展。

【案例分析】可见，宝洁公司合并吉列公司，不仅扩大了宝洁公司的规模，降低了经营成本，提高了公司的经济效益，而且也使吉列公司使用到宝洁公司的优质资源及销售渠道。但该合并只有在符合法律规定的程序之下进行才能产生相应的效果，否则不仅不能产生其预期的目的，反而要承担一定的法律责任。

第一节　公司合并

一、公司合并概述

（一）公司合并的定义及法律特征

公司合并是指两个或两个以上的公司依法达成合意，归并为一个公司或创设一个新公司的法律行为。① 公司合并是现代经济社会中较为普遍的一种现象，也是实现公司重组及公司资本运营的重要法律形式。公司合并具有以下法律特征：

（1）公司合并是公司之间基于共同的意思发生的合并行为，其当事人是公司自身，而非公司股东。

（2）企业合并是一种两个或两个以上公司的协议行为，除双方要达成一定的合意之外，还须履行法律规定的程序。由于公司合并会引起合并后公司主体和权利义务的变更，为了保护各方主体利益，合并行为必须严格依照公司法所规定的条件和程序来进行。

（3）公司合并时，合并各方的债权、债务，应当由合并后存续的公司或者新设的公司承继。

（二）公司合并的基本方式

公司合并可分为吸收合并和新设合并两种形式。吸收合并又称存续合并，是指通过将一个或一个以上的公司（被吸收方）并入另一个公司（吸收方）的方式而进行公司合并，吸收方公司存续，被吸收方公司解散，并失去其法人资格的法律行为。如 A 企业与 B 企业合并后形成的是 A 企业或 B 企业，即吸收方法人资格保留，而被吸收方法人资格失去。新设合并是指两个或两个以上的公司以消灭各自的法人资格为前提而合并，同时创设出一

---

① 范建，王建文．公司法［M］．北京：法律出版社，2012：441.

个新公司的法律行为。如 A 企业与 B 企业合并后形成的是 C 企业，A 企业和 B 企业的法人资格均消灭。

（三）公司合并的动因

公司的合并是公司经营中经常发生的行为，参加合并的公司基于不同的动因或目的，会主动或被动地作出合并的抉择。就合并后存续或新设的公司而言，其合并的动因主要有：（1）希望减少竞争对手或对抗竞争对手；通过合并使得同行业竞争对手减少或者通过增强其市场竞争能力以与实力较强的竞争者相抗衡。（2）希望产生互相协作、取长补短的效果；（3）希望迅速发展公司的业务，扩大公司的实力。就被合并方而言，参与合并的动因主要有：（1）公司营业不景气，濒临破产的边缘；（2）公司设备陈旧，又无力更换，致使公司营业衰退；（3）希望找一个实力大的公司作为靠山，以减少自己的投资风险。可见合并对于被合并方常常是无奈的选择。①

（四）公司合并的积极作用和消极影响

公司合并的积极作用主要表现在：公司合并能迅速的扩大企业规模，较快地实现公司规模经济效益，可以扶持中小企业，增强大企业的实力和发展后劲；公司合并使公司现有的资产得以重新组合，有利于资源的优化配置，促进产业结构、产品结构和公司结构的合理化；公司合并有利于提高公司在激烈市场中的竞争能力，减少优胜劣汰带给公司的冲击；公司合并能增强本国企业的国际竞争力，在激烈的国际市场竞争中占有一席之地。

但公司合并也可能存在对社会的消极影响，主要表现在：公司合并若缺乏对相对方的全面了解，可能会影响到公司未来的发展，因为合并后的公司，从公司领导到普通员工，都有可能由于不相适应而影响到公司发展的基础。另外，公司合并可能会带来市场竞争者的减少、消灭，这会形成或加强合并后企业的市场支配力量，并可以迅速推动经济的集中，有可能破坏有效竞争的市场结构，形成市场竞争的障碍，带来垄断所固有的弊端，尤其是可能使消费者的选择受到影响。

二、公司合并的程序

公司合并涉及公司、股东和债权人等相关主体的利益保护，应当依照法定程序进行。根据《公司法》第一百七十三条规定："公司合并，应当由合并各方签订合并协议，并编制资产负债表及财产清单。公司应当自作出合并决议之日起十日内通知债权人，并于三十日内在报纸上公告。债权人自接到通知书之日起三十日内，未接到通知书的自公告之日起四十五日内，可以要求公司清偿债务或者提供相应的担保。"实践中公司合并的程序通常如下：

（一）制订合并方案

在签订合并协议之前，制订合并方案有助于公司合并的顺利进行。根据《公司法》

---

① 范建，王建文. 公司法 [M]. 北京：法律出版社，2012：442.

的规定，公司合并方案由参与合并公司的董事会或执行董事提出。然后由公司的股东会作出决议，同时，股份有限公司合并必须经国务院授权的部门或者省级人民政府批准。

（二）签订公司合并协议

公司合并协议是指由两个或者两个以上的公司就公司合并的有关事项达成一致而订立的书面协议。协议的内容应当载明法律、法规规定的事项和双方当事人约定的事项，一般来说应当包括以下内容：（1）公司的名称与住所。公司的名称与住所既包括合并前的各公司的名称与住所，也包括合并后存续公司或者新设公司的名称与住所。（2）存续或者新设公司因合并而发行的股份总数、种类和数量。（3）合并各方的资产状况及处理方法。（4）合并各方所有的债权、债务的处理方法。（5）存续公司的公司章程是否变更，公司章程变更后的内容，新设公司的章程如何订立及其主要内容。（6）公司合并各方认为应当载明的其他事项。

（三）编制资产负债表和财产清单

合并各方应当编制资产负债表及财产清单，供债权人查询。资产负债表是表示企业财务状况的主要会计报表，反映了公司资产及负债状况，其报表可让债权人最短时间了解企业经营状况。合并各方应当真实、准确、全面地编制此表，以反映公司的财产情况。此外，公司还要编制财产清单，清晰地反映公司的财产状况。

（四）合并决议的形成

公司合并应当由公司股东会或者股东大会作出合并决议，之后方进行其他工作。公司合并属于公司重大事项，根据《公司法》的规定，有限责任公司股东会作出公司合并的决议，必须经代表三分之二以上表决权的股东通过；股份有限公司股东大会作出合并决议，必须经出席会议的股东所持表决权的三分之二以上通过。

（五）向债权人通知和公告

合并公司通知和公告的内容应当包括公司合并的基本情况。公司应当自作出合并决议之日起十日内通知债权人，并于三十日在报纸上公告。债权人自接到通知书之日起三十日内，未接到通知书的自公告之日起四十五日内，可以要求公司清偿债务或者提供相应的担保。通知和公告的目的主要是以尽可能全面的方式告知公司债权人，以便让他们作出要求公司清偿债务或者提供相应的担保的决定，对公司的合并是否提出异议。债权人的异议权即可以要求公司清偿债务或提供相应的担保，不清偿债务或不提供担保的，公司不得合并。保护债权人程序的核心是确认债权人对公司合并的异议权。如果合并公司未履行通知和公告义务，损害债权人利益，债权人还可就其权利损害提出救济请求权。《公司法》第一百七十四条规定："公司合并时，合并各方的债权、债务，应当由合并后存续的公司或者新设的公司承继。"

（六）合并登记

合并登记依照合并中公司发生的变化可分为三种情况办理工商登记：（1）设立登记。公司发生新设合并后，设立登记是新设公司从事经营活动的前提，非经设立登记，并领取营业执照，不得从事商业活动。（2）变更登记。公司发生吸收合并后，存续公司由于其公司章程、资本结构等发生了变化，需办理变更登记。（3）注销登记。无论新设合并、吸收合并都必然导致其中一方或多方当事公司主体资格的消灭，因此须向工商行政管理机关办理注销登记。

三、合并的法律效果

（一）公司的消灭

公司合并后，必有一方公司或双方公司消灭，消灭的公司应当办理注销登记。由于消灭的公司的全部权利和义务已由存续公司或新设公司概括承受，所以，它的解散与一般公司的解散不同，无须经过清算程序，公司法人人格直接消灭。

（二）公司的变更或设立

在吸收合并中，由于存续公司因承受消灭公司的权利和义务而发生组织变更，如注册资本、章程、（有限责任公司）股东等事项，应办理变更登记。在新设合并中，参与合并的公司全部消灭而产生新的公司，新设公司应办理设立登记。

（三）权利义务的概括承受

法人权利义务的概括承受，在性质上如同自然人的继承。存续公司和新设公司应不附任何先决条件，继续承担因合并而解散的公司经确认的债权、债务，无须就被合并公司的债权、债务之一部分作出特别约定，即使在合并中作出这种约定，亦不发生法律效力，更不得以此对抗第三人。为确保债权人利益不因公司合并受损，因合并而解散的公司不得隐匿债权、债务。①

案例引导

公司合并协议②

甲、乙、丙、丁四个发起人设立了宏峰电子仪器设备有限公司。公司注册资本为500万元人民币。甲持有公司股份40%，乙持有公司股份30%，丙持有公司股份20%，丁持

① 范建，王建文. 公司法 [M]. 北京：法律出版社，2012：444.
② 案例来源：公司法案例. http：//wenku. baidu. com/link? url = 6u7TfA ＿ Ncy8Mi1H-e-4VJ8eE8jS6gA7jrRgMGH4VdoMHFiLxMKXqaS＿ 2n7S6jyIuy4NL2JnGHXwUl6DCZPklNXUuSxyA －－75JARNI2GadnF3. 2015-3-28.

有公司股份 10%。公司经营四年之后业务并没有得到发展而且对外还有 300 万元的债务。而从事相同行业的鼎盛电子仪器设备有限公司经营得当，正处在高速发展阶段。鼎盛公司有意合并宏峰公司。宏峰公司对于是否接受鼎盛公司合并请求召开了公司股东会。甲、丙出席了股东会，乙、丁没有参加股东会。在宏峰公司股东会上出席会议的股东作出一份决议同意与鼎盛公司合并。

【案例分析】本案的主要问题是合并协议是否生效以及如何处理合并所涉债务。《公司法》第一百七十四条规定："公司合并时，合并各方的债权、债务应当由合并后存续的公司或新设的公司承继。"《公司法》第四十三条第二款规定："股东会会议作出修改公司章程、增加或者减少注册资本的决议，以及公司合并、分立、解散或者变更公司形式的决议，必须经代表三分之二以上表决权的股东通过。"因此公司合并，必须由股东会以特别决议的条件通过；当公司签订合并协议后，应将合并协议草案及资产负债表、财务清单，一并提交合并各方的股东会进行表决。不同意合并的股东，有权请求公司按合并时的公平价格，收买其持有的股份，放弃合并后存续公司或新设立公司的股东资格。

第二节　公司分立

一、公司分立概述

(一) 公司分立的定义及法律特征

公司分立是和公司合并相反的行为，它是指原有的一个公司分成两个或两个以上独立公司的法律行为。公司分立是现代公司开展资产重组、调整公司组织结构、降低投资风险、提高公司盈利能力的重要经营战略之一。公司分立时，其财产应作相应的分割。

公司分立具有以下特征：

(1) 公司分立主体是公司，而非股东。但不管分立前的公司是否解散，分立前公司的股东仍享有在存续公司或新设公司中的股东资格。当然，这并不排除异议股东在公司分立之时依法行使退股权，进而脱离公司。

(2) 公司分立是根据分立前公司的单方意思表示即可生效的法律行为。公司分立的主体是公司，分立的意思表示由分立前公司的股东会作出。当然，为了贯彻反垄断法，政府亦有权依据法律授权采取强制拆分的反垄断措施。① 由于公司分立将会引起分立前公司主体和权利义务的变更，而且也必然涉及相关主体的利益，为了保护各方主体利益，分立行为必须严格依照公司法所规定的条件和程序来进行。

(3) 公司分立时，原公司的债权、债务，应当由分立后的公司承担连带责任。

---

① 刘俊海. 公司法学 ［M］. 北京：北京大学出版社，2014：337.

（二）公司分立的基本方式

公司分立有两种方式，即新设分立和派生分立。新设分立指的是公司将其全部财产分割，新设立两个或两个以上的公司，原公司解散，法人资格消失，其全部资产分别归于两个以上的新设公司。在这种情况下，被解散的公司应该到登记机关办理注销登记，分立出来新设的公司应分别到登记机关依法办理设立登记。如 A 企业发生新设分立后形成 B 企业和 C 企业，A 企业的法人资格消灭。派生分立指的是一个公司将原公司的一部分财产或业务分离出去，成立一个或数个新的公司，原公司继续存在，只是在股东人数、注册资本等方面发生变化。对于新设立的公司，其法人资格的取得不以原公司法人资格的消失为前提。在这种情况下，公司分立后，原公司就发生变化的注册事项向登记机关办理变更登记，新设立的公司应向登记机关依法办理登记。A 企业发生派生分立后形成 A 企业和 B 企业，A 企业的法人资格是保留的，只是在注册资本和股东人数方面发生了变化，到登记机关进行变更登记即可。B 企业因为是从 A 企业中分立出来的，是一个新的企业，需要进行注册登记，文中并未提到 B 企业法人资格消灭。

（三）公司分立的动因

公司的分立是公司经营中经常发生的行为，公司分立会基于不同的动因或目的，会主动或被动地作出分立的抉择。就分立后的公司而言，其分立的动因主要有：（1）调整公司的主营范围，使分散的业务进一步集中化，公司将部分非主营业务通过派生分立方式分离出去，进而实现产品和服务的专业化并提升公司的经营效益。（2）调整公司内部组织机构，精简公司内部机构人员，提高公司经营管理效率，完善公司治理。（3）作为落实反垄断法的公权力措施，政府对具有垄断地位的大公司予以强制拆分。① 当某一公司处于高度垄断地位时，相关主管机关可责令对该公司进行拆分，避免公司可能出现的滥用市场支配地位的行为，以维护公平的市场竞争秩序。

（四）公司分立的积极意义和消极影响

公司分立能够增强管理者管理公司的积极性，更好地把管理者与股东的利益结合起来，使经营管理人员能够各自集中于分立后公司的事务，使他们有了更大的自主权和责任感。由于公司分立后，需对公司内部组织机构进行调整，使得公司更加专业化，更能适应市场对公司的需求，如果是新设分立，还可分散公司经营风险。但公司分立如果是因为股东之间内部矛盾或是因为股东和管理层之间的冲突引起，通过分立虽能解决公司僵局，但可能使分立后的公司规模缩小，影响其在市场上的竞争能力。

二、公司分立的程序

公司分立同样涉及公司、股东和债权人等相关主体的利益保护，应当依照法定程序进行。根据《公司法》第一百七十五条的规定，公司分立，其财产作相应的分割。公司分

---

① 刘俊海. 公司法学［M］. 北京：北京大学出版社，2014：337.

立，应当编制资产负债表及财产清单。公司应当自作出分立决议之日起十日内通知债权人，并于三十日内在报纸上公告。根据《公司法》第一百七十六条的规定，公司分立前的债务由分立后的公司承担连带责任。但是，公司在分立前与债权人就债务清偿达成的书面协议另有约定的除外。实践中公司合并的程序通常如下：

（一）制订分立方案

在签订分立协议之前，制订分立方案有助于公司分立的顺利进行。根据《公司法》第四十六条第七款规定，董事会有权制定公司合并、分立、解散或者变更公司形式的方案。因此公司分立方案由分立公司的董事会或执行董事提出，然后由公司的股东会或股东大会作出决议。在公司分立方案中，除应当对分立原因、目的、分立后各公司的地位、分立后公司章程及其他相关问题作出安排外，特别应妥善处理财产及债务分割问题。

（二）订立公司分立协议

我国《公司法》规定了公司合并应当由合并各方签订合并协议，但未规定公司分立时应订立分立协议。实践中，无论是新设分立还是派生分立，在分立之初均需由分立各方签订分立协议。新设分立协议通常被称为分立计划书；派生分立协议通常被称为分立契约，统称为分立协议。①

（三）编制资产负债表和财产清单

分立各方应当编制资产负债表及财产清单，供债权人查询。资产负债表是表示企业财务状况的主要会计报表，反映了公司资产及负债状况，其报表可让债权人最短时间了解企业经营状况。分立各方应当真实、准确、全面地编制此表，以反映公司的财产情况。此外，公司还要编制财产清单，清晰地反映公司的财产状况。

（四）分立决议的形成

公司合分立应当由公司股东会或者股东大会作出分立决议，之后方进行其他工作。公司分立的决议属于特别决议，根据《公司法》的规定，有限责任公司股东会通过公司分立决议时必须经代表三分之二以上表决权的股东通过。股份有限公司股东大会作出公司分立决议，必须经出席会议的股东所持表决权的三分之二以上通过。

（五）向债权人通知和公告

分立公司通知和公告的内容应当包括公司分立的基本情况。公司应当自作出分立决议之日起十日内通知债权人，并于三十日内在报纸上公告。通知和公告的目的主要是以尽可能全面的方式告知公司债权人，与公司合并不同，我国《公司法》未规定债权人对公司分立提出异议权，即没有规定债权人可以要求公司清偿债务或提供担保。

---

① 范建，王建文. 公司法 [M]. 北京：法律出版社，2012：445.

（六）分立登记

分立登记依照分立中公司发生的变化可分为三种情况办理工商登记：（1）设立登记。公司发生新设分立后，设立登记是新设公司从事经营活动的前提，非经设立登记，并领取营业执照，不得从事商业活动。（2）变更登记。公司发生派生分立后，存续公司由于其公司章程、资本结构等发生了变化，需办理变更登记。（3）注销登记。在新设分立中原公司主体资格的消灭，因此须向工商行政管理机关办理注销登记。

三、公司分立的法律效果

（一）公司的消灭

公司新设分立后，分立前的公司消灭，消灭的公司应当办理注销登记。由于消灭的公司的全部权利和义务已由新设公司概括承受，所以，它的解散与一般公司的解散不同，无须经过清算程序，公司法人人格直接消灭。

（二）公司的变更或设立

在派生分立中，由于存续公司将公司的部分权利和义务分离出去而发生组织变更，如注册资本、章程、股东等事项，应办理变更登记。在新设分立中，原公司消灭而产生新的公司，新设公司应办理设立登记。公司分立的，根据我国《公司登记管理条例》第三十八条的规定，应当自公告之日起45日后申请登记，提交分立决议或者决定以及公司在报纸上登载公司分立公告的有关证明和债务清偿或者债务担保情况的说明。法律、行政法规或者国务院决定规定公司分立必须报经批准的，还应当提交有关批准文件。

（三）权利义务的概括承受

随着公司的分立，被分立公司承受的债权债务也将因分割而变化成为两个或两个以上公司的债权债务。公司分立前的债务由分立后的公司承担连带责任。但是，公司在分立前与债权人就债务清偿达成的书面协议另有约定的除外。分立后公司的连带责任，就内部关系而言，分立后的存续公司或新设公司通常根据其接受资产的比例而定其内部债务承担比例。

案例引导

公司分立程序要合法①

方圆有限责任公司是一家经营文化用品批发的有限责任公司，由于市场不景气，加上股东内耗严重，公司负债累累。在一次股东会议上，股东李×提议将方圆公司分立为两个公司，一个叫天方有限责任公司，另一个叫地圆有限公司，由天方公司利用老方圆公司的

---

① 案例来源：http：//news.9ask.cn/flal/jjfal/gsfal/201007/824943.shtml，2015-5-12.

净资产，由地圆公司承担老方圆公司的债务。该提议被股东大会一致通过，方圆公司分立为天方与地圆两家公司，天方公司利用老方圆公司的净资产，地圆公司承担老方圆公司所有债务。分立各方办理了相应的登记注销手续。不久，老方圆公司的债权人飞虹有限公司找上门来，发觉地圆公司资不抵债，要求天方公司承担连带债务，天方公司拿出分立协议书，拒不偿还方圆公司的债务。

【案例分析】本案的主要问题是公司分立的程序是否合法以及分立协议书的效力。公司分立是指一个公司依照有关法律、法规规定分成两个或两个以上公司的法律行为。公司分立，不仅是公司自身的事情，而且关系到进行分立的公司的股东及债权人利益，因此法律明确规定了分立的相关程序，只有按法定程序分立才产生法律效力。我国《公司法》第一百七十五条规定，公司分立，其财产作相应的分割。公司分立时，应当编制资产负债表及财产清单，公司应当自作出分立决议之日起 10 日内通知债权人，并于 30 日内在报纸上公告。同时在一百七十六条规定，公司分立前的债务由分立后的公司承担连带责任。但是分立前与债权人就债务清偿另有约定的除外。方圆公司在分立过程中既没有编制资产负债及财产清单，也没有履行债权人保护程序，也没有与债权人达成什么协议，因此该分立行为无效。本案中，方圆公司分立为天方公司与地圆公司，从权利义务的分配上看，明显有失公平，其目的是为了逃避债务，因此，该分立协议书应无效。况且分立协议书只具有内部效力，对公司债权人来讲，分立后的公司要承担连带责任。

第三节　公司组织形式变更

一、公司组织形式变更的概念及特征

公司组织形式变更是指原来的公司从一种组织形态不经清算程序而变更为另一种组织形态的法律行为和结果。[①] 公司组织形式变更是一种不中断法人资格的法律行为，即不经过解散、清算等程序直接进行变更，因此能避免各环节中所要支付的费用，可以有效地节约社会资源。我国《公司法》第九条规定，公司组织形式变更包括有限责任公司和股份有限公司的双向变更，规定了变更后的公司应当符合《公司法》对该种公司所规定的条件和变更后的公司承继变更前公司的债权债务的原则。

公司组织形式变更具有如下特征：

（一）公司法人资格的延续性

公司组织形式变更是在不中断公司法人资格的情形下进行的，因此可以有效地节约交易成本，避免繁琐的清算手续，仅通过变更登记，即可进行有限责任公司和股份有限公司之间的相互转化，公司的经营也不因此而中断，使得公司在进行组织形式变更时也不会丧失商业机会，以适应市场的需要。

---

① 甘培忠. 企业与公司法学［M］. 北京：北京大学出版社，2014：342.

（二）变更种类的特定性

各国公司法通常只认可性质（即股东对外承担责任）相近的公司间的变更，不允许性质完全不同的公司间的变更。我国《公司法》只规定了有限责任公司和股份有限公司两种公司类型，而没有规定无限公司、两合公司以及股份两合公司，因此，根据《公司法》的规定，我国公司组织形式变更具有一定的特定性，即有限责任公司变更为股份有限公司以及股份有限公司变更为有限责任公司两种形式。

（三）变更程序的法定性

公司组织形式变更的决议是全体股东意思自治的表示，然而公司组织形式变更意味着公司的资产，股东承担的责任等都可能发生变化，因此为保护交易安全，进一步保护债权人的合法权益，法律要求变更必须具备一定的条件并按照严格的法定程序进行。

二、我国公司组织形式变更的形式

（一）有限责任公司变更为股份有限公司

有限责任公司变更为股份有限公司是实践中常见的一种公司形式变更，其首要条件是符合公司法关于股份有限公司设立的实质条件和程序条件。有限责任公司和股份有限公司具有很多共同的属性，有限责任公司向股份有限公司变更就是按股份有限公司的法定条件和程序改变自身。其中，共同的属性如二者对外都以其全部资产承担责任等内容仍要保留，不同的方面需满足股份有限公司的要求。需要改变的内容主要有：有限责任公司的股东会作出变更为股份有限公司的决定、进行资产评估、通知和公告、修改公司章程、出具审计报告、成立股东大会以及向公司登记机关申请变更登记等。

（二）股份有限公司变为有限责任公司

有的国家不允许这种方式的公司变更，即使允许这种变更的国家也规定了比较严格的条件。如日本《有限责任公司法》第六十四条规定，股份有限公司可依股东大会决议，变更其组织为有限责任公司，但公司债务未偿还完时，不在此限。就我国而言，大多数股份有限公司设立时，之所以选择该组织形式，是因为股份有限公司可以公开发行股份，更为重要的是，可以实现日后上市融资的目的。如果股份有限公司成立后，难以实现上市目标，而股东之间具有相当的信任基础，股份有限公司复杂的运营要求成为一种经营负担，则应允许股东将其变更为更具灵活性的有限责任公司。[①] 股份有限公司变更为有限责任公司其首要条件依然是符合公司法关于有限责任公司设立的实质条件和程序条件。

---

① 冯果．公司法要论［M］．武汉：武汉大学出版社，2003：233.

三、公司组织形式变更的条件和程序

（一）公司组织形式变更的条件

根据公司应当依法设立的原则，公司组织形式的变更应当符合《公司法》对于公司设立条件的规定，并且应当符合公司变更程序的法定要求。如有限责任公司变更为股份有限公司，应当符合《公司法》第七十六条中股份有限公司设立的条件。相对于股份有限公司的设立而言，股份有限公司变更为有限责任公司较为简单，只要符合《公司法》第二十三条中有限责任公司设立条件的条件即可。

（二）公司组织形式变更的程序

（1）拟订变更方案，通过变更决议，编制资产负债表和财产清单。公司形式变更前，应由公司董事会拟订公司形式变更方案，并报公司股东会或股东大会决议。公司组织形式变更属于公司重大事项，根据《公司法》规定，有限责任公司股东会作出公司组织形式变更的决议，必须经代表三分之二以上表决权的股东通过。股份有限公司股东大会作出公司组织形式变更决议，必须经出席会议的股东所持表决权的三分之二以上通过。同时还应该编制公司的资产负债表和财产目录，以作为确定股东权益和责任的基础。公司组织形式变更会影响到对公司债权人利益的保护，因此，要通知债权人及进行公司章程的修改。

（2）涉及公开募股或上市公司退市的还应进行核准。有限责任公司变更为股份有限公司，采用向社会公开募集方式设立股份有限公司或者向200人以上定向募集设立股份有限公司的，还应当经证券监督管理机构核准，并应遵守证券法的有关规定。股份有限公司向有限责任公司变更，该公司如为上市公司，则意味着公司退市，需要上报中国证券监督管理委员会，报告股票上市的交易所并进行公告，披露信息。变更的原因涉及公司减资的，应当按照公司减资的程序办理。公司依法变更其组织形式后，原公司不再存续，但原公司的债权、债务不会因为原公司的不在而自动消失。为了有效保护债权人的合法权益，从法律上确认公司变更组织形式后的债权、债务的归属，避免纠纷，《公司法》第九条明确规定："有限责任公司和股份有限公司依法变更公司形式后，原公司的债权、债务由变更后的公司承继。"

（3）办理变更登记。公司类型变更的，应当按照拟变更的公司类型的条件，由董事会在规定的期限内向公司登记机关申请变更登记，并提交法定代表人签署的登记申请书、公司章程、验资证明等法律法规要求提交的文件。

📖 本章小结

在实现资源和管理的有效性以及股东所要追求的最大利益的实现方面，公司重组无疑为最好的资源配置方式，尤其《公司法》中关于公司合并、公司分立及变更公司组织形式的规定，一方面加强了公司经营过程中的灵活性，使公司的产业结构、产品结构以及组织结构得以优化配置；另一方面使公司的行为有法可依，不仅为公司的重组行为提供法律规范及保障，还起到了保护相关利害关系人的合法权益，维护正常的市场竞争秩序，促进

社会主义市场经济的健康发展的作用。

本章练习

一、判断题

1. 股份有限公司合并，除了依法订立合并协议外，还要经过有关部门批准。（　　）

2. 新设合并的特点是合并各方解散，主体资格均归于消灭。（　　）

3. 公司合并或分立，应由公司的股东会或股东大会作出决议。（　　）

4. 公司分立时，应当编制资产负债表及财产清单。（　　）

5. 不清偿债务或者不提供相应的担保的，公司不得分立。（　　）

6. 公司分立后不具有法人资格。（　　）

7. 公司分立是指一个公司分成几个公司，新分立的公司取得法人资格，原公司的法人资格消灭。（　　）

8. 股份公司分立后，新成立的公司必须是股份有限公司。（　　）

9. 股份有限公司与有限责任公司合并后的存续公司，可以是股份有限公司，也可以是有限责任公司。（　　）

10. 有限责任公司之间合并后的存续公司只能是有限责任公司。（　　）

二、单项选择题

1. 甲为天天有限责任公司的债权人，现天天有限责任公司股东会作出合并决议，并依法向债权人发出了通知，进行了公告。根据《公司法》的规定，甲在法定期限内有权要求天天有限责任公司清偿债务或者提供相应担保。该法定期间为（　　）。

    A. 自接到通知书之日起 15 日内，未接到通知书的自公告之日起 30 日内

    B. 自接到通知书之日起 30 日内，未接到通知书的自公告之日起 45 日内

    C. 自接到通知书之日起 30 日内，未接到通知书的自公告之日起 60 日内

    D. 自接到通知书之日起 90 日内，未接到通知书的自公告之日起 90 日内

2. （2003 年中级会计职称考试）某股份有限公司共发行股份 3000 万股，公司拟召开股东大会对另一公司合并的事项作出决议。在股东大会表决时可能出现的下列情形中，能使决议得以通过的是（　　）。

    A. 出席股东大会的股东共持有 2700 万股，其中持有 1600 万股的股东同意

    B. 出席股东大会的股东共持有 2400 万股，其中持有 1200 万股的股东同意

    C. 出席股东大会的股东共持有 1800 万股，其中持有 1300 万股的股东同意

    D. 出席股东大会的股东共持有 1500 万股，其中持有 800 万股的股东同意

3. 公司合并，应当由合并各方签订合并协议，并编制资产负债表及财产清单。公司应当自作出合并决议之日起（　　）日内通知债权人。

    A. 五日　　　　　B. 十日　　　　　C. 十五日　　　　　D. 二十日

4. 甲、乙公司通过协议，完成吸收合并。甲公司存续，乙公司解散。对于乙公司原有的债务应当由（　　）。

    A. 甲公司承担　　　　　　　　　B. 乙公司承担

    C. 甲公司股东承担　　　　　　　D. 乙公司股东承担

5. （2011 年中级会计职称考试）甲公司欠乙公司货款 100 万元，后甲公司分立为丙、丁、戊三个公司，且丙、丁、戊三个公司约定由丙公司承担原甲公司欠乙公司的债务。对于原甲公司欠乙公司的 100 万元货款，下列说法正确的是（　　　）。

    A. 乙公司只能要求丙公司单独承担责任

    B. 乙公司可以要求丙、丁、戊三个公司对该债务承担连带责任

    C. 乙公司应当要求丙、丁、戊三个公司分别按照从原甲公司承继的资产比例承担责任

    D. 乙公司只能要求丙公司承担该笔债务，但是丁公司、戊公司应当承担补充责任

三、多项选择题

1. 根据《公司法》的规定，有限责任公司股东会议对下列事项作出的决议中，必须经代表 2/3 以上表决权的股东通过的有（　　　）。

    A. 修改公司章程   B. 减少注册资本

    C. 更换公司董事   D. 变更公司形式

2. 根据《公司法》的规定，股份有限公司股东大会所作的决议中，必须经出席会议的股东所持表决权的 2/3 以上通过的有（　　　）。

    A. 公司合并决议   B. 公司分立决议

    C. 修改公司章程决议   D. 批准公司年度预算方案决议

3. 公司合并的形式有（　　　）。

    A. 新设合并   B. 吸收合并

    C. 收购合并   D. 资金合并

4. 公司分立的形式有（　　　）。

    A. 完全分立   B. 部分分立

    C. 新设分立   D. 派生分立

5. 下列有关公司合并或分立的表述，不正确的是：（　　　）。

    A. 公司合并或分立均需由公司董事会作出决议

    B. 公司合并或分立均经过清算程序

    C. 公司分立前的债务由分立后的公司承担连带责任

    D. 公司合并产生债权债务概括转移的效力

四、问答题

1. 简述公司合并的法律程序。

2. 试述公司合并与公司分立的基本方式。

3. 试述公司组织形式变更的条件和程序。

五、案例分析题

2008 年 5 月 1 日，甲公司与丙银行签署了一份保证合同，承诺由甲公司作为保证人，对乙公司向丙银行申请贷款 500 万元及将来所负债务承担连带保证责任，借款期限 2 年。2009 年 2 月 10 日，乙公司的公司形式发生重大变更，由原来的国有独资有限责任公司依法变更为股份有限责任公司。同年 4 月 10 日，变更后的乙公司向丙银行再次借款 100 万元，借款期限 1 年。2010 年 5 月 10 日，乙公司向丙银行申请的两笔贷款期限届满，丙银

行多次向乙公司多次催要欠款未果，在这种情况下丙银行遂将甲公司作为连带保证人向人民法院起诉，要求甲公司承担给付责任。原告丙银行诉称：被告甲公司作为乙公司的债务保证人，负连带给付义务，虽然乙公司由原来的国有独资有限责任公司变更为股份有限公司，但股东承担的责任仍然相同，即同样承担有限责任，对于债务人而言并无不利。依《公司法》的规定，原有限责任公司的债权、债务由变更后的股份有限公司承继。因此被告甲公司对乙公司组织形式变更后的公司所负债务，仍负连带保证责任。被告甲公司辩称：本公司虽然曾为公司组织形式未变更前的乙公司作保，但该公司已于 2009 年 2 月 10 日依法变更为股份有限公司，前后两个公司是不同组织，不同的信用，因此，对于乙公司所负债务，本公司不存在任何保证责任。①

讨论问题：

1. 公司组织形式的变更是否影响公司对其债务的承担？
2. 公司组织形式的变更是否影响保证人的连带保证责任？

---

① 案例来源：公司组织形式的变更的影响. http：//blog. sina. com. cn/s/blog _ 6869f97c0100njxt. html，2015-5-10.

✍ 第十章

公司的解散和清算

🐾 学习目标

知识要求：

公司的解散与清算制度对于建立科学有效的公司退出机制，保护公司债权人、公司股东及其他利害关系人的利益，维护市场经济秩序，具有十分重要的意义，掌握公司解散、清算的概念，以及两者之间的关系，掌握对公司解散的分类、原因及效力，熟悉清算的分类、清算组织及清算程序。

技能要求：

重点掌握公司解散和清算的法定条件和如何在实务中处理解散与清算的程序问题。

🐾 案例引导

珠海星华园房产有限公司清算①

广东省珠海市中级人民法院于 2014 年 6 月 3 日裁定受理申请人曾沃泉申请对被申请人珠海星华园房产有限公司（以下简称星华园公司）进行公司强制清算一案，并指定广东秉德律师事务所组成清算组对星华园公司进行清算。

2014 年 12 月 12 日，星华园公司清算组向广东省珠海市中级人民法院报告，称清算组采取了公告、实地调查、邮件通知和前往政府相关部门调查等多种途径查找星华园公司的人员下落、财产、账册和重要文件等，但在清算期间内，清算组未能找到任何财产、账册、重要文件以及相关责任人员的下落，无法进行清算。

【案例分析】 本案的主要问题是公司清算的程序。法院认为，根据《最高人民法院关于审理公司强制清算案件工作座谈会纪要》第二十八条的规定，对于被申请人没有任何财产、账册、重要文件及人员下落不明的，应当以无法清算为由终结清算程序。星华园公司清算组已经采取了多种措施，仍未找到任何财产、账册、重要文件及星华园公司人员，

---

① 案例来源：中国裁判文书网 . http：//www. court. gov. cn/zgcpwsw/gd/gdszhszjrmfy/ms/201511/t20151120_ 12738192. htm. 2015-11-22.

无法进行清算，债权人可以另行依据《最高人民法院关于适用〈中华人民共和国公司法〉若干问题的规定（二）》第十八条之规定，要求星华园公司的股东、董事、实际控制人等清算义务人对其债务承担偿还责任。依据《中华人民共和国民事诉讼法》第一百五十四条第（十一）项的规定，裁定终结珠海星华园房产有限公司强制清算程序。

第一节　公　司　解　散

一、公司解散的概念和特征

（一）公司解散的概念

公司解散，是指公司因法律或章程规定的解散事由出现而停止营业活动，并进行清算，使公司逐步终止的法律行为，它是公司主体资格消灭的必经程序。但公司解散并不意味着公司法人资格的终止，只是公司的权利能力要受到限制，公司不得从事与清算无关的活动，只有经过法定清算程序处理完公司各种法律关系之后，公司才能终止。

关于解散与清算的关系，各国立法规定有两种不同的模式，一为"先算后散"，即规定公司只有在清算后才能解散，如英国公司法①；二为"先散后算"，即规定公司应先宣布解散，然后再进行清算，大陆法系的公司法多作此规定。前者，宣告公司解散即消灭法人资格，解散是使公司法人资格消灭的法律行为；后者，解散只是法人消灭的原因，只有在清算终结后，公司的法人资格才消灭，在清算终结之前，尽管公司的权利能力受到限制，但公司法人资格仍存续。由此可见，我国公司法采"先散后算"模式。

（二）公司解散的特征

（1）公司解散是针对已经成立的公司而言的。公司如果未依法成立，则不得以公司的名义对外进行活动，也不是公司法所称的公司，其解散、清算不适用公司法规则。

（2）公司解散需基于一定事由而发生。这些事由包括法律或公司章程规定、股东会决议、行政机关命令或者法院裁决等。由于这些事由的出现，公司无法继续存续或者没有了继续存在的必要。

（3）公司解散并不意味着公司法人资格的消灭。公司解散是一个时间过程。公司解散后，其法人人格并不立即消灭，公司继续存续，只是其权利能力受到了限制，公司不得开展与清算无关的业务活动。公司只有在清算完结后，由清算组凭清算报告向登记机关办理注销登记并发布公告，此时公司人格才告终止。

（4）公司解散是一种行为。解散首先是一种行为。作为一种行为，解散的性质很复杂，自愿解散的，体现为法律行为；强制解散的，体现为立法行为或行政行为或司法裁判行为。

---

① ［英］丹尼斯·吉南. 公司法 ［M］. 朱羿锟等译. 北京：法律出版社，2006：493.

二、公司解散的原因

依照解散事由的不同，公司解散可分为自愿解散和强制解散。我国《公司法》第一百八十一条至一百九十条对公司解散的事由作出了明确规定。

（一）自愿解散

自愿解散是基于公司或股东的意愿而解散公司，其事由包括：

1. 公司章程规定的营业期限届满或者公司章程规定的其他解散事由出现

公司章程规定的营业期限届满，是指公司章程中规定了公司一定的存续期，并且公司经营的时间已经达到了该存续期。公司章程规定的其他解散事由出现，是指公司章程中规定了除公司经营期限届满以外的其他解散的情形、原因，如公司设立的宗旨业已完成或者根本无法实现、公司的经营条件发生了重大变化等。一般情况下，当公司章程规定的营业期限届满或者公司章程规定的其他解散事由出现时，公司应当解散，但《公司法》第一百八十一条允许由股东会做出修改公司章程的决议，使公司继续存续。

2. 股东会或者股东大会决议解散

如果公司股东事先未在公司章程中对解散公司的事由进行约定，在公司运营过程中，经股东会或股东大会决议通过，可以作出解散公司的决议，从而解散公司。依我国《公司法》第四十三条和第一百零三条分别规定，股东会或者股东大会决议解散公司，有限责任公司须经代表三分之二以上表决权的股东通过，股份有限公司须经出席股东大会的股东所持表决权的三分之二通过。

3. 因公司合并或者分立需要解散

公司合并或者分立时，往往需要解散公司。公司进行吸收合并时，一个公司吸收其他公司，被吸收的公司解散。公司进行新设合并时，合并各方解散。公司将全部财产予以分割，设立两个或者两个以上的新公司时，原公司解散。

（二）强制解散

强制解散是由于法律规定或行政机关命令或司法裁判行为而解散公司。主要事由包括：

1. 行政解散

行政解散属于行政处罚的方式。公司成立后，在进行生产经营活动的过程中，如严重违反法律、行政法规，实施危害社会公共利益的行为，有关主管机关可依职权作出吊销营业执照、责令关闭或者撤销的行政处罚决定，迫使公司从市场退出。吊销营业执照、责令关闭、撤销都是具体行政行为，如《公司法》第二百一十一条规定："公司成立后无正当理由超过六个月未开业的，或者开业后自行停业连续六个月以上的，可以由公司登记机关吊销营业执照。"

2. 司法解散

司法解散主要针对公司存续过程中出现损害社会公共利益的行为，或者出现因经营管理困难危及公司存续的情形，目的在于维护公共利益，打破公司的僵局。司法解散分为命令解散和判决解散。

（1）命令解散针对的是公司损害社会公共利益的情形，是法院应利害管理人或检察官的请求，或者依职权命令解散公司。命令解散是用来纠正因公司法采用准则主义的设立原则而引起的滥设公司的弊端而创设的一种制度，我国公司法没有规定这一制度。

（2）判决解散针对的是公司出现经营管理困境或者说陷入公司僵局的情形，必须有股东提出解散公司的请求，法院才能作出解散公司的判决。我国《公司法》规定的司法解散就是判决解散。依据《公司法》第一百八十三条的规定，逾期不成立清算组清算的，债权人可以申请人民法院指定有关人员组成清算组进行清算。适用法院判决解散公司必须满足以下法律要件：

①公司经营管理发生严重困难。公司经营管理发生困难，既包括公司经营上发生困难，也包括公司管理上发生困难。公司作为社会关系的成员，其经营活动受到自身决策、内部管理、市场变动、国家政策等的影响，单纯外部因素引起的经营困难不应启动司法解散程序，只有公司自身原因引起的经营困难，并且这种困难必须达到严重的程度，才能启动司法解散程序。公司的管理困难也有很多表现形式如股东之间的对立、董事之间的冲突等，但是只有管理困难影响到经营并造成严重经营困难时，才能启动司法解散程序。

②继续存续会使股东利益受到重大损失。公司遭遇的困难不仅造成了眼前的现实损失，公司存续下去还将给公司及股东造成更大的损失，这不仅不能实现股东投资的目的，也不利于维护人们的投资信心。"重大损失"的认定既可以通过比对公司的既往业绩，也可以通过类比其他公司而得出某种趋势性结论。

③通过其他途径不能解决问题。"通过其他途径不能解决问题"与"穷尽公司内部救济"的含义相似，是指适格股东起诉前应努力通过公司内部机制解决争端，如协议股权转让、依法召集和主持股东会决议、依法提议召开董事会会议等。法律强调股东必须穷尽各种途径后才能向法院提起诉讼的请求。因此，股东诉请法院解散公司应举证证明已经穷尽了内部的救济途径，法院的司法介入是最后的手段。

④必须有持有公司全部股东表决权 10%以上的股东向法院提出解散公司的请求。司法解散公司是解决公司僵局的极端手段，因而启动应当慎重，公司法只赋予持有公司全部股东表决权 10%以上的股东以启动程序的主体资格。

三、公司解散的效力

公司解散是一种法律事实，解散的公司其法人资格仍然存在，公司解散的效力主要体现在以下几个方面：

（1）公司存续，但不得开展与清算无关的经营活动。公司为清算之目的而存续，解散后之公司的权利能力局限于清算范围之内，除为实现清算目的，由清算组代表公司处理未了结业务外，公司不得开展新的经营活动。

（2）公司立即进入清算程序，成立清算组织。公司解散不论解散程序在清算程序之前，还是解散程序在清算程序之后，都必须依法成立清算组织。成立清算组织后，公司原来的代表及业务执行机关即丧失权利，由清算组取而代之，清算组代表公司为一切行为。公司由此成为清算中的公司。

💠 案例引导

公司经营的僵局可以作为公司解散的理由①

2014 年 1 月 20 日，郑元贞和刘延方分别出资 200 万元和 300 万元在滑县工商局注册登记依法成立了滑县方源纺织有限公司，从事生产销售坯布、棉布、白布和棉纱业务。郑元贞占公司股份的 40%，刘延方占公司股份的 60%，刘延方任公司的法定代表人。在公司成立后，郑元贞和刘延方共同协商公司的生产经营事宜，共同管理公司。公司经营几个月后，刘延方见公司效益好，为了独占公司利益，利用法定代表人的职务便利，不再让郑元贞参与经营公司，公司的业务和财物由刘延方一人经营和支配。郑元贞认为如不解散公司，将会损害其合法权益。于是，郑元贞将滑县方源纺织有限公司作为被告提请依法解散被告滑县方源纺织有限公司。被告滑县方源纺织有限公司辩称：该公司的设立是由刘延方办理的，原告没有出资，没有权利要求解散公司，应驳回原告的诉讼请求。刘延方述称：被告滑县方源纺织有限公司注册的 500 万元资金全部由刘延方出资，原告的 200 万元出资是由刘延方转账给原告，以原告名义出资到公司的，原告实际上没有任何出资，不应支持原告的请求。

【案例分析】本案的主要问题是这一情形是否构成公司解散的理由。根据《公司法》第一百八十二条的规定，公司经营管理发生严重困难，继续存续会使股东利益受到重大损失，通过其他途径不能解决的，持有公司全部股东表决权百分之十以上的股东，可以请求人民法院解散公司。在本案中，滑县方源纺织有限公司成立后，股东郑元贞和刘延方分工经营，但是因为在经营中欠款事宜多次发生纠纷。滑县方源纺织有限公司停业，郑元贞未再参与公司事宜。后又因钥匙被抢发生矛盾并报警，致使公司经营管理发生严重困难负债经营业务，滑县公安局的处理意见为因双方矛盾告知到法院解决。整个经营过程中，该公司没有召开股东会的会议记录和股东决议记录。因此，该公司实质已经形成经营中的股东僵局，如公司继续存续，将会使原先的股东利益受到重大的损失，符合法律规定的解散事由。

第二节　公 司 清 算

一、公司清算的概念

公司清算，是指终结已解散公司之现存法律关系，处理其剩余财产，使公司法人资格归于消灭的法律行为。公司因合并或分立而解散，不必经过清算；公司因宣告破产而解散，按 2014 年《企业破产法》的规定实行破产清算；因其他原因而解散的公司都必须依

---

① 案例来源：中国裁判文书网 . http://www.court.gov.cn/zgcpwsw/hen/hnsayszjrmfy/hxrmfy/ms/201511/t20151119_ 12697461. htm，2015-11-23.

《公司法》规定的清算程序进行清算。

公司解散和公司清算是终结公司法律关系、消灭公司法人资格的两个相关概念。公司解散是公司清算的原因，公司清算是公司解散的后果。公司被宣告解散只是停止了公司继续生产经营的权利和使其产生清算的义务，导致其法人资格即将消灭，但其已存的债权、债务尚未了结，法人资格尚存。公司清算就是了结解散后公司的债权、债务关系，结束公司没有完成的业务，追索债权、清偿债务，将剩余财产处分，最终消灭公司法人资格。我国《公司法》第一百八十六条第三款规定："清算期间，公司存续，但不得开展与清算无关的经营活动。公司财产在未依照前款规定清偿前，不得分配给股东。"由于已经进入清算程序，公司原有的治理结构已经分崩离析，故清算中公司的代表人和业务执行机关都由清算人担任，由其对内执行清算业务，对外代表清算中公司。

二、公司清算的种类

公司清算按照分类角度的不同可以分为几种不同的种类。国外公司法及学理上一般把公司清算分为任意清算和法定清算，法定清算又可以分为普通清算和特别清算。我国《公司法》第一百八十条至一百九十条只规定了法定清算。其主要原因是一般国外公司法，特别是大陆法系国家公司法规定的公司法定类型，除了股份有限公司和有限责任公司外，还有两合公司，这些公司的股东互相信任，所以法律允许这类公司进行任意清算，不必按照法定方法进行清算。而我国公司法规定的公司法定类型只有有限责任公司和股份有限公司，其股东对公司仅负有限责任，所以《公司法》中没有任意清算的规定，公司清算只能实行法定清算。

（一）任意清算与法定清算

这是根据清算的方式和要求是否依照法律规定进行而划分的。任意清算也称自由清算，即指公司按照股东的意志和公司章程的规定进行的清算，是适用于人合公司（有限公司、两合公司）的一种清算方式。它可以按照公司章程规定或全体股东的意见进行，而不必按照法定的方法处分公司财产。如债权人对任意清算表示异议，公司应对该债权人予以清偿或提供担保。我国不存在人合公司，自然不适用任意清算。

法定清算是指必须按照法律规定的程序进行的清算，适用于任何公司清算。人合公司也可以选择法定清算，但资合公司（有限责任公司、股份有限公司）只能实行法定清算，实行法定清算的主要目的是保护债权人的合法权益。我国只有有限责任公司和股份有限公司，故只实行法定清算制度。

（二）正常清算和破产清算

正常清算是指公司除因合并、分立或破产的原因解散外，因其他一切原因解散而适用的清算程序。破产清算是指公司不能清偿到期债务被依法宣告破产时适用的清算程序。虽然正常清算和破产清算都是终结现存公司的法律关系，消灭法人资格的行为，但两者有以下区别：

（1）发生清算的原因不同。适用正常清算的原因是下列公司解散事项所引起的：公司营业期限届满；公司章程规定的解散事项发生；股东会决议解散；公司因违反法律、行政法规而被依法责令关闭等。上述原因一般多属于公司股东自愿解散。破产清算的原因是公司不能履行到期债务而被宣告破产，它属司法强制解散程序。

（2）决定清算组成员的机关不同。正常清算情形下的清算组成员，有限责任公司由股东组成，股份有限公司由董事或者股东大会确定的人员组成。破产清算的组成人员必须由人民法院决定。

（3）适用清算的程序不同。首先，程序的内容不同。正常清算适用一般的清算程序，破产清算适用破产清算程序。适用正常清算程序解散的公司，一般有足够的财产清偿公司债务，清算程序比较简单。适用破产程序解散的公司处于资不抵债状态，为保护债权人利益，其程序远比正常清算程序复杂得多。其次，两者的程序性质也不同。正常清算不是诉讼程序，破产清算是诉讼程序。再次，适用的法律也不同。

（三）普通清算和特别清算

法定清算可以分为普通清算和特别清算。普通清算是指除任意清算外的公司清算，公司清算通常适用的是普通清算程序。特别清算是在适用普通清算发生显著困难时，或清算不能或有资不抵债嫌疑时适用的清算程序。因为有上述原因，如按普通清算程序必然会损害债权人利益，所以必须将清算纳入比普通清算程序更为严格的程序。特别清算是介于普通清算和破产清算之间的特别程序。依据我国《公司法》第一百八十三条的规定，公司应当在解散事由出现之日起十五日内成立清算组，开始清算。该规定属于普通清算，由公司自行组织清算机构进行清算；但是该条还规定，"逾期不成立清算组进行清算的，债权人可以申请人民法院指定有关人员组成清算组进行清算"，这属于特别清算。

三、公司清算组织

清算组织是公司解散后对内执行清算事务并对外代表清算中公司的组织，又称清算人、清算官、清算组、清算机构、清算机关、清算委员会，等等。

（一）清算组的成立

各国公司法虽对清算人选任的规定不尽一致，但归纳起来，大致有以下三种做法：一是由公司执行业务股东或执行业务董事担任清算人；二是根据公司章程的规定，由股东或股东会选任清算人；三是由法院指派清算人。在一般情况下，清算人都以第一种或第二种方式产生。只有在特定情形下，如由董事担任清算人不适合时，以及解散公司逾期不成立清算组时，法院才有权指派清算人。如日本规定，有限公司及股份公司的清算人由董事担任，但公司章程另有规定或股东大会另选他人时除外，如果没有上述清算人，法院将根据利害关系人的申请来选任清算人。

（二）清算组的组成

根据我国《公司法》第一百八十三条的规定，有限责任公司清算组的成员限于股东，但不一定是全体股东。股份有限公司清算组的成员不以公司的股东为限，可以是注册会计师、律师等社会中介机构的人员。

法院指定有关人员成立清算组的，清算组成员可以从下列人员或者机构中产生：①公司股东、董事、监事、高级管理人员；②依法设立的律师事务所、会计师事务所、破产清算事务所等社会中介机构；③依法设立的律师事务所、会计师事务所、破产清算事务所等社会中介机构中具备相关专业知识并取得执业资格的人员。法院指定的清算组成员有违反法律或者行政法规的行为、丧失执业能力或者民事行为能力、严重损害公司或者债权人利益的行为的，法院可以根据债权人、股东的申请，或者依职权更换清算组成员。

（三）清算组的地位

清算组在清算中公司的地位，类似于正常经营中公司的董事会和经理，是清算中公司的法人机关。清算组成立后，董事会、经理的职权都应终止。但是清算组并不是独立的法律主体，清算组所能执行的事务仅仅是以清算为目的的事务，不是公司的所有事务，其不能行使股东（大）会和监事会的职权，对外从事相应民事活动和诉讼活动仍应以公司的名义进行。

（四）清算组的职权与责任

根据我国《公司法》第一百八十四条的规定，清算组具有以下七项职权：（1）清理公司财产，分别编制资产负债表和财产清单；（2）通知、公告债权人；（3）处理与清算有关的公司未了结的业务；（4）清缴所欠税款以及清算过程中产生的税款；（5）清理债权、债务；（6）处理公司清偿债务后的剩余财产；（7）代表公司参与民事诉讼活动。

清算组作为公司的受托人，代替公司董事、经理行使职责，办理清算的具体事务，因此，清算组成员应当忠于职守，依法履行清算义务；不得利用职权收受贿赂或者其他非法收入，不得侵占公司财产；清算组成员因故意或者重大过失给公司或者债权人造成损失的，应当承担赔偿责任。《公司法》第二百零六条规定："清算组不依照本法规定向公司登记机关报送清算报告，或者报送清算报告隐瞒重要事实或者有重大遗漏的，由公司登记机关责令改正；清算组成员利用职权徇私舞弊、谋取非法收入或者侵占公司财产的，由公司登记机关责令退还公司财产，没收违法所得，并可以处以违法所得一倍以上五倍以下的罚款。"

四、公司清算的程序

（一）成立清算组

根据《公司法》第一百八十三条的规定，公司因出现法定解散事由而解散的，应当在解散事由出现之日起十五日内成立清算组，开始清算。成立清算组是公司清算程序开始的第一步。

（二）通知、公告债权人，并进行债权申报和登记

根据《公司法》第一百八十五条和《公司法解释（二）》第十一条、第十二条、第

十三条、第十四条的规定，公司清算时，清算组应当自成立之日起10日内将公司解散清算事宜书面通知全体已知债权人，并根据公司规模和营业地域范围于60日内在全国或者公司注册登记地省级有影响的报纸上进行公告。清算组未按照前款规定履行通知和公告义务，导致债权人未及时申报债权而未获清偿，债权人主张清算组成员对因此造成的损失承担赔偿责任的，人民法院应依法予以支持。

债权人应当自接到通知书之日起30日内，未接到通知书的自公告之日起45日内，向清算组申报其债权。债权人申报债权，应当说明债权的有关事项，并提供证明材料。清算组应当对债权进行登记。在申报债权期间，清算组不得对债权人进行清偿。

公司清算时，债权人对清算组核定的债权有异议的，可以要求清算组重新核定。清算组不予重新核定，或者债权人对重新核定的债权仍有异议，债权人以公司为被告向人民法院提起诉讼请求确认的，人民法院应予受理。

债权人在规定的期限内未申报债权，在公司清算程序终结前补充申报的，清算组应予登记。债权人补充申报的债权，可以在公司尚未分配财产中依法清偿。公司尚未分配财产不能全额清偿，债权人主张股东以其在剩余财产分配中已经取得的财产予以清偿的，人民法院应予支持；但债权人因重大过错未在规定期限内申报债权的除外。

（三）清理公司财产、制定清算方案

根据《公司法》第一百八十七条、第一百八十八条和《公司法解释（二）》第十五条的规定，清算组在清理公司财产、编制资产负债表和财产清单后，发现公司财产不足清偿债务的，应当依法向人民法院申请宣告破产。公司经人民法院裁定宣告破产后，清算组应当将清算事务移交给人民法院。

清算组在清理公司财产、编制资产负债表和财产清单后，应当制定清算方案，并报股东会、股东大会或者人民法院确认。公司自行清算的，清算方案应当报股东会或者股东大会决议确认；人民法院组织清算的，清算方案应当报人民法院确认。未经确认的清算方案，清算组不得执行。执行未经确认的清算方案给公司或者债权人造成损失，公司、股东或者债权人主张清算组成员承担赔偿责任的，人民法院应依法予以支持。

（四）分配剩余财产

根据《公司法》第一百八十六条第二款和第三款规定，公司财产在分别支付清算费用、职工的工资、社会保险费用和法定补偿金，缴纳所欠税款，清偿公司债务后的剩余财产，有限责任公司按照股东的出资比例分配，股份有限公司按照股东持有的股份比例分配。清算期间，公司存续，但不得开展与清算无关的经营活动。公司财产在未依照前款规定清偿前，不得分配给股东。

（五）清算结束

《公司法解释（二）》第十七条规定："人民法院指定的清算组在清理公司财产、编制资产负债表和财产清单时，发现公司财产不足清偿债务的，可以与债权人协商制作有关债务清偿方案。债务清偿方案经全体债权人确认且不损害其他利害关系人利益的，人民法院可依清算组的申请裁定予以认可。清算组依据该清偿方案清偿债务后，应当向人民法院申请裁定终结清算程序。债权人对债务清偿方案不予确认或者人民法院不予认可的，清算组应当依法向人民法院申请宣告破产。"

《公司法》第一百八十八条规定："公司清算结束后，清算组应当制作清算报告，报股东会、股东大会或者人民法院确认，并报送公司登记机关，申请注销公司登记，公告公司终止。"

五、公司清算的期限

人民法院组织清算的，清算组应当自成立之日起六个月内清算完毕。因特殊情况无法在六个月内完成清算的，清算组应当向人民法院申请延长。

📎 案例引导

公司自行清算不成可申请由法院强制清算①

被申请人岐山佳华商贸连锁有限公司于 2004 年 3 月 18 日在岐山县工商行政管理局注册成立，公司注册资本 5000 万元。公司股东两人，股东赵宏琼出资 4000 万元，占公司注册资本的 80%，股东王小娟出资 1000 万元，占公司注册资本的 20%，根据公司章程，股东会已于 2015 年 5 月 8 日通过决议决定解散公司，但现出资股东对清算未达成一致意见，未对公司组织自行清算，公司股东王小娟特申请强制清算。2015 年 7 月 2 日岐山县人民法院依法受理申请人强制清算申请，并于 2015 年 8 月 31 日召开了听证会。

【案例分析】本案的主要问题是强制清算的条件。依据被申请人公司章程和《公司法》相关规定及最高人民法院《关于审理公司强制清算案件工作会议纪要》通知精神，申请人王小娟系公司股东，在被申请人无法自行清算的情况下，其有权提出对被申请人岐山佳华商贸连锁有限公司强制清算申请。经过审查，依据《公司法解释（二）》第七条的规定，裁定受理王小娟申请岐山佳华商贸连锁有限公司强制清算申请。

📎 本章小结

公司的解散与清算制度是关于公司市场退出的重要法律制度，公司的市场退出涉及公司、股东、债权人、劳动者等相关主体的利益，对于建立科学有效的公司退出机制，保护公司债权人、公司股东及其他利害关系人的利益，维护市场经济秩序意义重大。公司解散是由于公司解散事由出现，公司停止其积极的营业活动，使公司逐步终止的法律行为。但公司解散并不意味着公司法人资格的终止，只是公司的权利能力要受到限制，公司不得从事与清算无关的活动。公司清算是指终结已解散公司之现存法律关系，处理其剩余财产，使公司法人资格归于消灭的法律行为。清算的种类、清算组织和清算程序都是本章重要的

---

① 案例来源：中国裁判文书网. http：//www. court. gov. cn/zgcpwsw/shanxi/sxsbjszjrmfy/qsxrmfy/ms/201511/t20151123_ 12852646. htm. 2015-11-24.

内容。

本章练习

一、判断题

1. 公司解散，公司有法人资格即消灭。（　　　）

2. 公司司法解散须持有公司全部股东表决权 10% 以上的股东向人民法院提出请求。
（　　　）

3. 特别清算是介于普通清算和破产清算之间的一种清算方式。（　　　）

4. 公司应自作出解散决议之日起 15 日内，依法成立清算组。（　　　）

5. 公司解散时，应当成立清算组，有限责任公司的清算组由股东组成，股份有限公司的清算组由董事或者股东大会确定的人员组成。（　　　）

6. 我国公司解散的原因是资不抵债。（　　　）

7. 公司合并或者分立时公司免于清算。（　　　）

8. 公司解散有一般解散、强制解散和司法解散三种情形。（　　　）

9. 有限责任公司的清算组由股东组成。（　　　）

10. 公司清算过程中的民事诉讼应当以公司名义进行。（　　　）

二、单项选择题

1. 有限责任公司是股东以什么为限对公司承担责任，公司以什么对公司债务承担责任的公司？（　　　）

  A. 个人全部财产；其特定资产　　　　B. 其出资额；其全部资产

  C. 其出资额；其经营资产　　　　　　D. 其个人全部财产；其全部资产

2. 根据《公司法》规定，有限责任公司因规模较小，不设董事会的，由下列哪个选项所列之人作为公司的法定代表人？（　　　）

  A. 执行董事　　　　　　　　　　　　B. 监事会负责人

  C. 总经理　　　　　　　　　　　　　D. 股东大会指定的负责人

3. 公司应当自作出减少注册资本决议之日起 10 日内通知债权人，并于多长时间内在报纸上至少公告 3 次？（　　　）

  A. 15 日内　　　　　　　　　　　　　B. 30 日内

  C. 60 日内　　　　　　　　　　　　　D. 20 日内

4. 股份有限公司因破产或解散进行清算时，公司剩余资产清偿的先后顺序是（　　　）。

  A. 职工的工资、清算费用、社会保险费用和法定补偿金、缴纳所欠税款、优先股股东、普通股股东

  B. 清算费用、职工的工资、社会保险费用和法定补偿金、缴纳所欠税款、优先股股东、普通股股东

  C. 社会保险费用和法定补偿金、清算费用、职工的工资、缴纳所欠税款、优先股股东、普通股股东

  D. 缴纳所欠税款、清算费用、职工的工资、社会保险费用和法定补偿金、优先股股东、普通股股东

5. 董事、监事、经理执行公司职务时违反法律、行政法规或者公司章程的规定，给公司造成损害的，应如何处理？（　　　）

  A. 自己提出辞职   B. 承担行政责任

  C. 承担赔偿责任   D. 解除其职务

三、多项选择题

1. 某有限责任公司股东会决定解散该公司，该公司下列行为不符合法律规定的有（　　　）。

  A. 股东会选派股东甲、股东乙和股东丙组成清算组，未采纳股东丁提出吸收一名律师参加清算组的建议

  B. 清算组成立 15 日后，将公司解散一事通知了全体债权人

  C. 在清理公司财产过程中，清算组发现公司财产仅够清偿 80% 的债务，遂通知债权人不再清偿

  D. 清算组经职代会同意，决定清偿债务前将公司办公家具分给股东丁

2. 在下列几种公司解散事由中，不需要进行清算的是：（　　　）。

  A. 公司因合并、分立而解散   B. 公司章程规定的解散事由出现

  C. 公司被依法宣告破产   D. 公司因违法被责令关闭

3. 根据公司法律制度的规定，当公司出现特定情形，继续存续会使股东利益受到重大损失，通过其他途径不能解决，持有公司全部股东表决权 10% 以上的股东提起解散公司诉讼的，人民法院应当受理。下列各项中，不属于此类特定情形的是（　　　）。

  A. 甲公司连续 2 年严重亏损，已濒临破产

  B. 乙公司由大股东控制，连续 4 年不分配利润

  C. 丙公司股东之间发生矛盾，持续 3 年无法召开股东会，经营管理发生严重困难

  D. 丁公司 2 年来一直拒绝小股东查询公司会计账簿的请求

4. （司法考试真题 2009）甲为某有限公司股东，持有该公司 15% 的表决权股。甲与公司的另外两个股东长期意见不合，已两年未开成公司股东会，公司经营管理出现困难，甲与其他股东多次协商未果。在此情况下，甲可以采取下列哪些措施解决问题？（　　　）

  A. 请求法院解散公司

  B. 请求公司以合理的价格收购其股权

  C. 将股权转让给另外两个股东退出公司

  D. 经另外两个股东同意撤回出资以退出公司

5. （司法考试真题 2011）2009 年，甲、乙、丙、丁共同设立 A 有限责任公司。丙以下列哪一理由提起解散公司的诉讼法院不应予受理？（　　　）

  A. 以公司董事长甲严重侵害其股东知情权，其无法与甲合作为由

  B. 以公司管理层严重侵害其利润分配请求权，其股东利益受重大损失为由

  C. 以公司被吊销企业法人营业执照而未进行清算为由

  D. 以公司经营管理发生严重困难，继续存续会使股东利益受到重大损失为由

四、问答题

1. 简述公司解散的事由。

2. 简述公司解散的特征。

3. 简述公司清算的基本程序。

4. 试述公司清算组的地位和职权。

5. 简述清算组的组成和成立。

五、案例分析

李甲与其儿子李乙共同出资，于 1997 年 12 月经工商行政管理部门登记注册，依法成立了一家贸易有限公司，注册资金 50 万元人民币。1998 年 10 月该公司与某煤矿签订煤炭购销合同，双方约定了各自的权利与义务，某煤矿依法履行其义务，但公司却迟迟未付清货款，累计达 73 万余元。某煤矿持续向贸易公司主张权利。

2001 年 12 月，公司因未按规定参加年检，被工商行政管理部门依法吊销营业执照，并告知对公司债权债务进行清算。但李甲、李乙一直未予理会。

2004 年 10 月，某煤矿在主张无果的情况下，一纸诉状将李甲和李乙告上法庭，要求二人在其公司注册资金范围内承担偿还货款人民币 49.3 万元的民事责任。

一审法院审理认为，公司与某煤矿签订的购销合同合法有效，依法应予保护。原告主张李甲、李乙偿还 49.3 万元货款，不违反法律法规强制性规定，李甲、李乙在公司被吊销营业执照后，长时间不依法成立清算组织，不对公司债权债务组织清算，侵害了某煤矿的合法利益，遂于 2005 年 3 月 4 日作出一审判决：李甲、李乙偿还煤矿货款 49.3 万元人民币。李甲、李乙不服提出上诉。二审法院 2005 年 7 月 20 日经审理查明事实后，依法裁定驳回上诉，维持原判。①

问题：你认为法院的判决有无道理？为什么？

---

① 案例来源：公司解散与清算案例. http：//www.docin.com/p-174286005.html. 2015-11-25.

📝 学习目标

知识要求：

公司法赋予公司、股东、债权人等诸多权利，当这些权利发生纠纷或受到侵害时，必须设置权利的司法救济渠道。掌握公司诉讼在诉讼主体、管辖制度、举证责任、裁判理念等方面的规定。

技能要求：

掌握公司诉讼的基本知识，提高分析、解决、处理公司诉讼案件的基本技巧，实现维系健康、和谐公司关系的目标。

📖 案例引导

公司诉讼的主体①

原告陈某等四人均系某有限责任公司股东。该有限责任公司由原国有企业改制后于1998 年设立，公司章程规定：公司股权证持有人为本公司股东，股东按持有股份享有权利、承担义务；公司只承认已登记的股东为股权证的绝对所有人。2004 年 3 月 15 日，股东高某与非股东刘某签订《股份分割确认书》，约定股东高某名下股权部分属于刘某，高某同意刘某成为公司独立股东。2007 年 6 月 11 日，刘某与苏某签订《关于转让股权的协议书》，约定刘某一次性转让其在高某名下部分股权，苏某支付股权转让金若干。该协议签订后，双方按约定履行了各自的全部义务，苏某也通过股东高某获得两个年度的股权分红。2009 年 7 月 2 日，刘某向公司及股东发出书面通知，内容为"2007 年 6 月 11 日，我将自己在本公司的股权转让给苏某，但至今没有将股权交割。依照公司法的规定书面通知各股东，希望各股东能同意我的转让。各股东在收到本通知之日起 30 日内不予答复的，视为同意转让"。原告陈某等四人收到该通知后，于 2009 年 8 月 3 日向某区人民法院提起诉讼，以被告刘某与苏某的股权转让违反公司法规定，侵犯了其知情权、同意权和优先购买权为由，请求确认刘某与苏某签订的《关于转让股权的协议》无效，并主张按照该协

---

① 案例来源：榆林市榆阳区人民法院（2009）榆民初字第 383 号判决。

议所确定的条件购买刘某转让的股权。

【案例分析】本案的主要问题是刘某与高某《股权分割书》的效力，即刘某能否因与高某签订《股权分割协议书》而成为公司股东，取得的权益是否因此属于股权，其转让是否受公司法关于有限公司股东转让股权规则的制约。同时，刘某与苏某签订的《关于转让股权的协议书》是否有效力。公司在解决此类纠纷中有何救济方法，原告是否有资格向法院提起诉讼？公司、公司其他股东应否参加诉讼，其意见对本案处理有何影响？分析和回答前述问题涉及公司纠纷及公司诉讼应当考量的重要问题。

第一节　公司纠纷与公司诉讼

一、公司纠纷

(一) 公司纠纷的界定

公司纠纷可分为广义与狭义两种概念。广义的公司纠纷泛指以公司为法律关系主体的权利义务争议。狭义的公司纠纷则主要是指公司在设立、存续、变更、消灭过程中，公司、公司股东、董事、经理等高级管理人员、清算组成员以及债权人之间基于发起人协议、公司章程和公司法上的权利义务所发生的，与公司治理有关，并主要由公司法等民商法律调整的纷争。

探究公司纠纷的内涵，应立足于公司所具有的独特属性。与广义概念相比较，狭义的公司纠纷概念更符合公司是多元产权主体、多种利益主体的统一体的基本特点，将公司作为一般民事当事人所参与的、与公司治理没有关系的纷争排除在外，界定清晰，更能明确这类争议间的共性和与其他纷争相比较所具备的特性。

(二) 公司纠纷的特征

1. 纠纷主体的多元化

公司的相关利益主体包括公司本身、公司股东、发起人、公司董事和经理等高级管理人员、清算组成员、公司债权人等。各主体在理论上不存在服从或隶属关系，在法律上具有平等的地位，在诉讼中也为对等的当事人，其参与到公司都是为了追求个体利益的实现，难免因公司这一纽带而发生主动或者被动的利益冲突。

2. 利益冲突的多样性

主体的多元化必然导致公司参与人之间的利益博弈格局的多样化。

(1) 股东和管理层之间的利益冲突。现代公司是以契约形式组成的多层次代理关系的集合体。股东是公司的出资者，对公司的运营承担风险，其利益与公司经营的好坏有着直接的联系。股东通过选举董事等组成高级管理层，采取委托代理关系来代表自己经营管理，公司的高层管理者所经营的不是自己的财产，以其脑力或特殊技能比如卓越的管理能力获得收益，可能会有自己相对独立的利益需求。股东所有权与管理者经营权的分离，使得二者间的利益势必存在分歧。另外，公司规模的大型化和业务的多元化、复杂化又使得高层管理者不得不再次通过授权，委托中、下层管理者对部分业务和职能部门加以协调，各管理层之间又形成了第二层、第三层的委托代理关系。层次分明虽然能使企业更和谐的运作，但利益主体的增加，股东对中、下层管理者监督的脱节，使股东与各管理层间的隐性利益冲突存在潜在的深化趋势。

（2）股东之间的利益冲突。股东可以划分为控股股东和中小股东两个基本类别。股东持股超过一定的股权比例或者少数持股未达到公认控股比例但通过协议或者其他安排实际控制公司事务的股东，均可成为控股股东；与之相对应，无法控制公司事务的股东就是中小股东。因"资本多数决原则"的存在，两类股东之间存在结构性、普遍性的利益冲突。大股东处于绝对控制地位，可能肆意架空公司，独自做出重大决策，董事会在其操控下通常缺乏独立性，无法履行其应有的对全体股东的最大诚信责任。当这种情形危及中小股东自身利益时，自然引发一些利益冲突。

（3）股东与公司其他利益相关者（包括债权人和职工）之间的利益冲突。公司债权人与公司、股东之间的利益冲突很大程度上根源于公司的"有限责任"原则。债权人与公司、股东之间的利益冲突集中表现为债权人利益期待与股东有限责任间的矛盾对立。公司具有独立的财产权，以其全部财产对其债务承担责任，股东只以其出资为限对公司债务承担有限责任，但同时股东对公司有很大的控制权；相反，公司债权人对公司本身却只拥有普通的债权请求权，除非在"公司法人格否定"的情况下，债权人不能要求股东直接对公司债务承担责任。因此，股东完全可以通过控制公司，以公司的名义实施一系列活动或者转移、变相转移公司资产，与债权人的利益相冲突。

3. 纠纷解决的复杂性

由于公司结构复杂和调整公司主体的规范复杂，公司纠纷的解决呈现出与一般民法请求权基础不同的复杂情形。

（1）基于公司本身的特性，许多公司法上的权利、义务内涵独具一格，难以依照传统民事权利义务概念归纳。

（2）调整公司主体的规范复杂。调整公司各个主体行为的规范主要来自公司法规定、公司章程以及公司内部各种决议。其中公司法作为商事法律则更为看重效率原则和维护交易安全原则，与民事纠纷的处理理念有所不同。公司章程和公司决议是公司自治的规范，在不违反法律强制性规定的前提下，法律都要予以承认，不同公司根据自身的宗旨或者目的制定符合自身需求的行为规范和权利义务配置方式，并不具有统一的标准。

（3）公司纠纷解决机制特殊。公司由于自身本质所决定的组织构成、责任承担和运行机制等方面的特点，可以通过自身的内部制衡方式对产生的纠纷进行处理。公司的内部制衡机制即公司治理结构，是在公司自治范畴内为控制、化解公司矛盾冲突所安排的各种制度总和。公司有权按照自己的意志安排公司内部的权力、权利、义务和责任，有权通过规定章程条款、机构设置、决议等方式达到管理公司事务，维护股东权益，防止风险化解矛盾的效果。然而，公司治理并不能完全解决公司主体之间产生的全部纠纷，必须设立以国家强制力为保障的外部校正机制即司法救济程序。两种救济方法之间存在复杂的互动机理。

二、公司诉讼

(一) 公司纠纷的可诉性

公司纠纷的可诉性，从当事人角度来看，意味着自己所认识的诉权与诉讼利益能否进入审判，能否在程序过程中得到衡量；从裁判者角度，可诉性实质上是司法审查的范围，是对当事人提交的公司纠纷结合若干因素进行考量，决定是否最终受理、审理案件。可诉性的基准是诉的利益，即当事人所提起的诉中应当具有的法院对该诉讼请求做出判决的必要性和实效性。诉的利益既是当事人行使诉权的要件，也是法院进行民事实体裁判的前提。通过法律规定、司法解释明确公司纠纷中应当保护的诉的利益，就可以进一步明确公司纠纷的可诉性，使当事人诉权的行使空间与审判权的作用范围得以有机协调。明确公司纠纷诉的利益时，既要考虑到现实司法能力的有限性和有效性，也要考虑到诉讼的对等性和平等性，保护一方的同时应注意防止损害对方利益。只有竭尽公司内部的纠纷解决机制且适应民事诉讼、法院及其审判权功能和特征，能够以民事诉讼终局性地解决对立当事人之间关于具体的民事权益、义务或责任的案件，才具有可诉性。

(二) 公司诉讼的界定

与公司纠纷的概念相似，公司诉讼的概念至今在立法和理论上并无明确的界定，公司诉讼的规定散见于具体的公司法制度中，如股东直接诉讼、股东派生诉讼、股东知情权诉讼、公司人格否定诉讼等。前述案件的共同之处在于：

(1) 诉讼主体具有特定性，即必须是与公司相关的利益主体，如公司自身、股东、监事、董事、高管人员、清算组或者在一定条件下的公司债权人等。

(2) 法律关系具有特定性，其请求权基础是公司法、公司章程、公司决议的内容，法律关系的内容是公司法上特有的权利义务。

(3) 公司诉讼可以发生在公司自开始设立到注销灭亡之间的任何阶段。公司诉讼可以分为公司设立中的诉讼，公司存续中的诉讼，和公司终止时的诉讼等。

(4) 公司诉讼在程序法方面有特殊的规定和程序。公司诉讼案件在具体程序方面的特殊性，主要体现为前置程序、特殊程序和非讼程序。公司诉讼是司法强制对于公司自治的介入，因此应当尊重和遵守公司自治原则，前置程序是在尊重公司自治的原则下所设置的特别诉讼制度，意味着倡导公司尽其所能将公司纠纷在内部机制下解决，不到万不得已不求助于法院；此外，在公司诉讼中，诉讼程序与非诉讼程序混合使用也是特点之一。

综合以上特点，公司诉讼是指公司相关利益主体在公司运行过程中因违反公司法律关系规定的权利义务而引发、要求人民法院依法行使审判权裁判的公司纠纷，是公司纠纷的司法解决形式。

(三) 公司诉讼与一般民事诉讼的区别

1. 诉讼主体的交易能力与司法介入的着力点不同

一般民事案件的当事人主要是自然人，民事审判在承认当事人的缔约能力存在差异的前提下，强调对弱者的特殊保护，以实现交易结果公平，实质公平。公司诉讼的当事人主要是职业的经营者，应当推定其具有专业的判断能力、当然的注意义务和对等的交易能力。因而在公司诉讼中，更侧重保护当事人的缔约机会公平、形式公平，强调意思自治、风险自担。

2. 对财产安全的保护重心不同

一般民事审判所涉财产以自然人的生活、消费财产为主，侧重对所有权的归属和物的占用使用的保护，以维护财产的静态安全。公司诉讼涉及的财产更多的是动态的资本，侧重对物的交换价值、担保价值的利用，通过维护资本的动态安全来促进资本的高效流转。

3. 责任承担的依据和标准不同

一般民事审判侧重主观的过错与结果的公平，例如，在民事案件中对显失公平的结果或过高的违约金约定，人民法院可以根据公平原则予以认定和必要调整。公司诉讼侧重风险的承担而非过错的有无，追求的是促进效益最大化而不仅限于道义的维护及过错的惩罚。在司法的干预上，应当有所为、有所不为，法官应尽量减少以事后的、非专业的判断，代替市场主体缔约时的、专业的商业判断。相应的，在违约金的处理上，不仅要看到法律行为上的意思表示因素和交易结果的比较，还要注意考察特定的市场交易环境，充分考虑商事主体的专业判断能力和风险承担能力，在是否对违约金予以调整以及调整的幅度上，均应区别于民事案件。

4. 损失补偿的内容与范围不同

一般民事审判既强调对财产性损失的补偿，也强调对伦理亲情、生活安定以及个人声誉的维护，在财产性损失的补偿范围上，以实际损失的补偿为原则。公司诉讼中当事人的利益诉求一般可以量化为实际的货币补偿，在损失补偿的范围上，不仅包括实际损失，还包括可得利益损失。

5. 判决与调解的功能作用不同

一般民事纠纷多发生在属于"熟人社会"的家庭内部、邻里社区之间，以调解方式结案，不仅有利于化解个案纠纷，也有利于伦理亲情的修复和家庭、邻里生活的和谐稳定。因而，在一般民事审判中先行调解、侧重调解，甚至在某些案件中将调解作为一个必经程序。公司诉讼中的当事人多为理性的"经济人"，更加注重市场交易规则的遵守和预期利益的实现，以判决方式解决纠纷，有利于明晰责任、确立规则、维护诚信。对于以调解方式更有利于实现各方最大利益的公司内部治理结构纠纷中，也要在辨法析理，分清是非的基础上，引导当事人对自身利益理性权衡后作出调解。要坚决避免以拖压调、以判压调，以牺牲权利人的权利代价来刻意追求调解率。

（四）公司诉讼的分类

（1）按照诉讼主体标准进行分类，公司诉讼可以分为公司提起的诉讼、高管人员提起的诉讼和债权人提起的诉讼。

（2）按照诉讼标的标准进行分类，公司诉讼可以分为股东权益诉讼、公司资本诉讼和公司人格否认诉讼。

（3）按照诉权性质进行分类，公司诉讼可以分为直接诉讼和代位诉讼。直接诉讼是指原告以自己名义，为维护自己享有的实体权利和请求所提起的诉讼，而代位诉讼则是指原告以自己名义为维护被代位人的，以被代位人的实体权利为标的和请求提起的诉讼。大部分公司诉讼都属于直接诉讼，公司代位诉讼主要用于解决大股东操纵公司侵害小股东权益问题和管理层代理问题。

第二节 公司诉讼的审判原则

一、公司自治原则

公司自治就是允许公司在法律规定的范围内自主决定公司的一切事项，法律只对某些涉及他人和社会利益的事项强制干预，法律中的任意性条款只供当事人选择适用，公司章程和决议可以另外规定或约定排除任意性条款的适用。司法干预是公司、股东无法通过企业的治理机制保证企业正常经营以及股东合法权益时的一种救济手段。

2005年修订的《公司法》强化了公司自治，为有限责任公司制定了一些任意性规范，同时在强化股权保护等方面，也增添了一些强制性规范。有学者统计，"可以"、"由公司章程规定"、"依照公司章程的规定"、"全体股东约定……的除外"等任意性字眼儿，在现行《公司法》中总共出现了119处，而在2005年修订的《公司法》中，此类字眼儿仅出现了75处；与此同时，"法院"一词在2005年修订的《公司法》中出现了9处，而在现行《公司法》中出现了23次。单从法律条文本身，即可看出现行《公司法》中蕴涵着公司自治权和司法干预权同向扩张的趋势。

坚持私法自治原则，尊重公司团体自治和决策，处理好司法干预与公司自治之间的关系，是人民法院审理公司纠纷案件的关键。通常而言，对于公司内部的事务主要应由公司根据章程进行公司自治，只要公司自治的内容无碍于交易安全、社会稳定，即应尊重其依据商业考虑独立决定自己的事务，承认公司自治的效力。只有对于那些涉及组织健全、交易安全的问题，诸如控制股东、董事以及高级管理人员滥用私法自治和民事行为自由而导致公司法律关系中当事人的权利和合法利益受到损害的，人民法院才能依法干预。人民法院在介入公司内部法律关系时，应当审慎而为，给公司自治留有足够的空间。不能以司法权取代公司正常的商业判断，而是要尊重正常的商业判断。

二、商事外观主义原则

商事外观主义原则是指交易行为的效果以交易行为的外观为准并适用法律推定规则，交易行为完成后，原则上不得撤销，适用"禁止反悔"规则，行为人公示事项与事实不符时，交易相对人可依外观公示主张权利。商事外观主义着眼于交易行为的合理推定，目的在于保护不特定第三人的利益和社会交易安全。

在审理公司纠纷案件过程中贯彻外观主义原则，要求在维护公司内部当事人约定的效力的同时，优先保护外部善意当事人的权利。在审理涉及股东资格认定及其与外部第三人之间关系方面的有关纠纷案件时，要准确理解和适用《公司法》第三十二条的规定；在股东与公司之间的内部关系上，股东可以依据股东名册的记载向公司主张权利，公司亦可依据股东名册的记载识别股东，并仅向记载于股东名册的人履行诸如通知召开股东会、分配利润等义务；实际出资人与记载于股东名册的股东之间有关"出资"的约定，仅在定约人之间产生效力，一般不能对抗公司；在股东与公司之外的第三人之间的外部关系上，应当坚持外观主义原则，即使因未办理相关手续导致公司登记机关的登记与实际权利状况不一致，也应优先保护善意第三人因合理信赖公司登记机关的登记而作出的行为的效力。

三、双重标准、内外有别原则

公司纠纷涉及的法律关系可以分为内部法律关系和外部法律关系，其中内部法律关系包括公司内部各利益主体之间的法律关系，外部法律关系则指公司以外的主体，主要是债权人与公司内部各利益主体之间的法律关系。审理公司纠纷案件时，首先要对冲突背后的法律关系归属作出判断。对于公司内部法律关系，主要是各主体之间的利益冲突、代理成本问题和大股东专权问题，在处理时应该以公平正义为最高原则，按照公司法律制度的要求保护当事人的合法权益。在处理外部法律关系所引发的公司纠纷时，应当首先考虑交易安全和效率原则，在此基础上兼顾公平，维护公司制度的稳定。如果纠纷既涉及内部法律关系，又涉及外部法律关系，则应当坚持双重标准、先外后内的原则，即先处理外部法律关系，再处理内部法律关系。例如因为部分发起人的过错而导致公司设立失败的纠纷，全体发起人应当首先共同就设立债务向第三人承担连带责任，然后再向有过错的发起人追偿。

四、竭尽公司内部救济原则

这一原则的适用，涉及司法救济介入公司自治的限度问题。公司纠纷案件主要涉及公司内部治理结构、权力分配有关的争议，而公司本身是有独立人格的自治主体，尤其是对于有限公司具有较强的人和性、身份性和封闭性，因此司法干预必须要有一定的限度。

我国公司法对一些权利的救济，规定了公司内部救济的前置程序或者条件。例如，我国《公司法》第一百五十一条关于股东为维护公司利益的起诉，设置了诉讼的前置程序，即符合条件的股东可以首先书面请求监事会或者不设监事会的有限责任公司的监事向人民法院提起诉讼；监事有损害公司利益行为的，可以书面请求董事会或者不设董事会的有限责任公司的执行董事向人民法院提起诉讼。监事会、不设监事会的有限责任公司的监事，或者董事会、执行董事收到前款规定的股东书面请求后拒绝提起诉讼，或者自收到请求之日起三十日内未提起诉讼，或者情况紧急、不立即提起诉讼将会使公司利益受到难以弥补的损害的，股东才有权为了公司的利益以自己的名义直接向人民法院提起诉讼。

在设置前置程序或条件的情形下，内部救济优先于司法救济，司法介入只是对公司自治机制的补充和救济。审判权在介入公司纠纷时，应当遵循穷尽内部救济的原则，除非情况紧急，否则未经内部救济，排除司法救济的介入，以避免司法过度干预公司自治，促使股东与股东、股东与公司之间主动联系沟通，化解纠纷。

五、稳定社团关系原则

公司法是社团法，保护围绕社团发生的法律关系的稳定是社团性立法的根本价值取向。公司作为社团所涉及的利益主体多，法律关系复杂，应当保护公司内部各种法律关系的相对稳定，这样才能避免因公司内部法律关系的不稳定而影响公司与债权人的外部法律关系的稳定。公司所涉及的利益主体众多，法律关系复杂且承担了极为重大的社会责任，因此，社团关系一旦不稳定极易产生大量的诉讼和社会问题，如大量职工失去就业机会，向社会转嫁沉重的负担。公司法理论上将公司定位为具有永久延续性的独立人格主体，对于公司的终止规定了严格的条件和程序。即使在公司进入破产程序以后，仍然设置重整或者和解等程序，对于公司的存续和挽回作出努力。

人民法院在处理公司纠纷案件时，应当力求稳定公司的社团关系，平衡各相关主体的利益，不要轻易否定公司已经成立的行为，不要轻易否定公司法人人格，不要轻易使公司股东直接对公司债务承担责任，不要轻易判决解散公司，尽量保持公司内部各种法律关系的稳定。

六、资本多数决原则和少数股东权的衡平保护原则

少数股东利益的保护一直是公司诉讼的焦点问题。一方面要认识到，资本多数决原则是公司法的一项基本原则，是维持公司治理结构的正常运转所不可或缺的基础性制度，应当在案件审理过程中得到充分的贯彻。另一方面也应看到，当前公司诉讼也反映出存在大量的控股股东利用对公司的控制地位，滥用资本多数决原则侵害少数股东权利的现象。因此，在案件审理过程中，要注意在资本多数决原则和少数股东权保护之间寻求妥当的利益平衡，实现对资本多数决原则的遵守和少数股东权的保护并重。

在审判实务中，要注意区分股东权的类型，正确选择保护方式。对于股东因其固有的、非经股东自身同意不可剥夺的权利，遭受控股股东侵害请求救济的，应予以支持；对属于资本多数决处分范围的股东权，要尊重公司多数股东的意志；对虽属资本多数决原则处分范围的股东权，但被控股股东滥用权利予以侵害的，要依照《公司法》第二十条关于不得滥用权利的规定，保护少数股东的正当权益。

第三节 公司诉讼程序的特殊规定

一、诉讼主体的适格

（一）原告适格问题

根据《公司法》第一百五十二条的规定，直接诉讼的原告可以是公司和公司的任何股东；而《公司法》第一百五十一条第一款则对股东间接诉讼中作为原告的股东作出持股期间和持股比例的限制，即间接诉讼的原告必须是有限责任公司股东、股份有限公司连续180日以上单独或者合计持有公司百分之一以上股份的股东。对原告资格作出适当限制的理由在于：尽管间接诉讼是小股东维护自身权益的有效方式，但由于股东意见分歧或股东局部利益与公司整体利益的矛盾等因素，可能造成无谓的讼累。为了维护公司的正常运行，有必要对原告股东的持股期限和持股比例作出限定。其中，限制股东持股期间，旨在

防止滥用代表诉讼制度而购买或受让股份；对持股比例的要求，意在确保提起间接诉讼的原告股东具有一定程度的代表性。

（二）被告适格问题

在直接诉讼中，根据《公司法》第一百五十二条的规定，董事、高级管理人员执行公司职务时违反法律、行政法规或者公司章程的个人行为形成的直接诉讼，应以其个人为被告；根据《公司法》第二十二条之规定，在股东会、股东大会、董事会召集程序、表决方式等程序性瑕疵或是决议内容违反法律、行政法规的场合，因侵权行为主体已成为公司，因此该公司应当是直接诉讼的被告。

在间接诉讼中，为了保护股东正当权益，《公司法》第一百五十一条第二款规定了比较宽泛的间接诉讼被告，既包括公司的董事、监事、控制股东，也包括公司内部的高级管理人员，还包括公司之外的第三人。间接诉讼既然是股东代表诉讼，那么对于属于公司的诉权而言，在符合法定程序的条件下，股东都可以代表公司行使公司的诉权。这样不仅可以预防和救济公司机关组成人员滥用权利，而且可以阻止和消除第三人对公司的侵害。

（三）其他股东和公司的法律地位问题

在间接诉讼中，其他股东和公司的法律地位是一个值得关注和斟酌的问题。具体体现为：其他股东是否可以参加诉讼，公司是否必须参加诉讼，公司如果参加诉讼，其法律地位如何？

提起股东间接诉讼之后，诉讼的进行及其结果便与其他股东的利益息息相关，在间接诉讼中与原告股东处于相同地位的其他股东的地位自然成为间接诉讼制度的重要问题，但修改后的《公司法》对此并未明确规定。在美国的股东间接诉讼中，未起诉的其他股东的地位等同于集团诉讼中的集团成员。法律并不禁止其他股东参加诉讼，但依集团诉讼的规则，由法官在综合考虑诉讼的成本和效率等因素的情况下，决定是否允许其他股东参加诉讼。当申请诉讼参加股东的利益已由现在的当事人给予充分代表的，不准许参加诉讼。我国公司诉讼中，鉴于股东间接诉讼的结果涉及原告股东与其他众股东的切身利益，且诉讼结果对其他股东均产生既判力，公司各股东之间不是必要的共同诉讼当事人，公司其他股东是否参加诉讼不影响案件的审理，其他股东申请参加诉讼时，由人民法院审查决定是否同意。人民法院既不应主动把它列为共同原告，也不宜将其列为无独立请求权的第三人，以避免诉讼时间的无理拖延或者诉讼成本的增加。

在股东间接诉讼中，公司的诉权被股东代位行使，公司是否要参加代表诉讼呢？由于股东间接诉讼具有代表性和代位性，事实上原告股东行使的是公司的诉权，故而公司并无参加诉讼之必要。但鉴于民事诉讼的意思自治之品质，可以由公司自主选择是否参加间接诉讼。另外，在强调意思自治的同时，不能损害公共利益；若间接诉讼如果没有公司的参与，将无法查明案件事实或者原告股东和被告恶意串通损害公司和其他股东利益的，公司则应参加诉讼。

公司参加间接诉讼后，在诉讼中处于何种地位呢？对于公司在股东间接诉讼中的地位不能简单套用现行的当事人制度加以界定，其地位具有综合性质，应当根据实际情况来具体界定其诉讼地位。首先，公司可以是形式被告。例如在间接诉讼的前置程序中，原告股东要证明公司应当诉讼而拒绝诉讼的事由存在，此时公司即处于形式上的被告地位。其次，公司可以是实质原告。股东代表公司进行诉讼后，人民法院作出的裁判对公司自然具有拘束力；胜诉利益亦归属于公司，公司无疑是实体利益的享有者和归属者。再次，公司可以是第三人。如果公司认为已经进行的间接诉讼中，原告股东与被告有恶意串通损害公司利益之情形，自然可以主动申请加入诉讼。此时，公司即处于第三人的地位；但鉴于公司参加诉讼并未提出独立的诉讼请求，其参加诉讼仅仅是为了防止诉讼产生对其不利的结果，因而其属于无独立请求权的第三人。最后，公司可以是证人。在股东提起间接诉讼后，公司没有参加诉讼；但若人民法院认为，公司不参加诉讼将导致案件事实无法查明且可能危害公共利益的，则可通知公司参加诉讼。此时，公司的权利义务主要是向法院提供证据材料，其诉讼地位类似于证人。由此可见，公司在股东间接诉讼中具有颇为复杂的诉讼地位。可谓别具一格的独立的诉讼参加人。

二、诉讼管辖

（一）适用特殊地域管辖的公司诉讼

公司诉讼大多是关于或者涉及公司的组织法性质的诉讼，存在与公司组织相关的多数利害关系人，涉及多数利害关系人的多项法律关系的变动，且胜诉判决往往产生对世效力。由于公司股东等多数利害关系人可能来自不同地区，如果按照被告住所地、合同履行地、侵权行为地确定等确定管辖，将会导致案件管辖过于分散，当事人和法院陷于管辖权争议冲突之中，影响司法效率。因此，为了确定公司诉讼的管辖，避免当事人在管辖问题上争执，便利当事人参加诉讼，便利人民法院审理案件，也为了防止发生相同事项裁判结果不同的情况，此类公司诉讼应当实行特殊地域管辖。

根据《民事诉讼法》第二十六条的规定，因公司设立、确认股东资格、分配利润、解散等纠纷提起的诉讼，由公司住所地人民法院管辖。《最高人民法院关于适用〈中华人民共和国民事诉讼法〉的解释》第二十二条进一步规定："因股东名册记载、请求变更公司登记、股东知情权、公司决议、公司合并、公司分立、公司减资、公司增资等纠纷提起的诉讼，依照《民事诉讼法》第二十六条规定确定管辖。"因此，因前述公司诉讼案件提起诉讼的，应向公司主要办事机构所在地法院提出，公司主要办事机构所在地不能确定的，由公司的注册地或者登记地法院管辖。

（二）股东间接诉讼的管辖

我国《民事诉讼法》对股东间接诉讼的管辖问题无明文规定。由于股东间接诉讼的实质原告是股东所在的公司，只是因公司怠于或者拒绝提起诉讼而由股东代表其提起诉讼而已。因此，在公司监事会、监事、董事会、执行董事等未尽其责时，公司应当向哪个法院提起诉讼，股东间接诉讼中的原告即应向哪个法院提起诉讼。这样既可以保持股东间接诉讼制度与我国民事诉讼法律体系之间的协调，也可以充分体现股东间接诉讼中真正原告是公司的精神。

三、前置程序

股东提起间接诉讼的前提条件是公司拒绝或怠于由自己直接向实施不正当行为的当事人提起诉讼，股东未征求公司是否就该行为提起诉讼的意思前，不应该也不可能提起间接诉讼。只有在股东请求监事会、董事会等采取必要措施行使公司的诉讼请求，而公司明确拒绝股东请求或者对股东请求置之不理时，股东才能向法院提起代表诉讼。其法理在于：公司是与股东个人相对独立的法人，股东代位公司行使诉权，必须最大可能地尊重公司的法人资格；同时，这种"竭尽公司内部救济"的方法可以给公司检查自己行为的机会，如果公司管理层同意股东的请求，公司便有机会和原告在正式起诉前达成和解，减少不必要的诉讼，也能够促使公司提起诉讼，避免滥诉。

四、起诉

根据《民事诉讼法》第一百一十九条的规定，提起民事诉讼需要满足四个条件。除此之外，公司诉讼还有特殊的起诉规则。首先，提起公司诉讼需有法律的明确规定，即按照《公司法》和《民事案件案由规定》，属于公司诉讼的基本类型。其次，提起公司诉讼应当在法律规定的期间内提出。例如，根据《公司法》第二十二条第二款规定，股东撤销股东会、董事会决议之诉应在决议作出之日起六十日内提起。根据《公司法解释（一）》第三条规定，股东起诉超过公司法规定期限的，人民法院不予受理。

五、举证证明责任

《民事诉讼法》第六十四条对当事人提供证据责任和人民法院调查收集证据作出了原则规定，初步划分了当事人和国家对于发现案件真实各自应当承担的提供证据的责任，该条规定基本属于行为意义上的举证责任。《最高人民法院关于适用〈中华人民共和国民事诉讼法〉的解释》第九十条规定，当事人对自己提出的诉讼请求所依据的事实或者反驳对方诉讼请求所依据的事实，应当提供证据加以证明，但法律另有规定的除外。在作出判决前，当事人未能提供证据或者证据不足以证明其事实主张的，由负有举证证明责任的当事人承担不利的后果。该条规定赋予举证证明责任双重含义，对当事人未尽到行为意义上的举证责任、案件事实真伪不明时不利后果的承担作出明确规定。《最高人民法院〈关于适用中华人民共和国民事诉讼法〉的解释》第九十一条对举证证明责任的承担作出规定，即主张法律关系存在的当事人，应当对产生该法律关系的基本事实承担举证证明责任；主张法律关系变更、消灭或者权利受到妨害的当事人，应当对该法律关系变更、消灭或者权利受到妨害的基本事实承担举证证明责任。但法律另有规定的除外。

我国现行《公司法》及公司法司法解释尚无举证证明责任分配的具体规定，公司诉讼中应当遵循《民事诉讼法》及其司法解释的原则规定。但是，由于公司诉讼本身的复杂性，某些类型的公司诉讼应当设置举证证明责任的特殊规则。如，股东直接诉讼中，股东一般处于公司管理边缘，对于公司管理和决策的情况大多并不掌握，应当坚持由了解案件事实、实际掌握和控制关键证据的一方负举证责任。具体分配举证证明责任时，原告股东应对存在的损害事实、侵害行为负有提供证据的责任；作为被告的公司、董事、监事或者高级管理人员应当提供证据证明损害行为不存在或损害行为与损害结果之间不存在因果关系，否则要承担败诉后果。又如，公司债权人提起公司人格否认诉讼，主张股东将个人财产与公司财产混同或者转移公司财产，但是相关的财务账簿、资产证明、银行账号资料等证据材料债权人很难查证或者无法得到，如果因此承担不能举证的败诉风险，有失公平。因此在解决公司纠纷案件时，应该积极探索类型化公司诉讼的举证证明责任，与公司纠纷案件的特点相契合，以便妥善、公正地解决各类公司纠纷。

六、判决效力

（一）判决的效力及于第三人的情形

公司法律关系涉及众多的利害关系人，判决的效力及于原告之外的第三人。也就是说，公司诉讼中既判力的效力可及于诉讼当事人以外的实质上的利益人。例如，关于公司解散诉讼，如果法院判决解散公司即原告胜诉，对公司全体股东具有法律约束力。人民法院判决驳回解散公司诉讼请求后，其他股东以同一事实和理由提起解散公司诉讼的，人民法院不予受理。又如在股东代表诉讼中，公司虽然为实际的权利主体，但是并没有作为原告参加诉讼，一旦提起诉讼的股东胜诉，裁判的效力同样会适用于真正的利益人公司，即公司得到损害赔偿。再如，在股东起诉要求法院撤销股东会关于股东红利分配权益的诉讼中，一旦原告胜诉，那么该项决议就会被撤销而归于无效，必然影响其他股东的利益。

（二）判决的溯及力受到限制的情形

普通民事诉讼中，宣告某一民事行为无效的判决已经生效，该民事行为自始无效。公司诉讼的既判力可能会受到限制，由于公司纠纷所涉及的某一项法律行为可能会影响到公司的稳定，所以即使被判决无效，也不完全如一般的法律行为那样视为自始无效。如果涉及公司设立、合并、减资等行为适用普通民事诉讼中关于民事行为无效的原则，则意味着以这些行为为基础而形成的后续民事法律关系统归无效，不利于公司法律关系的稳定。因此，判决应当只适用于将来发生的民事行为，对此前的行为具有溯及力。

第四节 公司诉讼中的非讼程序

按照民事诉讼理论，民事案件分为诉讼案件和非讼案件，分别适用诉讼程序和非讼程序。诉讼案件适用诉讼程序，即当事人对实体法上的权利存在与否等实质事项有争议的案件，通过原告起诉、被告答辩，法院根据公开原则、言词原则、处分原则、辩论主义等居中审理、裁判的程序。而对于利害关系人没有民事权益争议但请求法院确认某种事实的存在，从而使一定的法律关系发生，变更或者消灭的案件适用非讼程序。我国民事诉讼立法以诉讼程序为基础制定，缺少对非讼程序的系统规定。同样，许多公司纠纷案件，因其性质属非讼案件，应该适用非讼程序解决，但由于民事诉讼法对此未作规定，致使许多非讼性质的公司纠纷案件没有相应的程序，只能适用诉讼程序解决，不利于保护公司利益各方的合法权益。为此，亟待对构建公司诉讼中非讼程序制度予以探讨。

一、公司诉讼中非讼程序的适用空间

非讼程序在公司诉讼中的适用，是指法院在审理公司事件时在程序上缓和地采用或不采用传统诉讼程序上的处分主义、辩论主义、言词审理主义等，而采用职权探知主义、书面主义、不公开主义、简易主义等非讼法理，达到合目的和展望性的活动。照此，非讼法理在公司诉讼中的适用包括非讼法理的全面适用和部分适用两种情形。

参酌国外的立法例，下列事件可以适用非讼程序处理：

（一）股东会、董事会、监事会的司法召集

股东会的召集权通常由董事会享有，股东享有召集股东会的提议权，一般无权自行召集股东会。公司实践中由于董事会成员存在损害公司或股东利益的不正当行为，阻挠股东会召开的情况屡见不鲜。为了使股东摆脱困境，许多国家都规定法院可以根据股东的申请召集股东会。这样不仅节约了召集股东会的成本，提高了效率，也减少了股东和公司由于长期无法召开股东会而可能遭受的损失，显示了非诉讼机制不同于诉讼机制的灵活和高效。股东会的司法召集有三种形式：法院许可股东自行召集、法院指定代理人召集和法院命令公司召集。董事会、监事会的司法召集可以参照股东会的司法召集。

（二）董事、监事、高级管理人员的司法任免

我国《公司法》第四十五条第二款规定："董事任期届满未及时改选，或者董事在任期内辞职导致董事会成员低于法定人数的，在改选出的董事就任前，原董事仍应当依照法律、行政法规和公司章程的规定，履行董事职务。"但如果董事死亡或患病不能履行职务，或原董事在任期内因犯罪或其他原因不能继续担任董事，致使董事人数低于法定规定，而股东会又不能及时补选时的司法救济，现行法的规定却付之阙如。董事的司法解任的规定反映在《公司法》的第一百四十六条，该条规定违反禁止性条件选举、委派董事的，该选举和委派无效，如果董事在任职期间出现禁止性条件所列情形，公司须解除其职务。但是如果董事不符合条件，而公司拒不解任的情况下，也存在和司法选任同样的问题。可以考虑借鉴域外经验，规定在欠缺一名必要董事会成员的情况下，基于股东的请求，法庭有权任命一名董事，也可以允许根据股东的请求解除已有履行职务的不当行为以及违反法令或章程的重大事实的股东资格。

（三）异议股东股份回购请求权实施的司法估价

当公司股东会作出对股东利益有重大影响的决议时，对该决议表明异议之股东享有要求对其所持股份价值进行评估并以公平价格予以购买或补偿的权利。在实践中往往是双方对于什么是公平合理的价格认识不一。此时，公司与股东并非要法院作出一个权利的判定，而是确定一个双方都能接受的公平的股份价值，这种是典型的非讼事件，可以适用非讼程序解决。

（四）股东行使知情权受阻的司法救济

各国公司法普遍规定股东有权查阅公司重要法律文件，有权要求管理者依法向自己报送相关法律资料，同时通过司法干预的方式协助股东实现权利。股东在行使知情权受阻时，可以向法院申请命令。当法院认为股东的主张合理时，可以发布命令，强制公司给予股东查阅公司有关资料和会计账簿等自由，股东可以持法院发布的命令，要求公司给其查阅公司的有关资料，提供相关信息。法院并不亲自介入股东与公司之间就查阅公司资料和会计账簿进行的具体交涉过程。股东在认为公司的经营管理存在违反法律、公司章程或者股东会决议的情况，且违反的事项导致的负面影响非常重大时，股东可以请求法院选任检查人，对公司的相应事项进行调查，该检查人在调查完毕后按照法院指定的方式向其汇报调查结果，并在股东会上公布相关调查报告。法院采用选任外部检查人的方式强制检查公司的业务和财产状况，与发布司法命令的方式相比，使司法权更进一步地介入到公司事务当中，对检查人的调查活动赋予国家强制力，使检查结果具有公信力，从而强有力地保障了股东知情权的实现。

二、公司诉讼中非讼程序构建

（一）管辖

非讼案件的管辖，应当由公司所在地法院管辖。法院可以对案件进行集中管辖，把分散在不同法院的针对同一债务人的案件集中到某一个法院，便于法院掌握各个债权人的情况，债务人需要清偿债务的整体情况，以便对各个债权人依法清偿、公平处理。

（二）当事人

非讼案件当事人并不存在民事权益争议或利益冲突，可以根据案情确定为申请人、被申请人，有时还可以包括利害关系人。审查申请人是否具备申请资格和条件，应当根据公司法有关规定。

（三）审级

根据非讼案件的特点和诉讼理论，非讼案件应当适用一审终审制。裁判一经作出即发生效力，当事人不得上诉。但是发现新事实后，如果裁判不当，应当及时依申请或依职权主动变更或撤销。

（四）审理方式

允许当事人选择不公开审理。民事诉讼以公开审理为原则，不公开审理为例外。对不公开审理，我国民诉法规定了法定不公开和裁量不公开两种情形。前者为涉及国家秘密、个人隐私或法律另有规定的案件，后者为离婚案件和涉及商业秘密的案件。裁量不公开的案件，实际上是属于当事人程序选择权的范围，因为这类案件的不公开审理，以当事人向法院提出不公开审理的申请为前提条件。今后可以考虑进一步扩大当事人申请不公开审理案件的范围，对离婚和涉及商业秘密以外的公司案件，也可以允许当事人双方共同选择不公开审理，但是对当事人的选择，法院在审查后有权决定是否公开审理。

适用书面审理。现代诉讼制度实行言词主义，法院原则上应当采用言词辩论的方式审理案件，言词辩论中出现的诉讼资料，才能作为法院裁判的依据。言词主义虽然可以使法院直接面对当事人，根据法庭对证据的直接调查和言词辩论的情况作出判决，这是辩论主义的基本要求。特别是在一审程序中，言词主义的贯彻往往更有利于法院在听取当事人言词辩论和审核提交的书面材料基础上查清案件事实，尤受到重视和强调。但在诉讼效率上，言词审理却往往不如书面审理，以口头言词方式查清案件事实的优势很难体现，相反，书面材料对案件事实的陈述则更为全面和具体，通过对书面材料的审查往往更能查清案件事实，完全可以赋予当事人合意选择适用书面审理的权利。

本章小结

公司法在赋予公司、股东、债权人等诸多权利，同时为了保障这些权利能够实现，设置了权利的司法救济渠道，明确和详细地规定了公司诉讼的诉讼主体、管辖制度、举证责任、裁判理念等各个方面，而且公司诉讼有很强的实务性，通过掌握公司诉讼的基本知识并将其运用于具体的分析、解决、处理公司诉讼案件中，维护合法当事人的权益以及发挥其维护健康、和谐公司关系的重要作用。公司诉讼、公司诉讼原则、公司诉讼程序都是本章的重点内容。

本章练习

一、简答题

1. 公司纠纷的特点。

2. 公司自治与司法介入的关系。

3. 商事外观主义原则在公司诉讼中的适用。

4. 双重标准、内外有别原则在公司诉讼中的适用。

二、案例分析题

1. 公司股东欠缴出资纠纷案。

某有限公司与马某协议共同投资设立一家精工机电有限责任公司，注册资本100万。投资协议约定：某有限公司以货币形式出资60万，占公司注册资本的60%；马某以现金40万出资，占公司资本的40%。实际履行中，某有限公司仅出资10万，欠缴出资50万元，马某足额缴纳了全部出资。此后，精工机电有限公司实际由马某单方经营，负债累累，马某以代理董事长名义多次提议召开董事会，要求某有限公司继续缴足出资，遭其拒绝。马某遂以个人名义，向法院提起诉讼，要求被告某有限公司承担欠缴出资的违约责任。问题：

（1）本案原告是否享有诉权？

（2）本案可能涉及哪些公司诉讼？

（3）某有限公司欠缴出资应承担什么责任？

参考阅读：《最高人民法院关于适用〈中华人民共和国公司法〉若干问题的规定（三）》

2. 公司盈余分配纠纷案。

河南新思维自动化设备有限公司（以下简称"河南思维公司"）于1998年4月29日成立，胡克等四人为发起人，每人出资75万元，注册资金为300万元，其公司章程规定的盈余分配制度与公司法的规定相同。2004年底，该公司未分配利润（历年）期末数为103812679.64元，资本公积金期末数为34803668.26元，盈余公积金期末数为63351871.29元。2005年3月3日，胡克以河南思维公司自成立以来长期拒不向股东分红、损害股东利益为由，向河南省高级法院提起诉讼，请求判令该公司向其分红4000万元。河南省高级人民法院认为，河南思维公司有巨额利润而长期拒不向股东分配，违反了公司法规定，特别是在股东之间发生纠纷时，损害了占股比例较小的股东的利益，胡克可以通过诉讼要求河南思维公司分配利润。故该院一审判决，依据1993年《公司法》第三十三条的规定，以2004年底未分配利润期末数为基数，按照25%的持股比例，胡克应分配到25953169.91元，驳回胡克要求分配资本公积金和盈余公积金的请求。河南思维公司不服，向最高人民法院提起上诉。最高人民法院审理后认为，本案审理应适用2005年10月27日修订前公司法的规定，根据1993年《公司法》第三十八条和第四十六条规定，有限责任公司利润分配方案应由公司董事会制订并由公司股东会审议批准，2005年10月27日修订的《公司法》亦保留了上述内容。因此，在河南思维公司董事会、股东会未就公司利润分配作出决议之前，胡克以股东身份直接向人民法院起诉请求分配公司利润，其诉讼请求本院不予支持。由于公司是否分配利润以及分配多少利润属公司董事会、股东会决策权范畴，原审判决认定思维公司有巨额利润而长期拒不向股东分配，损害了占股比例较小的股东的利益，并据此判决公司向股东分配利润，不符合公司利润分配的法律规定，应当予以纠正，判决撤销河南省高级人民法院原审判决，驳回胡可诉讼请求。

问题：根据所学公司法和公司诉讼原理，对两审判决作出评价。

参考阅读：梁上上. 论股东强制盈余分配请求权——兼评"河南思维自动化设备有限公司与胡克盈余分配纠纷案. 现代法学，2015，37（2）.

✐ 练习题参考答案

第一章

一、判断题

1. ✕ 2. ✓ 3. ✕ 4. ✕ 5. ✕ 6. ✕ 7. ✕ 8. ✓ 9. ✕ 10. ✓

二、单项选择题

1. A 2. C 3. C 4. C 5. C

三、多项选择题

1. ABCD 2. BCD 3.（1）BD （2）AB （3）CD

四、问答题（略）

五、案例分析题

1. D 2. D 3. A 4. C

第二章

一、判断题

1. ✓ 2. ✕ 3. ✓ 4. ✕ 5. ✕ 6. ✕ 7. ✕ 8. ✕ 9. ✕ 10. ✕

二、单项选择题

1. A 或 C 2. D 3. C 4. B 5. C

三、多项选择题

1. ABD 2. B 3. ACD 4. AB 5. ABD

四、问答题（略）

五、案例分析题

1. AB 2. B 3. B

第三章

一、判断题

1. ✕ 2. ✓ 3. ✕ 4. ✕ 5. ✓ 6. ✕ 7. ✕ 8. ✓ 9. ✕ 10. ✕

二、单项选择题

1. C 2. C 3. B 4. A 5. B

三、多项选择题

1. AD 2. ABD 3. ACD 4. AC 5. ABD

四、问答题（略）

五、案例分析题

1. D 2. D 3. C 4. A

第四章

一、判断题

1. ✓ 2. ✓ 3. ✓ 4. ✕ 5. ✕ 6. ✕ 7. ✕ 8. ✕ 9. ✓ 10. ✕

二、单项选择题

1. B 2. C 3. A 4. B 5. A

三、多项选择题

1. ABCD 2. ABD 3. ABD 4. AB 5. ACD

四、问答题（略）

五、案例分析题

1.（1）C （2）D 2.（1）A （2）C （3）A

第五章

一、判断题

1. ✕ 2. ✕ 3. ✕ 4. ✕ 5. ✓ 6. ✓ 7. ✓ 8. ✓ 9. ✓ 10. ✕

二、单项选择题

1. C 2. D 3. B 4. D 5. A

三、多项选择题

1. ABD 2. ABD 3. BD 4. ABCE 5. AC

四、问答题（略）

五、案例分析题

1. 该股东会决议有效。股东会有权就董事长的职权行使作出限制，且表决权过半数的股东已在决议上签字。

2. 合同有效。尽管公司对董事长的职权行使有限制，甲超越了限制，但根据合同法

244

第 50 条规定，亦即越权行为有效规则，公司对外签订的合同依然是有效的。

3. 股权质押有效，张三享有质权。因为已经按照规定办理了股权质押登记。

4. 丙仍然享有股权。因为丙已经办理了股权转让手续，且丙以其对大都房地产公司的股权出资时，大都房地产公司并未陷入破产，也不存在虚假出资。

5. 丁、戊可以通过向其他股东或第三人转让股权的途径退出公司，或联合提起诉讼，请求法院强制解散公司的途径保护自己的权益。

第六章

一、判断题

1. × 2. × 3. × 4. × 5. √ 6. √ 7. √ 8. × 9. √ 10. ×

二、单项选择题

1. D 2. B 3. C 4. D 5. A

三、多项选择题

1. ABD 2. AB 3. ACD 4. AD 5. AC

四、问答题（略）

五、案例分析题

1. 赵某不能担任公司董事。根据《公司法》规定，担任破产清算的公司厂长、经理，对该企业的破产负有个人责任的，自该企业破产清算完结之日起未逾 3 年，不得担任公司的董事。

2. 段某不能担任公司监事。根据《公司法》的要求，股份公司的董事、高级管理人员不得担任公司监事。段某为财务总监是公司的高级管理人员不符合担任监事的条件。

3. 公司治理结构不完善。根据《公司法》的要求，股份公司的监事会至少应当有 3 名监事组成。

第七章

一、判断题

1. √ 2. × 3. × 4. × 5. × 6. × 7. × 8. √ 9. √ 10. ×

二、单项选择题

1. B 2. C 3. D 4. A 5. C

三、多项选择题

1. AC 2. ACD 3. BCD 4. ABCD 5. BD

四、问答题（略）

五、案例分析题

1. D 2. C 3. A 4. B

第八章

一、判断题

1. ✓　　2. ✓　　3. ✗　　4. ✓　　5. ✗

二、单项选择题

1. C　　2. A　　3. B　　4. C　　5. B

三、多项选择题

1. ABCD　　2. ABC　　3. ABC　　4. ABC　　5. ABC

四、问答题（略）

五、案例分析题

（1）两项议案均属违法，不得实施。

（2）根据我国《公司法》关于利润分配的规定，税后利润必须首先提取10%的法定公积金，然后才能分红。

（3）股东持有的公司已发行的股份，其处置权归属于每个股东，公司股份是否质押不应由股东大会决议，而应由股东个人决定。

（4）董事会不应将产生违法后果的议案提交股东大会讨论。

第九章

一、判断题

1. ✓　　2. ✓　　3. ✓　　4. ✓　　5. ✗　　6. ✗　　7. ✗　　8. ✗　　9. ✗　　10. ✓

二、单项选择题

1. B　　2. C　　3. B　　4. A　　5. B

三、多项选择题

1. ABD　　2. ABC　　3. AB　　4. CD　　5. AB

四、问答题（略）

五、案例分析题

1. 公司组织形式的变更并不影响公司对其债务的承担。2008年5月1日，原告丙银行与被告甲公司签署的保证合同，是双方真实意思表示，且内容合法，应确认为有效合同，被告甲公司应履行合同约定的义务。

2. 公司组织形式的变更影响保证人的连带保证责任的承担。债权人与债务人之间的债务转移要求必须取得保证人的同意是因为债务的转移，意味着履行债务的人的信用有可能发生变化，保证人有可能承担更大的风险，如果直接宣布保证人继续承担责任，对其是不公平的。所以债务的移转，应当取得保证人的书面同意。2009年4月10日，乙公司向丙银行再次借款的100万元，并非由变更公司组织形式前的原乙公司处承继所得，而是在乙公司变更公司组织形式后新发生的，因此被告甲公司作为原乙公司向原告丙银行申请贷款的连带责任保证人对于变更后的乙公司所欠原告丙银行的债务不发生任何保证效力。原告丙银行无权要求被告甲公司承担连带责任，而只能向乙公司依法求偿。

第十章

1. 判断题
1. √   2. ×   3. √   4. √   5. √   6. ×   7. √   8. √   9. √   10. √

二、单项选择题
1. B   2. A   3. B   4. B   5. C

三、多项选择题
1. BCD   2. BCD   3. ABD   4. AC   5. ABC

四、问答题（略）

五、案例分析题

就本案而言，父子成立一公司，在公司被工商行政管理部门吊销其营业执照后，又长期不依法组织清算，侵害了债权人的合法权益。因此，法院依法判决王甲和王乙承担偿还货款的责任是正确的。

其一，本案中，李甲和李乙父子二人成立的贸易有限公司在登记时没有证据证明王甲、王乙的财产进行了分割，因此，李甲、李乙父子共同设立公司的出资等同于用家庭共同财产出资，当该公司被依法吊销营业执照后，其父子二人作为公司的发起人，即原始股东，就有义务在出资范围内承担该公司经营期间产生的债务。根据本案李甲、李乙父子二人使用家庭共同财产出资的实际情况，其父子之间形成了连带责任。

其二，李甲和李乙不履行法定的清算义务，是借机逃废债务的行为。《民法通则》第40条规定：法人终止，应当依法进行清算，停止清算范围外的活动。《公司法》（因该案发生在新公司法施行前，应适用1999年修正案）的第191条规定：有限责任公司的清算组由股东组成。但李甲和李乙二人在工商行政管理部门吊销其营业执照，并告知其组织清算后，却长期不依法成立清算组织，不对公司债权债务进行清算，导致损失的扩大，致使公司原有财产造成流失、贬值，甚至被侵吞，使债权人的债权不能得到实现，直接侵害了债权人的合法权益。李甲和李乙不按规定年检被工商行政管理部门吊销了营业执照后，不按要求组织清算，是一种不作为行为，属恶意违约的逃废债务的行为。由于原公司法只规定了普通清算程序，没有特别清算程序。普通清算即公司自行清算，而特别清算是在法定的条件下由国家司法或行政管理机关直接干预和债权人参与下的清算。李甲与李乙的不作为，即不自行清算，就必然侵害了债权人某煤矿公司的债权。

其三，李甲、李乙父子应承担有限责任。本案李甲、李乙在累计拖欠某煤矿73万余元煤款的情况下，不申报年检致营业执照被吊销，又不积极进行清算，债权人持续主张债权未果，只得向法院起诉要求李甲、李乙偿还欠款。由于李甲与李乙父于1997年12月设立的是贸易有限公司，注册资金为50万元。根据原公司法的规定："有限责任公司以其全部资产对公司的债务承担责任。"该贸易公司被吊销营业执照多年，不能进行经营活动，其资产已很难查清，甚至已成"空壳"。但该公司没有清算，就没有被注销，其主体资格尚在，可以从事清算范围内的民事活动。因此仍应在其注册资金50万元范围内承担民事责任，并由开办人李甲、李乙父子二人负责偿还。

第十一章

一、简答题

1.（1）纠纷主体的多元化；（2）利益冲突的多样性；（3）纠纷解决的复杂性

2. 坚持私法自治原则，尊重公司团体自治和决策，处理好依法司法干预与公司自治之间的关系，是人民法院审理公司纠纷案件的关键。通常而言，对于公司内部的事务主要应由公司根据章程进行公司自治，只要公司自治的内容无碍于交易安全、社会稳定，即应尊重其依据商业考虑独立决定自己的事务，承认公司自治的效力。只有对于涉及组织健全、交易安全的问题，诸如控制股东、董事以及高级管理人员滥用私法自治和民事行为自由而导致公司法律关系中当事人的权利和合法利益受到损害的，人民法院才能依法干预。人民法院在介入公司内部法律关系时，应当审慎而为，给公司自治留有足够的空间。不能以司法权取代公司正常的商业判断，而是要尊重正常的商业判断。

3. 在审理公司纠纷案件过程中贯彻外观主义原则，要求在维护公司内部当事人约定的效力的同时，优先保护外部善意当事人的权利。在审理涉及股东资格认定及其与外部第三人之间关系方面的有关纠纷案件时，要准确理解和适用《公司法》第三十二条的规定；在股东与公司之间的内部关系上，股东可以依据股东名册的记载向公司主张权利，公司亦可依据股东名册的记载识别股东，并仅向记载于股东名册的人履行诸如通知召开股东会、分配利润等义务；实际出资人与记载于股东名册的股东之间有关"出资"的约定，仅在定约人之间产生效力，一般不能对抗公司；在股东与公司之外的第三人之间的外部关系上，应当坚持外观主义原则，即使因未办理相关手续导致公司登记机关的登记与实际权利状况不一致，也应优先保护善意第三人因合理信赖公司登记机关的登记而作出的行为的效力。

4. 公司纠纷涉及的法律关系可以分为内部法律关系和外部法律关系，其中内部法律关系包括公司内部各利益主体之间的法律关系，外部法律关系则指公司以外的主体，主要是债权人与公司内部各利益主体之间的法律关系。审理公司纠纷案件时，首先要对冲突背后的法律关系归属作出判断。对于公司内部法律关系，主要是各主体之间的利益冲突、代理成本问题和大股东专权问题，在处理时应该以公平正义为最高原则，按照公司法律制度的要求保护当事人的合法权益。在处理外部法律关系所引发的公司纠纷时，应当首先考虑交易安全和效率原则，在此基础上兼顾公平，维护公司制度的稳定。如果纠纷既涉及内部法律关系，又涉及外部法律关系，则应当坚持双重标准、先外后内的原则，即先处理外部法律关系，再处理内部法律关系。例如因为部分发起人的过错而导致公司设立失败的纠纷，全体发起人应当首先共同就设立债务向第三人承担连带责任，然后再向有过错的发起人追偿。

二、案例分析题

1.（1）马某享有诉权。股东未履行或者未全面履行出资义务，公司或者其他股东有权请求其向公司依法全面履行出资义务。

（2）①马某诉某有限公司向精工机电公司履行出资义务的诉讼；②精工机电公司诉某有限公司履行出资义务的诉讼；③精工机电公司债权人诉某有限公司在未出资本息范围内对公司债务不能清偿的部分承担补充赔偿责任的诉讼；

（3）①向公司全面履行出资义务的责任；②违反出资协议向马某承担的违约责任；③向公司债权人承担的资本补足责任。

2. 本案两审判决分歧在于对待尊重公司自治原则的界限理解不同，即在股东未经公司股东会决议直接向法院请求公司盈余分配时，法院是否应当支持股东的强制分配盈余请求。

最高人民法院二审判决符合公司自治原则。公司盈余分配属于公司内部事务，公司盈余是否应该分配，是否应该留下发展基金，分配的比例如何等属于公司商业上的判断范畴，应该遵循商事判断规则。公司董事、公司经理才是商场上的专家，法官介入公司事务不但不会取得良好的经济效果与社会效果，反而会损害公司效率损害公司利益。法官应该遵守公司自治原则，不能越界。

我国《公司法》第37条规定，有限公司股东会行使的职权包括"审议批准公司的利润分配方案和弥补亏损方案"。该法第46条规定，董事会对股东会负责，行使"制订公司的利润分配方案和弥补亏损方案"等职权。因此，公司盈余分配必须要经董事会提出方案，并经股东会批准；决定公司是否分配利润的决定权属于股东会，未经股东会决议，股东无法直接行使盈余分配请求权。

但是，就本案具体案情而言，在尊重公司自治原则的前提下，如何衡平公司自治原则与保护中小股东盈余分配请求权二者的关系，还需要在实践中进一步探讨。

参考文献

1. 叶林. 公司法原理和案例教程 ［M］. 北京：中国人民大学出版社，2010.

2. 毛亚敏. 公司法 ［M］. 杭州：浙江大学出版社，2008.

3. 马其家. 公司法案例选评 M. 北京：对外经济贸易大学出版社，2006.

4. 赵万一. 新编公司法案例教程 ［M］. 北京：中国民主法制出版社，2008.

5. 时建中. 公司法原理精解、案例与运用（第2版）［M］. 北京：中国法制出版社，2012.

6. 赵旭东. 公司法学（第三版）［M］. 北京：高等教育出版社，2012.

7. 魏敬淼. 公司法 ［M］. 北京：中国人民大学出版社，2011.

8. 姜一春，方阿荣. 公司法案例教程（第二版）［M］. 北京：北京大学出版社，2010.

9. 李建伟. 公司法学（第3版）［M］. 北京：中国人民大学出版社，2014.

10. 冯果. 公司法要论 ［M］. 武汉：武汉大学出版社，2003.

11. 彭真明. 公司法教程 ［M］. 北京：对外经贸大学出版社，2007.

12. 林秀芹. 公司法 ［M］. 厦门：厦门大学出版社，2007.

13. 公司法律工具箱：法律条文·流程图表·案例要旨·范本应用（2015最新版）［M］. 北京：中国法制出版社，2015.

14. 史瑞君. 经济法实务 从案例到理论 ［M］. 镇江：江苏大学出版社，2015.

15. 江必新，何东宁，李延忱，等. 最高人民法院指导性案例裁判规则理解与适用 公司卷（第2版）［M］. 北京：中国法制出版社，2015.

16. 国家法官学院案例开发研究中心. 中国法院2015年度案例 公司纠纷 ［M］. 北京：中国法制出版社，2015.

17. 王林清，杨心忠. 公司纠纷裁判精要与规则适用 ［M］. 北京：北京大学出版社，2014.

18. 徐晓松. 公司法（第4版）［M］. 北京：中国政法大学出版社，2014.

19. 石慧荣. 公司法 ［M］. 武汉：华中科技大学出版社，2014.

20. 鲁晓明. 基础与应用 商法配套测试习题集 ［M］. 北京：清华大学出版社，2013.

21. 张海棠．公司法适用与审判实务（第 2 版）［M］．北京：中国法制出版社，2012.

22. 陈连军，王明明，栾颖娜．公司法学［M］．长春：吉林大学出版社，2014.

23. 刘俊海．公司法学（第 2 版）［M］．北京：北京大学出版社，2013.

24. 石少侠．公司法学［M］．北京：中国政法大学出版社，2012.

25. 赵旭东．《公司法学》配套教学案例分析［M］．北京：高等教育出版社，2009.

26. 梁上上．公司登记疑难案例解析［M］．北京：中国政法大学出版社，2012.

27. 郑昆白．商法原理与实务［M］．北京：中国政法大学出版社，2014.

28. 徐志新．公司设立与股权纠纷［M］．北京：中国民主法制出版社，2014.

29. 王林清，杨心忠．公司纠纷裁判精要与规则适用［M］．北京：北京大学出版社，2014.

30. 宋晓明，刘俊海．人民法院公司法指导案例裁判要旨通纂［M］．北京：北京大学出版社，2014.

31. 毕颖．新编商法学教程［M］．北京：中国民主法制出版社，2006.

32. 江平．新编公司法教程［M］．北京：法律出版社，1994.

33. 车辉．公司法理论与实务［M］．北京：中国政法大学出版社，2009.

34. 国务院法制办公室编．中华人民共和国公司法 实用版（2014 最新版）［M］．北京：中国法制出版社，2014.

35. 中华人民共和国公司法配套解读与案例注释 配套解读与案例注释系列［M］．北京：中国法制出版社，2013.

36. 赵青东，丁力主．商法学［M］．长春：吉林大学出版社，2014.

37. 顾功耘．公司法学案例教程［M］．北京：知识产权出版社，2005.

38. 周友苏．公司法通论［M］．成都：四川人民出版社，2002.

39. 江平．现代公司的核心是资本公司［J］．中国法学，1997（6）．

40. 施天涛．公司法论（第二版）［M］．北京：法律出版社，2006.

41. 蒋安杰．公司法资本制度改革的解读与思考——专访中国政法大学教授、中国商法学研究会常务副会长赵旭东［J］．法制资讯，2014（3）．

42. 李志刚．公司资本制度的三维视角及其法律意义［J］．法律适用，2014（7）．

43. 施天涛．注册资本登记制度改革的几点认识［J］．中国工商管理研究，2014（6）．

44. 王学峰．公司法修订对公司资本制度的影响［J］．西安建筑科技大学学报（社会科学版），2014，33（05）．

45. 林晓镍，韩天岚，何伟．公司资本制度改革下股东出资义务的司法认定［J］．法律适用，2014（12）．

46. 邹海林．我国司法实务应对公司注册资本制度改革的路径选择［J］．法律适用，2014，（5）．

47. 甘培忠、吴韬．论长期坚守我国法定资本制的核心价值［J］．法律适用，2014（06）．

48. 周洋．公司法全程精解［M］．北京：法律出版社，2008.

49. 杨森．企业法学［M］．北京：中国政法大学出版社，2008.

50. 宋玉莲．公司法原论［M］．北京：清华大学出版社，2001.

51. 刘远景．公司法教程［M］．北京：中国政法大学出版社，2008.

52. 石慧荣，石纪虎．公司法［M］．北京：中国人民大学出版社，2008.

53. 蒋大兴．公司法的展开与评判［M］．北京：法律出版社，2001.

54. 柯芳枝．公司法论［M］．北京：中国人民大学出版社，2004.

55. 刘连煜．公司法理论与判决研究［M］．北京：法律出版社，2002.

56. 施天涛．商法学［M］．北京：法律出版社，2010.

57. 王保树．商法［M］．北京：北京大学出版社，2014.

58. ［日］鸿常夫．社债法．法律学全集［M］．东京：有斐阁，1968.

59. 梁宇贤．商事法论［M］．北京：中国人民大学出版社，2003.

60. 史际春．企业和公司法（第三版）［M］．北京：中国人民大学出版社，2013.

61. 顾功耘．商法教程［M］．上海：上海人民出版社，2001.

62. 甘培忠．企业与公司法学（第七版）［M］．北京：北京大学出版社，2014.

63. 刘俊海．公司法学［M］．武汉：武汉大学出版社，2010.

64. 赵旭东．商法学教程［M］．北京：中国政法大学出版社，2004.

65. 王歆．余珍，喻辉，王珏．中级财务会计［M］．北京：北京大学出版社，2013.

66. 宋雪莲．股份经济与法律制度［M］．哈尔滨：黑龙江人民出版社，2008.

67. 郑显芳，陈云霞，倪弘．中国公司法律制度研究［M］．成都：西南财经大学出版社，2008.

68. 彭真明，文杰，梁开银．公司法教程［M］．北京：对外经济贸易大学出版社，2007.

69. 刘燕．会计法（第二版）［M］．北京：北京大学出版社，2009.

70. 范建，王建文．公司法［M］．北京：法律出版社，2012.

71. 王作全．商法学［M］．北京：北京大学出版社，2011.

72. ［英］丹尼斯·吉南．公司法［M］．朱羿锟，等，译．北京：法律出版社，2006.

73. 雷兴虎．公司法学［M］．北京：北京大学出版社，2012.

74. 奚晓明，金剑锋．公司诉讼的理论与实务问题研究［M］．北京：人民法院出版社，2008.

75. 褚红军．公司诉讼原理与实务［M］．北京：人民法院出版社，2007.

76. 钱卫清．公司诉讼——公司司法救济方式新论［M］．北京：人民法院出版社，2004.

77. 杨靖，魏玮，裴悦君，孙寒．公司法修订以来公司诉讼案件审判实践中疑难问题的调研报告［J］．法律适用，2011，5.

78. 山东省高级人民法院民二庭．公司诉讼：在价值博弈中寻求平衡与和谐——关于审理公司诉讼纠纷案件的调研报告［J］．山东审判，2007，1.

79. 李国光，王闯．审理公司诉讼案件的若干问题（上、中、下）——贯彻实施修订后的公司法的司法思考［N］．人民法院报，2005-11-21，B01．

80. 北京市海淀区人民法院．公司诉讼特点及其司法规制［J］．法律适用，2008，11．

81. 孙永军．论非讼法理在公司诉讼中的适用［J］．法学论坛，2014，4．

82. 甘培忠，雷驰．司法介入公司自治与公司法解释的政策尺度［J］．河北学刊，2009（1）．

全国高等学校应用型法学人才培养系列规划精品教材

为辅助教学，提升教学效果，本系列教材全部提供配套PPT电子课件。在教学中选用本系列教材的教师，可通过以下途径免费获得相应课件。

联系电话：027-87215590

电子邮件：cbs22@whu.edu.cn

欢迎广大教师和读者选用本系列教材，并提出您宝贵的意见、建议和要求，也欢迎您携作品加入我们的出版平台，我们将继续提供优质的出版服务。

联系人：胡 艳（出版策划编辑）

电 话：13476277833

E-mail：214050036@qq.com

图书在版编目(CIP)数据

公司法学/赵海怡主编. —武汉:武汉大学出版社,2017.1
全国高等学校应用型法学人才培养系列规划精品教材
ISBN 978-7-307-18907-2

Ⅰ.公… Ⅱ.赵… Ⅲ.公司法—法的理论—中国—高等学校—教材
Ⅳ.D922.291.911

中国版本图书馆 CIP 数据核字(2016)第 301566 号

责任编辑:胡 艳   责任校对:李孟潇   版式设计:马 佳

出版发行:**武汉大学出版社** (430072 武昌 珞珈山)
(电子邮件:cbs22@ whu. edu. cn 网址:www. wdp. com. cn)
印刷:湖北民政印刷厂
开本:787×1092 1/16 印张:16.75 字数:393 千字 插页:1
版次:2017 年 1 月第 1 版 2017 年 1 月第 1 次印刷
ISBN 978-7-307-18907-2 定价:35.00 元